国家社科基金
GUOJIA SHEKE JIJIN HOUQI ZIZHU XIANGMU
后期资助项目

# 新时代青年文化
# 景观研究

## Research on Youth Culture in the New Era

代玉启 等著

ZHEJIANG UNIVERSITY PRESS
浙江大学出版社

图书在版编目(CIP)数据

新时代青年文化景观研究 / 代玉启等著.
——杭州:浙江大学出版社,2019.9
ISBN 978-7-308-19525-6

Ⅰ.①新… Ⅱ.①代… Ⅲ.①青年－文化研究－中国
Ⅳ.①D669.5

中国版本图书馆 CIP 数据核字(2019)第 200621 号

**新时代青年文化景观研究**

代玉启　等著

| | |
|---|---|
| **组稿编辑** | 葛玉丹 |
| **责任编辑** | 田　华 |
| **责任校对** | 葛玉丹 |
| **封面设计** | 续设计 |
| **出版发行** | 浙江大学出版社 |
| | (杭州市天目山路 148 号　邮政编码 310007) |
| | (网址:http://www.zjupress.com) |
| **排　　版** | 浙江时代出版服务有限公司 |
| **印　　刷** | 杭州钱江彩色印务有限公司 |
| **开　　本** | 710mm×1000mm　1/16 |
| **印　　张** | 12 |
| **字　　数** | 209 千 |
| **版 印 次** | 2019 年 9 月第 1 版　2019 年 9 月第 1 次印刷 |
| **书　　号** | ISBN 978-7-308-19525-6 |
| **定　　价** | 46.00 元 |

# 国家社科基金后期资助项目
# 出版说明

　　后期资助项目是国家社科基金设立的一类重要项目，旨在鼓励广大社科研究者潜心治学，支持基础研究多出优秀成果。它是经过严格评审，从接近完成的科研成果中遴选立项的。为扩大后期资助项目的影响，更好地推动学术发展，促进成果转化，全国哲学社会科学工作办公室按照"统一设计、统一标识、统一版式、形成系列"的总体要求，组织出版国家社科基金后期资助项目成果。

全国哲学社会科学工作办公室

# 序　言

　　青年是时代变革的重要力量,是国之未来、社稷之栋梁,青年是继往开来的生力军。中国历史的每个关键时刻,都有青年在场,当代青年同样要肩负起实现中华民族伟大复兴的历史使命,这就对新时代青年的政治素质、思想水平、知识结构提出了高的标准。因此,青年的成长成才、青年的培养和社会发展提上了国家的议事日程。2017 年 4 月,中共中央、国务院印发《中长期青年发展规划(2016—2025 年)》。该文件提出,"要站在党和国家事业后继有人、兴旺发达的高度,把青年发展摆在党和国家工作全局中更加重要的战略位置,整体思考、科学规划、全面推进,努力形成青年人人都能成才、人人皆可出彩的生动局面,为实现'两个一百年'奋斗目标、实现中华民族伟大复兴的中国梦注入强劲、持久的青春动力"。

　　观察、研究青年文化现象是了解青年、走进青年、培养青年的重要方面。青年文化反映着青年人跳跃舞动的身姿,是他们的生活方式、行为模式、精神品格、价值观念和心理特征的综合体现。

　　青年文化是时代的标识,展现时代的烙印,青年文化来源于时代。不同时代的青年,有不同的衣着打扮、话语方式甚至思维模式。同时,青年文化又影响着时代,与时代发展共进退。青年文化的时代差异有复杂的因素,把握青年文化的律动,分析青年文化的特征,要跳出青年看青年,从社会大系统的广袤性关注青年文化的发展脉络。当前,新时代的巨大变迁,极大地推进了青年文化的多样化发展,青年文化的生动样态也更加深刻地影响着社会的思想文化氛围,推动着社会精神风貌向前发展的方向。

　　浙江大学青年学者代玉启等人撰写的《新时代青年文化景观研究》一书,是他主持的国家社会科学基金项目的最终成果。这项成果基于新时代的宏观背景,聚焦青年文化的前沿动向,洞悉青年文化发展的态势,系统地描述了青年文化的整体景观,建立了一个青年文化研究的新框架,对青年文化和思想政治教育研究具有重要的推进作用。通读全书,这项研究具有如下三个突出特点:

其一，逻辑严整。本书秉持理论与实践有机结合的原则，从"青年文化的发展轨迹与现实境遇"起笔，探究青年文化发展的历史方位、基本境遇、典型问题，以青年文化的若干层面和时代特征为分析重点，阐述了青年文化发展的风貌、引导方向和成才要务，落笔在"青年文化的发展态势与引导理路"。思路清晰，层层递进，逻辑丝丝入扣。

其二，时代感强。阅读本书，时代气息扑面而来。"碎片化""萌文化""丧文化""佛系""表情包""碎片化""锦鲤热"等，近年来，这些在网络上和生活中常被谈起的与青年文化有关的热词，让你走到青年中间；书中对其来龙去脉、前因后果的学理剖析与探究，使你感受到理性的深邃。

其三，语言生动。本书属于学术漫笔，语言生动活泼。比如，第一章谈到互联网境遇下，人设与本我、虚幻与现实的矛盾，造就被割裂的青年；社会变迁情景中，"向前看"和"向钱看"的现实，造就被焦虑化的青年。第五章将新时代青年文化发展的态势概括为从高大上转向小而美、从文字化转向图像化、从单一性转向多元性。这些提法都具有青年人的鲜活气和时代的烟火味。

当然，青年和青年文化因其内在构成要素和外在影响因素的变动性而常论常新，这说明青年文化是个需要持续追踪研究的课题，不可能一蹴而就。从这个意义上说，本书的研究是初步的。青年文化的运行机制、青年文化与其他社群文化的异同、青年文化与思想政治教育的关联等重要论题，在本书中尚未涉及。作为作者的博士生导师，我希望代玉启以本书的出版为契机，再接再厉，围绕新时代青年文化的相关主题继续深入研究，贡献更优秀的学术作品，更好地推进思想政治教育学科的繁荣发展。

祖嘉合

2019 年 7 月 20 日

# 前　言

习近平总书记在党的十九大报告中指出,"青年兴则国家兴,青年强则国家强。青年一代有理想、有本领、有担当,国家就有前途,民族就有希望"。青年的底色代表着国家明天的成色,青年的态势昭示着国家的前景。作为新时代的青年,他们的整体素质状况如何,不仅关涉能否实现现代化强国的宏伟蓝图,而且关涉个体能否在新的历史起点上绽放人生的精彩乐章。

本书紧扣青年、青年文化、新时代这三个关键词,通过梳理和分析现阶段青年文化的整体景观,判定青年文化的动向与态势,助力新时代的青年展现新气象。

就我国而言,青年是实现中国梦征程的生力军和突击队,他们具有改革开放以来青年所具有的一般特征,如血气方刚、改革创新、开放包容、奋发向上等,也具有新时代新阶段的独特特征。当代95后、00后青年正处于人生成长的关键时期,知识体系搭建尚未完成、价值观塑造尚未成型、情感心理尚未成熟,需要进行正确的教育引导,使其具备与时代发展相适宜的核心素质,才能不负时代赋予的崇高使命与历史重任。青年文化是青年的生活方式、行为模式、精神品格、价值观念和心理特征的综合显现。把握青年文化,既要审视青年自身实际,分析青年文化特征,又要跳出青年看青年,从时代的高度关照青年文化发展环境,注重从社会大系统中聚焦青年文化。中国特色社会主义进入了新时代,为青年发展提供了更多机遇,也提出了更高要求。新时代标注了青年发展的历史方位,为青年文化发展指明前进方向、注入强劲动力、涂抹上靓丽底色。新时代需要新青年,只有具备与时代发展潮流相匹配的素质,以昂扬向上的姿态踏上新的长征路,才能在中国特色社会主义伟大事业中放飞青春梦,展现新气象。

全球化和网络化是当今时代不可逆转的趋势,影响着人类社会发展的各方面。青年文化作为文化的一种形态,必然受全球化和网络化的影响。这种影响是积极与消极、正面与反面、机遇与挑战的统一体。与以往相比,现阶段的青年在国家观、道德观、自我观等方面有着独特的表达方式和行为倾向。碎片化、萌文化、丧文化、佛系、表情包、锦鲤热则是青年文化时代境遇的典型表现。从高大上转向小而美、从文字化转向图像化、从单一性转向多元性,构成新时代青年文化发展的态势。

新时代的青年,应守本心,处理好大与小、远与近、慢与快、多与少的关系;立长志,立志做大事而不是做大官;储势能,努力提升时代势能、理论势能、实践势能与心理势能;做贡献、敢担当,将个人责任与社会责任、家庭责任与国家责任有机融合,做担当起民族复兴大任的时代新人。

# 目　录

# 绪　论　青年文化的发展轨迹与现实境遇

　　青年是一个国家、民族发展的重要主体,承担着国家富强、民族复兴、人民幸福的历史大任。青年文化是一种群体文化,它是青年的生活方式、行为模式、精神品格、价值观念和心理特征的综合显现。由于青年人自身具有思维活跃、充满活力、个性突出、创新能力强等特质,所以青年文化也就体现出了时代性、时尚性、易变性、情绪性、流行性等特点。把握青年文化,既要审视青年自身实际,分析青年文化特点,又要跳出青年看青年文化,从时代发展的高度把握青年文化的形成轨迹与现实定位,注重从家庭、社会、学校的系统联系中聚焦青年文化,全面分析青年文化发展的影响因素与存在问题。

## 第一节　青年文化发展的时代方位

　　党的十九大是在我国全面建成小康社会决胜阶段、中国特色社会主义发展关键时期召开的一次十分重要的大会。党的十九大报告在当代中国发展史上具有里程碑的意义,是新时代中国特色社会主义发展的政治宣言和行动纲领,是一篇马克思主义纲领性文献。党的十九大报告紧紧围绕坚持和发展什么样的中国特色社会主义,怎样坚持和发展中国特色社会主义这一重大时代课题,提出了一系列独特新颖、内蕴丰富、影响深远的创新观点和重大论断,其中,"经过长期努力,中国特色社会主义进入了新时代,这是我国发展新的历史方位"①这一重大政治判断最为引人关注。

　　新时代是一个内涵极为丰富的概念,要正确理解需要从多个维度进行探究。首先,从基本性质上看,新时代是中国特色社会主义的新时代,而不是其他主义、其他理论指导下的新时代。这也就是说,新时代的性质是中国特色社会主义,不是一般意义上的社会主义,更不是其他别的主义或理论。中国特色社会主义既坚持了科学社会主义的基本原则,又根据时代条件赋

---

① 本书编写组.党的十九大报告辅导读本[M].北京:人民出版社,2017:10.

予其鲜明的中国特色。中国特色社会主义的命题是 1982 年邓小平同志在党的十二大上提出的,他强调:"把马克思主义的普遍真理同我国的具体实际结合起来,走自己的路,建设有中国特色的社会主义。"①此后,以邓小平同志为核心的中央领导集体,经过艰苦的实践探索,初步回答了在我国这样一个经济文化相对落后的国家如何建设、巩固和发展社会主义的一系列基本问题,把对社会主义的认识提到新的境界,创立了邓小平理论,成功开创了中国特色社会主义。后来,以江泽民同志为核心的中央领导集体、以胡锦涛同志为总书记的党中央继续推进中国特色社会主义往前发展。党的十八大以后,以习近平同志为核心的党中央团结带领全国各族人民把中国特色社会主义推向了新时代。概言之,中国特色社会主义的开创、发展、飞跃有着深厚的实践基础,是历史和人民的选择。其次,从时间定位上看,新时代还处于社会主义初级阶段的范围之内,而没有超越这一历史阶段。进入新时代的关键依据是新矛盾。党的十九大概括了新时代我国社会的主要矛盾是"人民日益增长的美好生活需要和不平衡不充分的发展之间的矛盾"②。虽然社会主要矛盾变了,但这一变化并没有改变我国现在处于并将长期处于社会主义初级阶段的基本国情。正如党的十九大报告指出:"我国社会主要矛盾的变化,没有改变我们对我国社会主义所处历史阶段的判断,我国仍处于并将长期处于社会主义初级阶段的基本国情没有变,我国是世界最大发展中国家的国际地位没有变。"③由此可见,不仅社会主要矛盾处在社会主义初级阶段之内,而且新时代也处于社会主义初级阶段之内。但是,新时代所处的社会主义初级阶段是一个新的阶段,与以前相比有明显的阶段性特征。对此,"我们要牢牢把握我国发展的阶段性特征"④。最后,从本质内涵上看,新时代具有确切的意蕴,这就是党的十九大报告提出的"五个是"。这"五个是"明确了中国特色社会主义新时代的本质内涵。具体来看,第一,这个新时代,是承前启后、继往开来、在新的历史条件下继续夺取中国特色社会主义伟大胜利的时代。这一表述揭示了新时代在历史发展中的地位,强调了新时代的历史脉络。中国特色社会主义是历史发展的结果,是党和人民九十多年来奋斗、创造、积累的根本成就,尤其是改革开放以来,党团结带领人民开创了一条实现中华民族伟大复兴的康庄大道即中国特色社会主

① 邓小平文选:第三卷[M].北京:人民出版社,1993:3.
② 本书编写组.党的十九大报告辅导读本[M].北京:人民出版社,2017:11.
③ 本书编写组.党的十九大报告辅导读本[M].北京:人民出版社,2017:12.
④ 习近平谈治国理政:第二卷[M].北京:外文出版社,2017:59.

义道路,使社会主义在中国展现出强大生命力。第二,这个新时代,是决胜全面建成小康社会、进而全面建设社会主义现代化强国的时代。这一论断明确了新时代的实践主题和重要目标。实现"两个一百年"的奋斗目标,是中国共产党人的庄严承诺,是中国从大国向强国迈进的逻辑必然,是中国特色社会主义新时代的必然要求和历史任务。第三,这个新时代,是全国各族人民团结奋斗、不断创造美好生活、逐步实现全体人民共同富裕的时代。这一论断表明了新时代的主体是人民,是以人民为中心的发展思想的体现,也是全心全意为人民服务和社会主义本质要求的体现。第四,这个新时代,是全体中华儿女勠力同心、奋力实现中华民族伟大复兴中国梦的时代。这表明新时代具有鲜明的民族性。实现中华民族伟大复兴的中国梦,是近代以来中国人民最伟大的梦想。为了实现这个梦想,一些志士仁人不断探索,持续奋斗。中国共产党的成立,为民族复兴提供了主心骨;中华人民共和国的成立,为民族复兴奠定了坚实基础;改革开放,为民族复兴注入了强大活力;而今,我们比历史上任何时期都更加接近、更有信心和能力实现中华民族伟大复兴的目标。第五,这个新时代,是我国日益走近世界舞台中央、不断为人类作出更大贡献的时代。这突出强调了新时代的世界性。当今世界,是一个相互联系、彼此影响的世界,中国的发展需要世界,世界的发展也离不开中国。在这个时代,中国始终会做世界和平的建设者、全球发展的贡献者、国际秩序的维护者。作为世界上最大的发展中国家和作为安理会常任理事国,新时代的中国在发展好自身的同时,有责任有能力为人类繁荣与进步作出新的更大贡献。总之,"中国特色社会主义进入新时代,在中华人民共和国发展史上、中华民族发展史上具有重大意义,在世界社会主义发展史上、人类社会发展史上也具有重大意义"[①]。

　　理解新时代的丰富内涵是为了更好地把握青年文化的发展方位和趋向。新时代与青年文化有着紧密的联系。新时代为青年文化发展限定了时空范围,这里所谈的新时代起点是 2012 年党的十八大开启的;其主体是中国特色社会主义,而不是某种制度时代或技术时代。这里所讲的青年文化并不是每个历史阶段的青年文化,而主要是讨论党的十八大以来的青年文化。当然,新时代青年文化不是突然冒出来的,是建立在中华人民共和国成立以来尤其是改革开放以来青年文化发展的基础上,更深一层说,它是中华人民共和国成立以来尤其是近些年来经济政治社会发展状况的展现。新时

---

① 　本书编写组.党的十九大报告辅导读本[M].北京:人民出版社,2017:12.

代是限定,规制了时空范围;青年文化是主题,明确了基本内容。一言以蔽之,新时代标注着青年文化发展的历史方位。这可以从以下角度进行细化理解。

## 一、新时代为青年文化发展奠定了物质基础

根据历史唯物主义原理,我们知道经济与文化有着密切的关系,经济是文化发展的基础,文化则是经济的反映并对经济发展产生反作用。正如毛泽东在《新民主主义论》一文中指出的那样:"一定的文化(当作观念形态的文化)是一定社会的政治和经济的反映,又给予伟大影响和作用于一定社会的政治和经济;而经济是基础,政治则是经济的集中的表现。这是我们对于文化和政治、经济的关系及政治和经济的关系的基本观点。"①青年文化作为社会文化系统的重要组成部分,其生成发展受经济的制约,并体现经济发展的状况。党的十八大以来,面对世界经济复苏乏力和我国经济进入新常态等一系列深刻变化,我们坚持稳中求进的总基调,贯彻新发展理念,注重发展质量,"国内生产总值从五十四万亿元增长到八十万亿元,稳居世界第二,对世界经济增长贡献率超过百分之三十"②,基础设施建设、城镇化建设、供给侧结构性改革、农业现代化、区域协调发展、创新驱动发展战略、对外开放水平等方面成效显著、进步很大。新时代取得的这些巨大成就为青年文化的发展奠定了深厚的物质基础,也深刻影响着青年文化的内在结构。

## 二、新时代为青年文化发展指明了前进方向

时代是思想之母。新时代催生新思想,新思想引领青年文化发展,为青年文化发展指明前进方向。这种新思想就是习近平新时代中国特色社会主义思想。习近平新时代中国特色社会主义思想是我们党理论创新的最新成果,是当代中国的马克思主义、21世纪的马克思主义,是马克思主义中国化的最新成果,是党和人民实践经验和集体智慧的结晶,是全党全国人民为实现中华民族伟大复兴而奋斗的行动指南。习近平新时代中国特色社会主义思想内涵十分丰富,党的十九大报告中概括的"八个明确""十四个坚持"是其核心内容。在习近平新时代中国特色社会主义思想中,关于青年成长成才的思想比较丰富,涉及青年的理想信念、道德品质、价值取向、思维能力、

---

① 毛泽东选集:第二卷[M].北京:人民出版社,1991:663-664.
② 习近平.决胜全面建成小康社会夺取新时代中国特色社会主义伟大胜利:在中国共产党第十九次全国代表大会上的报告[M].北京:人民出版社,2017:3.

创新精神、责任担当、社会实践、意志品质等方面,这深刻回答了"培养什么样的人、如何培养人、为谁培养人"的根本性问题。习近平新时代中国特色社会主义思想特别是关于青年成长成才的重要思想,直接影响着青年文化发展的方向,决定着青年文化发展的深度与厚度,塑造着青年文化的精神内核。

### 三、新时代为青年文化发展注入了强劲动力

新时代树立新目标,新目标激发新动力。新时代我们的目标是"两个一百年"。党的十九大报告进一步清晰擘画了"两个一百年"奋斗目标的时间表、路线图。在 2020 年全面建成小康社会的基础上,再奋斗 15 年,在 2035 年基本实现社会主义现代化。从 2035 年到 21 世纪中叶,在基本实现现代化的基础上,再奋斗 15 年,把我国建成富强民主文明和谐美丽的社会主义现代化强国。实现这些循序渐进的战略目标,文化是一个重要的维度。新时代新目标,青年文化的发展受新时代奋斗目标的深刻影响。中国特色社会主义先进文化、中华优秀传统文化、中国革命文化共同构成了我国的文化体系,合力汇流生成新时代的文化力。新时代要有新作为,新作为不是空喊出来的,而是实干出来的。其中一个重要的方面就是全面深化改革,这也能够为新时代青年文化的发展注入强大动力。全面深化改革,一方面是包括文化在内的一系列全方位改革,另一方面要在既有改革的基础上向纵深推进。这势必涉及青年文化,也必然为青年文化发展提供强劲动力。

### 四、新时代为青年文化发展增添了自信底色

青年文化作为文化的一个方面,与社会发展的各个方面紧密相连,特别是与国家发展的综合国力关系更加密切。综合国力是国家实力的象征,也是国家地位高低的决定性因素。新时代展现新气象。进入新时代以来,党和国家在发展过程中走过了极不平凡的征途,取得了改革开放和社会主义现代化建设的历史性成就。这包括全面深化改革取得重大突破,民主法治建设迈出重大步伐,思想文化建设取得重大进展,人民生活不断改善,生态文明建设成效显著,强军兴军开创新局面,港澳台工作取得新进展,全方位外交布局深入展开,全面从严治党成效显著等。总之,这些成就是全方位、开创性的,变革是深层次、根本性的,大大提升了我国的综合国力。这一系列重大变化,增强了现阶段青年作为中国人的底气和骨气,有助于青年树立坚定的民族自信心、自尊心、自豪感,也为青年文化增添了鲜活的时代元素。

## 第二节　青年文化发展的基本境遇

　　青年是时代的弄潮儿,青年文化是时代发展的缩影。青年文化既影响着时代,又是时代的鲜明标识,打上时代的鲜明烙印。不同时代的青年,从外貌特征、衣着打扮到话语方式,都具有显著差别。当今时代,中国的青年文化面临着新的境遇,分析这些境遇及其对青年的影响,有助于我们更好地认识青年,做好青年工作。

　　全球化和网络化是当今时代不可逆转的趋势,影响着社会发展的各个方面。青年文化作为文化的一种形态,必然受全球化和网络化的影响。这种影响不是短期的而是长期的,不是单方面的而是多方面的,是积极与消极、正面与反面、机遇与挑战的统一体。

### 一、全球化与新时代青年文化发展

　　全球化尤其是经济全球化是当今世界的显著特征,也是不可逆转的趋势。它的兴起、发展是以人类对世界的认识以及技术进步为条件的。早在15世纪,新航路的开辟标志着全球化的开始。此后伴随西方工业革命的发展,全球化的进程不断加快,世界市场逐渐形成。正如马克思恩格斯所言:"由于开拓了世界市场,使一切国家的生产和消费都成为世界性的了。"①"过去那种地方的和民族的自给自足和闭关自守状态,被各民族的各方面的互相往来和各方面的互相依赖所代替了。物质的生产是如此,精神的生产也是如此。各民族的精神产品成为了公共的财产。"②与此同时,"地域性的个人为世界历史性的、经验上普遍的个人所代替"③。目前,以经济全球化为主的全球化,仍然是西方发达国家主导,他们处于有利地位,拥有制定规则及强大的话语权,而发展中国家则处于劣势地位,受制于西方发达资本主义国家。虽然全球面临以强硬保护主义和资源要素流动壁垒为特征的"逆全球化"挑战,但全球化的历史进程不会改变,是历史发展的潮流,符合人类

---

① 中共中央马克思恩格斯列宁斯大林著作编译局. 马克思恩格斯文集:第二卷[M]. 北京:人民出版社,2009:35.
② 中共中央马克思恩格斯列宁斯大林著作编译局. 马克思恩格斯文集:第二卷[M]. 北京:人民出版社,2009:35.
③ 中共中央马克思恩格斯列宁斯大林著作编译局. 马克思恩格斯文集:第二卷[M]. 北京:人民出版社,2009:538.

社会发展的规律。我国作为全球化的积极倡导者和践行者,在中国特色社会主义新时代,不断深化改革,推进对外开放,倡导并推进"一带一路"建设,加快实施自由贸易区战略,深入参与全球化特别是经济全球化进程,为世界的发展贡献中国智慧,提供中国方案。在这一过程中,青年文化自然深受全球化的影响,这种影响表现在机遇与挑战两个方面。

全球化给新时代青年文化发展带来了机遇。第一,全球化给新时代青年文化交流互鉴创造了机会,提供了便利。全球化的一个显著特征是开放。全球化要求不同国家、地区或组织应秉承开放的态度,相互交流沟通,彼此加深了解,进而相互取长补短,促进发展。青年作为国家、民族的未来,担当着民族复兴的大任。为此,我们党一直十分高度重视青年的成长成才,特别是党的十八大以来,习近平总书记多次会见青年代表,并发表了一系列关于青年的重要讲话,对广大青年寄予了厚望。其中,从全球化视角提出要加强青年在世界上的交流互鉴,鼓励青年走出去,向世界讲述中国故事,传递中国声音,展示中国形象。在此过程中,新时代青年文化通过青年群体与世界其他国家、地区的青年文化实现了交流。这正如中共中央、国务院于 2017年 4 月印发的《中长期青年发展规划(2016—2025 年)》指出的:"加强中国青年与各国青年人文交流,学习、吸收、借鉴世界优秀文化成果,讲好中国故事、传播好中国声音,不断提升文化自信。"①第二,全球化给新时代青年文化注入了新的精神元素。新时代青年参与全球化的过程,是不断拓展文化视野的过程。首先,全球化为新时代青年文化注入了包容精神。不同国家、地区的青年文化具有不同的特点,全球化让不同地域的多姿多彩的青年文化有机会进行面对面的交流,了解彼此的价值取向。正如世界上没有两片相同的树叶,世界上也没有相同的青年文化。有的青年文化价值取向偏重个人主义,有的偏重集体主义,有的侧重于追求物质性的东西,有的侧重于追求精神性的东西,有的内蕴消极颓废,有的彰显积极进取。无论哪种类型的青年文化,都是一种客观的存在。对此,我们的青年文化应具有包容精神,积极吸收他者青年文化的积极元素,规避其消极影响。其次,全球化促使新时代青年文化更加强化创新精神。创新是文化发展的生机和活力所在。青年文化发展是一个在积累中不断创新和在创新中不断积累的过程。唯有创新,才能发展;唯有创新,才能引领。全球化进程中的青年文化,将更加强化创新意识。具有创新精神的青年文化,势必影响着青年群体,引领青

---

①　中共中央、国务院印发《中长期青年发展规划(2016—2025 年)》[Z].新华社,2017-04-13.

年走在时代发展的前列，为新时代国家的发展、民族的振兴增进青春的力量。再者，全球化强化了新时代青年文化的独立精神。每个民族都有自己的民族文化，每个民族的文化都有自己的特点。青年文化是一个民族文化的重要组成部分，也是国家文化的具体体现。从现实逻辑看，全球化是以西方发达资本主义国家为主导的，这些国家为了自身利益的最大化，凭借自身优势实行贸易保护主义，对我国施加经济压力和进行文化渗透，这些矛盾和冲突刺激了新时代青年的独立意识，这种意识也必然体现在青年文化中。

事物都有两面性。全球化在给新时代青年文化带来机遇的同时，也带来严峻挑战，对新时代青年文化产生强烈的冲击。这主要体现在：青年文化意识的世俗化，青年文化环境的复杂化，青年文化认同的弱化和青年文化评判的西方化。第一，在文化意识方面，全球化加深了新时代青年文化意识的世俗化。这体现在价值内核由集体本位向个人本位转变，价值取向由重理想信念向重现实利益转变，价值表现由单一性向多样性转变。这种文化世俗化意识的嬗变，使青年文化更多体现个人利益，跟着流行文化走。其原因主要是由于：当代中国正处于现代社会转型的加速期，竞争无处不在，社会浮躁严重，青年也不能逃离，其在文化上追求快餐文化、感性文化和个性文化，体现了强烈的世俗性；全球化进程中，西方文化凭借先进的技术，通过各种传播手段影响青年，由此造成了西方高势能文化与我国传统文化的剧烈碰撞与交融，极易造成青年文化意识和文化价值取向的世俗化。第二，在文化环境方面，全球化使新时代青年文化环境变得更加复杂化。全球化的进程也是不同文化的传播过程，虽然这个过程本是双向度的，可由于全球化是西方发达国家的主导，因此文化传播主要是从发达国家向发展中国家流动，这当然也包括我国。西方文化在我国的传播，在扩大青年文化视野、拓展知识素养、丰富娱乐趣味方式的同时，也带来了一些诸如暴力、淫秽、色情等消极腐朽的文化，致使青年文化遭遇品格低劣、精神品质弱化、文化审美低俗等困境。以我国近些年进口的影片来看，我国 2014—2017 年分别进口电影约为 67 部、62 部、90 部、98 部。尽管我国 2017 年 3 月实施首部《电影产业促进法》，对国产片和进口片播放占比有了更加明确的规定，但在国产片和进口片的票房占比上，进口片的单片票房是国产片的 3.7 倍。2017 年 98 部进口片中，64 部影片贡献了 26% 的票房，单片平均票房过亿元。这一方面说明，国外的影片质量要高于国内影片，得到消费者的认可；另一方面也不得不引起人们的深思，长此以往，作为观影主力军的青年的文化价值观该如何维护？第三，在文化认同方面，全球化加剧了青年文化的认同弱化。从理论逻辑看,全球化促进了青年文化的海外传播,使青年更加珍视自己的民族文化。但现实逻辑表明,青年文化在外来文化的冲击下,表现出了对自身文化认同弱化的倾向。他们对传统文化或置之不理,或知之甚少,或持否定态度,而更多的青年对西方文化热爱有加,大加赞扬。节日是文化的重要载体。在全球化的推动下,像圣诞节、万圣节、复活节、情人节、感恩节、愚人节、母亲节等西方的节日传入中国,并得到很多青年的热爱,反观我国的元宵节、清明节、端午节、中秋节、重阳节等在青年群体中则受众有限。这从一个侧面说明青年对传统文化认同的弱化。当然,出现这些现象的原因是复杂多样的,对此应全面审视、理性分析、科学引导。第四,在文化评判上,全球化造成青年文化评判的西方化。青年文化评判应由实践来进行,当然也离不开国家的正确引导。一般意义上讲,凡是顺应时代潮流、讴歌社会进步、赞扬人民生活、凸显民族繁荣等表现积极向上、传播真善美的文化形态都是优秀的,青年文化也是如此。但全球化的过程中,西方文化中心论占主导地位,以至于在部分青年潜意识里认为:凡是不符合西方文化标准的,都是需要改造的。这种所谓的文化国际标准,实际上是以美国为代表的西方文化价值的反映。这对新时代我国青年传承优秀传统文化、弘扬中国特色社会主义先进文化无疑具有强烈的消解作用,甚至使青年文化的价值评判沦为西方文化评判的演练场,进而造成我国青年文化的价值失序和灵魂丢失。

## 二、网络化与新时代青年文化发展

伴随着信息技术的进步,网络已经成为现代社会的必需品。上网已经深度融入包括青年在内的亿万人民群众的生活之中,成为人们的生活方式。特别是移动互联网的诞生,青年可谓无人不网、无时不网、无处不网、无事不网。据中国互联网络信息中心(CNNIC)发布第 43 次《中国互联网络发展状况统计报告》显示:截至 2018 年 12 月,我国网民规模达 8.29 亿,全年共计新增网民 5653 万人,其中手机网民规模达 8.17 亿。网民男女比例为52.7∶47.3,10—39 岁群体数目占比 67.8%,20—29 岁用户群体占比26.8%。人均周上网时长为 27.6 小时。由此可以看出,青年已成为网络的主力军。在此影响下,青年文化必然深受网络的影响。

网络化给新时代青年文化带来了良好机遇。网络作为一种技术,本无好坏之分。不过,作为使用主体之人,拥有不同的价值取向,利用网络的目的不尽相同。网络化作为一种客观现实,为青年文化的丰富发展注入了强烈的驱动力。青年网络化的生存催生了青年文化新的表现形态。其一,青年社交文化的新表现。以微信为例来看。随着智能手机的普及使用,微信成为青年常用的社交工具。通过微信,青年可以通过摇一摇、附近的人、搜索号码、扫二维码等方式添加好友和关注公众平台;可以将内容分享给好友或看到的精彩内容分享至微信朋友圈、发送到微信群,实现资源共享,进而得到点赞、评论;可以通过语音对讲、视频通话、文字等形式与自己的微信朋友联系,免费通话,不受限制。这种便捷式的青年社交文化,不仅体现了符合青年求快心理的"快餐文化"的特性,而且表现了青年人乐于在朋友圈分享照片、秀自身生活状态的直观鲜明生动的"图像文化",更显示了青年人随时随地敢于善于表达自我的自媒体文化。其二,青年娱乐文化的新展示。以网络流行语为例来看,网络流行语(也称网络热词)作为一种在网络聊天平台上被网民们普遍使用的聊天语言,是一种网络亚文化。网络流行语折射出网络娱乐文化的盛行。"神马""鸭梨山大""元芳,你怎么看""走你""高富帅""奇葩""女汉子""蓝瘦香菇""友谊的小船说翻就翻""套路""扎心了,老铁""尬聊""你的良心不会痛吗"……这些网络流行语传递着青年对社会的关注,反映着青年人的娱乐精神,勾勒出青年文化的时代特征。但值得注意的是,近些年来的网络流行语存在着过度娱乐、调侃嘲讽、故意恶搞的倾向。其三,青年表达文化的新图景。青年的网络化生存,给自身的表达方式带来了革命性变革。相对于传统的书面表达、口头表达等方式,基于互联网技术的网络表达方式已经成为青年人的首选。其中,网络表情应运而生,并一跃成为网民特别是年轻网民进行人际交往不可或缺的语言符号,"表情包"以其惊人的传播速度迅速成为网络世界中新型的网络语言。新时代青年借用"表情包"在网络空间中抒发情感、沟通交流、展示自我,这体现着青年人的网络心态、价值观念和生活方式,是网络流行文化的集中体现。总而言之,网络化给青年文化带来的机遇,反映了青年网络交流、网络对话或学习生活等日趋快速化、便捷化的趋势,契合了新时代青年人追求省时、有效、简便的信息处理模式的特点,是互联网文化的重要形态,本质上是一种网络微文化。

　　网络化在给新时代青年文化带来机遇的同时,也造成了严峻挑战。这种挑战主要表现为以下两个方面。一方面,青年文化的去中心化。在新时代,主流的青年文化是整个文化系统的重要组成部分,是中国特色社会主义文化在青年中的体现。但伴随互联网的产生与发展,逐渐形成了一些与社会主流文化体系不同的群体文化,有些学者将其概括为网络青年亚文化。

一般说来,主流文化是党和国家极力倡导的,突出主旋律,传播正能量,弘扬社会主义精神文明,主要承担着社会的教育功能,这主要是党报党刊、央视等主流媒体大力做的。以"个性""颠覆"等为主要特征,有着自己特殊的语言体系、表现形态的青年群体,对主流媒体的严肃性、权威性望而却步或主动屏蔽,嫌其亲和力不够,于是他们走向更加偏向娱乐性、大众性的网络亚文化,如"屌丝文化""哥姐文化""低俗文化""弹幕文化""鬼畜文化""二次元文化"等。这些非主流的青年亚文化都与青年的网络化生活有密切关系。在互联网这个新的场景和空间内,不同的青年形成不同的小生态圈,在这个虚拟的空间里,全球和本土、个人与他人更容易相遇交流,如同现实中的一个个社区,并形成圈内相似乃至相同的价值观念和行为方式。另一方面,青年文化的世俗化和低俗化倾向。青年文化的世俗化本无可厚非,这与整个社会大环境密切相关。我国社会正处在转型过程中,网络加速了这种转型。网络是社会现实的延伸。现实中物质生活水平飞速提高,个别媒体倡导物质至上的消费主义价值观,受此影响,部分青年的物质享受欲望和消费冲动得到刺激,更多地关注自我利益、明星轶事、市井杂谈和琐碎新闻,这催生了青年文化世俗化的形成。这种世俗化虽不能说是低俗、低级趣味,但表现的是一种非正面的青年倾向,即不考虑伟大的理想和目标、不去追求高远的精神境界,在一定意义上产生了对崇高理想精神的消解。这种世俗化发展到极端情况就表现为低俗化,包括一部分青年逐渐把自己投射到网络虚拟空间之中,他们追求娱乐、规避崇高,追求刺激、表现自我,寻求出名、毫无底线,暴力色情、低级无趣,关注自我、违规违法,……这种世俗化、低俗化是对人的本能的恣意放纵,是追求感官刺激的极端表现。对于青年来说,如果没有科学的理论引导,势必导致主体精神丧失、责任伦理沦丧,也就谈不上培养担当民族复兴大任的时代新人了。此外,网络化的青年生活,还存在着远离崇高、漠视责任,过度调侃、故意嘲讽的倾向,这是青年文化的灵魂即价值观扭曲的表现,是对主流文化的疏离。

### 三、社会变迁和家庭环境与新时代青年文化发展

全球化和网络化是青年文化发展所处的主要时代背景,此外青年文化发展也面临着社会变迁和家庭环境的影响。

从中华人民共和国成立到改革开放的深入推进,70 年的发展历程使中国正经历千年未有之大变局,社会飞速变迁、阶层快速流动。阶层流动使个人看到了通过努力实现阶层上升的可能性,极大鼓舞了个体寻求进步的内

在动力。近年来,我国在取得可喜成绩的同时,也存在一些问题,比如贫富差距不断拉大、阶层流动阻力不断加大、阶层固化可能性在增加。在当前社会变迁境遇下,经济社会快速发展对劳动者素质的要求也在不断提高,加之房价过高等因素的影响,青年必须非常努力才能立足于社会,个人必须加速化发展才能赶上历史机遇期,这极大增加了个人的社会生活压力,使部分青年群体产生了一切"向钱看"的功利心理和一切"向前看"的求快心理。一切"向钱看"的功利心理表现为财富和社会地位成为衡量一个人成功与否的重要指标,青年在面对专业选择时更倾向于选择金融、计算机等热门行业,在面对择业和求偶时更看重经济收入和社会地位,在面对价值两难的选择时更容易步入歧途,产生贪污腐败等违法违纪行为,反映出功利主义催生的以物质利益为评判标准的被扭曲的价值观、职业观、爱情观。一切"向前看"的求快心理表现为当代青年是"很拼"的一代。在社会飞速发展环境下,青年希望快速积累财富、获取信息、创造价值,实现阶层跃迁。媒体对一战成名、一夜暴富等事件的关注也使青年看到了这种个人快速发展的可能性,但却使其忽视了个人成长需要较长时间和知识能力的积淀。这种心理改变了青年对成功的一般认知,潜移默化地影响其对待人生和价值实现的态度。同时,为充分利用职业发展的黄金时间,或认为财富一定程度的积累是幸福婚姻的必要保障,大多数青年开始选择晚婚晚育甚至单身,这催生了青年新的爱情观和婚姻观。在这两种心理的共同作用下,面对求钱和求快无果,一部分不得志的青年成为"蚁族",追求"丧文化""佛系"心态,一部分则产生了对"富二代""官二代"等"二代"的仇富、仇官心理,产生怨恨情绪,甚至导致青年犯罪问题产生的频率加快,为青年文化蒙上了一层阴影。

家庭是个人成长的第一环境、父母是个人成长的首任老师。家庭境遇对青年的成长和发展具有基础性作用,分析家庭结构对青年和青年文化的影响,大致可以将家庭境遇出现的问题归为两类。第一类是父爱母爱缺失型家庭,主要表现为因父母离异而产生缺失的单亲家庭和因父母外出务工而产生缺失的留守家庭。家庭教育主要通过父母进行,调查显示,缺少父母关爱可能产生的隐患有异常情感代偿、亲情淡漠、错乱的亲子关系认知、安全感匮乏下的人际信任之困、理想信念模糊、不良行为习惯等[1]。相似的,这些问题也存在于在单亲家庭中成长的子女身上。总体而言,家庭教育的

---

[1] 浙江省团校课题组.被忽视的群体:单亲留守儿童成长困境及其社会支持[J].青少年研究与实践,2018(1):28-36.

缺位主要对孩子的心理和行为习惯两方面产生不良影响,在心理上表现为孤僻冷漠和以自我为中心,在行为习惯上表现为容易养成不良习惯。第二类是同辈群体缺失型,主要表现为独生子女家庭。独生子女由于在成长中缺少兄弟姐妹,与同辈群体的互动较少,导致其大多自我意识较强、有一定的以自我为中心的倾向。当处于青春期的青年寻求摆脱父母束缚以获得自由时,同辈群体由于在年龄层次、兴趣爱好、生活习惯、文化基础等方面的相似性,更易给予青年群体归属感。同辈群体的交流为青年提供了多样化的信息,一方面提供了多元价值观念,个体的世界观、人生观、价值观是基于其生活环境和教育背景而逐步形成的,因而带有差异性,同辈青年在交往中容易在对他人价值认同的基础上形成新的价值观念;另一方面产生了多元化的交流方式,借助互联网媒介沟通,同辈群体拥有了更为便捷的交往方式,碎片化、萌文化、表情包、丧文化都是基于青年群体的交往和交流而逐步产生和流行的。

## 第三节　青年文化演进的历史轨迹

回顾历史我们可以发现,青年始终与国家同呼吸、共命运,青年文化也充当着时代的晴雨表。中华人民共和国成立初期的 30 年、改革开放开启的中国社会经济腾飞的新时期以及随着党的十八大、党的十九大奏响的集结号迎来实现中华民族伟大复兴的新时代,构成了我国青年文化发展的不同历史阶段。分析这三个阶段青年文化的变迁图景,有助于从比较分析中探寻新时代青年文化景观的形成轨迹和基本面貌。

### 一、新中国:服从与反思并存

中华人民共和国的成立是一代代青年抛头颅、洒热血,付出青春与生命换来的革命成果,这极大地激发了青年作为国家主人的自豪感,鼓舞着他们为国家建设付出青春与热情,爱国奉献、顽强拼搏、忠诚服从,成为中华人民共和国成立初期青年文化的鲜明主题。他们服从纪律、听从组织,牺牲个人、顾全大局。20 世纪 50 年代的青年突击队和青年志愿垦荒队都是青年主动参与生产建设形成的自愿组织,反映出中华人民共和国成立初期青年报效祖国、任劳任怨的决心和毅力。1950 年毛泽东号召青年"抗美援朝,保家卫国",青年们听从指挥,到最危险、最艰苦的环境中去,到祖国最需要的地方去。"文化大革命"爆发后,对领袖的狂热与盲从使青年以极大的激进主义热情投入红卫兵运动中。他们开展"破四旧"、对所谓的"走资派"凌辱打骂,将革命理想主义情绪无限放大。在红卫兵运动中,部分青年借助大字报、报刊、集会演讲等方式不断发声。在这十年期间,青年们统一着装,欣赏着单一的样板戏,这严重限制了他们的行为方式和思维模式,也使得这一时期的青年文化总体上表现出整齐划一、缺少个性的特征。

随着 1968 年知识青年上山下山运动的开展,青年文化变革悄然而至,在忠诚与服从中出现了一些批判与反抗的色彩。1971 年林彪坠机身亡后,青年受到极大震撼,他们开始反思党内斗争、批判"四人帮"和"文革"斗争。1976 年"四五"运动的爆发充分彰显了属于青年的青春和热情,他们以怀念周恩来为契机向社会发出青年的声音,这标志着沉寂一时的青年文化即将再度活跃。

可以看出,中华人民共和国成立初期的青年文化具有明显的服从与反思兼具的色彩,他们勇敢拼搏、迎难而上,但有时不免盲动而狂热,也能适时反抗,为国家、民族和正义而呐喊。这体现出青年文化具有集体主义和革命乐观主义的色彩,也反映了这一阶段青年思想的激进化和简单化特点,同时也证明中华人民共和国成立后的青年文化尚处于起步阶段,具有较大的盲目性、自发性。

二、新时期:解放与迷茫并行

1978 年,"关于真理标准的大讨论"极大解放了人们的思想,开启了改革开放的历史新时期。1980 年,"潘晓来信"以"人生的路呵,怎么越走越窄……"引发大范围的青年对人生意义的思考和追问。青年在反思中产生一种"路在何方"的困惑和失落。20 世纪 70 年代末以后,对尼采、萨特、弗洛伊德等西方哲学的狂热与思考,反映出青年急需找到人生方向的迫切心态;80 年代中后期,北岛、顾城、舒婷、席慕蓉引发的诗歌热,彰显了青年寄托精神理想的急切愿望;80 年代末,伤痕文学、歌曲《一无所有》都在抒发一股迷惘情绪,而"毛泽东热"的复燃、《红太阳》歌曲的热销,体现出青年试图在回顾历史和礼敬传统中寻找人生意义。1992 年的南方谈话,回答了人们头脑中困惑已久的问题,极大促进了青年的思想解放。从崔健的摇滚热到邓丽君的流行歌曲、从金庸的武侠小说热到琼瑶的言情热以及王朔等人带动的以反映市井生活为特点的文学和影视潮流,都显示出青年沉浸于个人欲望、情感热情的解放,似乎暂时忘却了严肃的政治生活和崇高的理想信念追求。千禧年来临以来,全球化已经成为不可逆转的世界潮流,网络社会对人的影响开始凸显,主流文化在多元主义的冲击中面临越来越大的挑战。以闪婚为代表的开放包容的婚姻观、以及时行乐为代表的享受至上的人生追求,都预示新时期的思想解放浪潮正席卷着每一个角落,也体现了个体陷入迷茫后的道德沉沦和随波逐流。这无疑值得高度关注。

随着社会主义市场经济体制逐步确立、中国加入世界贸易组织(WTO),商品经济带来了个人欲望的解放和功利主义的抬头,一些青年在寻求解放与自由中陷入了物质主义和世俗化的漩涡中而难以自拔。一大批青年在"一切向钱看"的口号下涌入城市、涌入南方、涌入特区,下海经商,"宁愿坐在宝马车里哭,也不坐在自行车后笑"成为部分青年世俗化的真实写照。开放的大门也迎来了世界性的流行文化,"日流""韩流"在21世纪初带动了一股股追星潮。2005年选秀节目《超级女声》横空出世,带动了草根明星的发展,掀起新一轮的追星热。在流行文化的"诱惑"下,中华人民共和国成立初期对英雄人物的敬仰膜拜逐渐转变为对时尚偶像的极度崇拜,青年原有的精神生活正经历着冲击和消解后的重组。

不难发现,刚刚摆脱精神束缚的青年急需寻求解放,但突如其来的自由也导致个人陷入迷茫,一方面他们在原有价值体系摇和个体归属感缺失的境况下努力寻求新的认同,另一方面他们也因充分的自由而陷入了物质主义、享乐主义的泥沼难以自拔。物质主义的增强带来了理想主义的隐退,多元主义的盛行产生了选择上的困惑,解放与迷茫成为这一时期青年文化的主题。由于多元文化的冲击和教育引导的不足或偏颇,新时期的青年文化在跌宕中缓慢前行。

### 三、新时代:理性与矛盾并重

在党的十九大会议上,习近平总书记庄严宣告中国特色社会主义进入新时代。新时代意味着近代以来久经磨难的中华民族实现了从站起来、富起来到强起来的历史性飞跃。新时代的青年文化在总体向好、趋于理性的发展态势中,也展现出一定的矛盾色彩。

新时代的青年是积极、阳光、向上的一代。作为新时代青年文化主要创作者的90后、00后,他们成长于国家经济飞速发展、国际地位显著提高的新时期,没有奋斗的革命年代或沉重的历史所赋予的集体记忆。相反,他们享受着和平发展带来的安逸生活,接受着九年制义务教育的系统化学习,高度认同市场经济传递的法治精神和规则意识。不断完善的社会主义法治体系和不断稳固的社会主义主流文化根基为新时代青年提升国家认同奠定了良好基础,他们少了些世俗化的极端个人本位追求、多了一份为集体着想的理想主义情怀。

与此同时,新时代的青年深受信息浪潮、焦虑化和风险化社会的折磨。2009年微博兴起、2011年微信诞生、2012年微信公众号横空出世、2016年微信朋友圈流行,网络微文化成为新时代青年文化孕育的基本背景,使得不少现代人试图重回传统熟人社会,以朋友圈、知乎为代表的圈层文化得以兴起,弹幕、直播等能够集结人们共同兴趣爱好的新平台在近几年风行网络,青年借助这些互联网社群实现信息交互、知识传递、情感交流,充分利用网络资源和碎片时间促进自我多方面提升,或刷存在感,或打发时间。实时互动性是新时代文化传播的典型特征,这为青年表达意见畅通了渠道,也为网络舆论的持续发酵提供了温床。从2012年"小悦悦"事件引发舆论道德反思开始,面对毒奶粉、毒疫苗以及一系列食品安全事件的不断曝光,青年群体投入了足够的热情来反思社会底线、道德良知、人性本源问题,努力为社会问题的思考贡献青春之声。新时代也为网络流行文化的传播提供了便利,"我爸是李刚""神马都是浮云""鸭梨山大""土豪""全都是套路"等流行语,以及以形式好玩著称的表情包文化的流行,都折射出青年面对社会问题时的调侃心理和活泼心态,反映出新时代的青年在面对社会负面事件时不再以愤世嫉俗的仇视心理宣泄,而正以理性平和的态度展现其风貌。

新时代的一些青年胆怯、畏缩、逃避。2013年复旦投毒案、2016年"空心病"等现象的全民讨论,当面对以青年自己为主角的社会问题时,他们茫然又急迫地思考着人生的价值与意义,也因寻找不到答案而苦恼失落。当社会的阴暗面不断曝光,当不断成长中的青年不得不面对不堪重负的生活压力,"逃离北上广""佛系""生活不止眼前的苟且,还有诗和远方"等口号引起了青年的广泛共鸣,加上民宿热、慢生活勃兴,一时间青年文化中掀起一股"逃离"之风。这种"逃离"反映了青年在面对阶层固化等现实困难时缺少"不撞南墙不回头"的决心,他们嘴里喊着"中年危机",行动上却追剧、刷屏、琢磨养身,他们为自己精心贴上已经步入"中年油腻"的标签,实质是害怕面对残酷竞争的结果,努力为失败寻找借口。

由此可见,新时代的青年已经充分展现出理性思考、独立判断的能力,但由于变革期社会矛盾的叠加和青年心理的不成熟、社会阅历的有限等因素,当他们在面对集体与个人、物质与精神、长远与当下、线上与线下的选择、对比时仍会犹豫、徘徊,这些都说明了青年文化存在一定的矛盾色彩。

# 第四节　青年文化发展的典型问题

经济全球化浪潮、政治民主化进程、多元文化激荡、社会信息化加速、高等教育大众化、家庭子女独生化建构了当代青年置身其中的独特情境。他们在价值取向、人生态度、生活方式等方面有着与以往青年不同的时代特征。

总体而言,我国青年的社会责任感较强、精神风貌积极向上,时有令人瞩目的表现,尤其是国家出现重大事件的关键时刻,总能看到当代青年自觉担当的身影。2017 年大学生思想政治状况滚动调查表明,"高校学生民族自豪感、时代责任感、历史使命感持续增强。92.6％的大学生赞同'在个人利益与国家利益、集体利益发生冲突时,应首先考虑国家利益和集体利益'。94.4％的大学生赞同'大学生应成为社会主义核心价值观的坚定信仰者、积极传播者、模范践行者'"①。时代境遇在促进青年文化展现蓬勃生机的同时也使青年文化总体上呈现出一定的功利主义、自我中心色彩。当代青年呈现出多元、分化的态势,一些青年出现物质追求与精神诉求的困惑、知识丰富与情感匮乏的失衡等现象,在社会责任感上存在不少亟待关注和解决的问题。

## 一、国际化境遇:多元与主流的碰撞产生了被消解的青年

被消解的青年意味着青年对国家认同的消释,这种消解以文化失根为基础。当经济社会发展与文化发展不一致、传统文化缺少说服力时,青年本能地寻求外来文化,但西方文化与传统文化不同的立场和观念容易使青年陷入精神困惑和危机,产生迷惘一代的青年。青年问题的产生大多源于认同危机,特别是在碰撞中动摇了青年原有的文化认同。文化认同是国家认同的基石,只有建立在对民族和国家的语言文字、历史传统、宗教习俗、主流文化、价值观念认同的基础上,才会产生自觉的政治认同、经济认同。认同危机使个体产生不确定性,由此引发内心的不安全感和危机感,表现为对确定性的探索和挣扎过程。传统社会由于交通不便,人们的物理空间移动极小,熟人社会的传统使社交空间也极具稳定性,这种稳定性给人带来了安全

---

① 吴晶,胡浩,施雨岑,白瀛.立心铸魂兴伟业:以习近平同志为核心的党中央情系教育事业发展[Z].新华社,2018-09-09.

感,容易使人产生认同。国际化环境中,全球化带来了全新的文化和价值观念,这些全新的元素为青年文化的发展提供了动力,同时也撼动了传统文化的稳定性。在传统的生产和生活方式解体,而个人新的观念体系尚未完全建立之时,变动给青年带来了不安全感,由此催生出个体寻求安全感的主观愿望,在探索中容易陷入困顿和沉思。认同危机和消解风险表现在青年文化上,体现为部分青年在经济上陷入物质主义和消费主义,在政治上对国家制度产生怀疑,在文化上迷恋西方文化和价值观。受到西方文化影响的青年文化缺少与传统文化的联系,如萌文化、表情包等青年文化的当代呈现形式具有浓重的异域色彩。习近平在全国高校思想政治工作会议上强调,在全方位对外开放的条件下,我们每时每刻都面对着中国和世界的互动,也面对着中国和世界的比较,如果没有正确的立场和方法,往往会得出模糊甚至错误的结论。缺乏坚定的立场容易使青年在国际化浪潮中被多元文化消解,身处国际环境中的青年唯有理论上清醒、政治上坚定,才能避免消解风险。

## 二、互联网境遇:人设与本我、虚幻与现实的矛盾造就了被割裂的青年

在互联网时代,面对西方社会思潮和国内社会转型的冲击,青年和青年文化已经表现为一种多元破碎状,急需重整。青年在价值观和思维方式上出现许多矛盾,如青年对追求人生意义的崇高化与现实化的矛盾、唯物主义信仰与崇拜佛系、网络鸡汤和"转发锦鲤"等迷信活动的矛盾。这些矛盾反映出部分青年的精神世界已经被多元文化割裂,体现了青年精神生活的无序,根源于青年理想信念的不坚定。此外,被割裂的青年还表现为思想缺乏深度。当日常生活被碎片化信息占据后,思维惰性导致思考缺乏整体性、逻辑性、反思性,精神世界的割裂使青年在面对重要抉择时出现迷茫和跟风倾向,不利于社会的整体稳定。习近平认为"学习就必须求真学问,求真理、悟道理、明事理,不能满足于碎片化的信息、快餐化的知识。要通过学习知识,掌握事物发展规律,通晓天下道理,丰富学识,增长见识"①。互联网境遇逐渐割裂了青年,青年文化急需向深层次发展。

---

① 习近平.在北京大学师生座谈会上的讲话[Z].新华社,2018-05-02.

### 三、社会变迁境遇："向前看"和"向钱看"的现实造就了被焦虑化的青年

快速发展的社会弥漫着竞争气息，青年在急速变迁的社会中被生活压力逼迫着向前走，一种焦虑主义情绪广泛弥散，催生了被焦虑化的青年。这种群体性焦虑对青年文化发展也产生了重要影响。丧文化是青年焦虑心态的直接展现。丧文化以"葛优躺"为展现形式，反映了青年丧失生活目标后呈现的一种广泛弥散的消极颓废心态，表现为青年面对一切事情都陷入悲观和绝望之中。"丧"是青年企图用来逃避现实、逃避压力、逃避焦虑的表达方式，丧文化集中反映了青年的群体性焦虑心态。佛系是青年焦虑心态的间接展现。佛系表面上体现了青年随遇而安、不争不抢的生活态度，但其实质是一种逃避现实、逃避压力、逃避焦虑的消极心态，是青年面对无法改变的社会现实和生活压力后用以麻痹和缓解焦虑情绪而呈现的一种逃避心理，是青年群体性焦虑的间接呈现。碎片化是青年焦虑心态的呈现形式。碎片化的信息获取方式既体现了青年化整为零的学习能力，也反映出青年在知识爆炸时代对信息的焦虑，他们恐惧于在信息获取速度上丧失主动权而使空余时间被分割化。

### 四、家庭和同辈境遇：关怀的缺失产生了被冷落的青年

无论是父爱母爱缺失还是同辈群体缺失，都让正处于成长环境中的青年缺少了感受爱的渠道，遭受了被冷落的境遇。被冷落的青年由于成长环境中缺少亲情关爱，更容易出现人格障碍和犯罪行为。情感关怀与认知教育是相对的，通过态度、情绪、信念影响个体，作用于个体的心理层面，进而影响其品德和行为表现。情感关怀是人的社会化成长中不可缺少的环节，使个体意识到人与人的互动所能产生的奇妙火花，缺少情感关怀容易让个体陷入自我中心，缺乏同理心和人际交往能力。近年来，随着生活节奏的加快，离婚率普遍提升，加之独生子女政策的影响，青年群体普遍在成长过程中存在一定程度的情感缺失，这表现在青年文化上即为青年在交流和交往中倾向于独处，在处理与他人和社会国家关系上容易以我为本。缺少情感关怀的青年由于缺乏对爱的感知能力而容易陷入"爱无能"的境况，对于亲情、友情、恋情产生逃避心理。具有自我中心主义倾向的青年在发展上存在一定的个人主义、狭隘眼界、急功近利趋势，一切围绕个人利益而算计的利己主义现象在青年群体中也有着种种表现。

## 五、典型问题的具体体现

概言之,这些问题具体表现为以下几个方面:

第一,精神生活的迷茫、彷徨、脆弱和焦虑。由于现阶段社会环境的复杂、多样与多变,学业负担、激烈竞争、风险压力、信息过剩、求职压力不断向相对缺乏生活经验的青年袭来,他们对自身面临的诸多问题常"不知所解(适应性困难)、不知所向(取向性困难)、不知所选(选择性困难)"①,出现精神生活的迷茫、困惑与焦虑。

第二,重物质轻精神、重眼前轻长远、重索取轻付出的倾向。受市场经济"利益驱动"的影响,有些青年更多地关注可直接比较、可量化的因素,对思想、道德等难以量化的因素较为忽视。"利益至上""物质第一"观念成为一些青年为人处事、权衡利弊的基本标准,他们将"实惠"视为"务实",甚至对个人利益盲目追逐、对消费过分沉迷、对享乐过于贪图,严重影响了他们社会责任感的树立和培养。

第三,社会化程度不足或"过度"倾向。前者主要表现在缺乏对他人的理解,有的缺乏基本的沟通技能,甚至出现对社会的恐惧、麻木和排斥。根据调查,近七成的学生认同"我觉得有些同学很讨厌"的说法,近一半学生认为"和不熟悉的同学交往时,我感到不自然"②。后者典型体现在一小部分青年出现"精致的利己主义"倾向,他们"世俗、老道,善于表演,懂得配合,更善于利用体制来达到自己的目的"③。

第四,知、情、意、行不统一倾向。有些青年对社会责任热情较高但不稳定,缺乏理性认识的支撑,处于自发甚至盲目状态,常出现热情过后即陷入冷漠的现象;有些青年对社会责任认知清晰,但不愿参与切实的行动或没有转化为合理的行为,甚至做出有损国家和民族利益的事。

---

① 王仕民,郑永廷.当代大学生理想信念形成特点及原因分析[J].教学与研究,2008(5):74-79.

② 杨雄,何芳."90后":问题与教育对策[J].中国德育,2011(7):31-34.

③ 谢湘,堵力.理想的大学离我们有多远  北大清华再争状元就没有希望[J].云南教育(视界综合版),2012(6):15.

# 第一章　青年文化的层面与表现(上)

基于不同的标准,青年文化可以分为不同的层面,也会表现出不同的景观现象。本章重在研究现阶段的青年在爱国观、道德观、爱情观等层面的表现。[①]

## 第一节　爱国观

爱国在中华传统文化中一直拥有深厚的文化基础,自从国家观念产生以来,从"匈奴未灭,何以家为"(汉)到"愿得此身长报国,何须生入玉门关"(唐),从"位卑未敢忘忧国,事定犹须待阖棺"(宋)到"一寸丹心图报国,两行清泪为思亲"(明),再到"只解沙场为国死,何须马革裹尸还"(清),这些被后人广为流传、在当下依然脍炙人口的诗句,正是自古以来中华民族爱国精神的精准表达,而"修身齐家治国平天下"背后所表达的个人、家庭与国家之间的相互关联又相互促进的高度统一更是绝大多数中国人心中的文化共识。可以说,爱国基因一直在中国人的文化血脉中绵延不息。

近年来,我国在国际社会倡导构建人类命运共同体,而有些国家却在大行单边主义,在全球化和反全球化两股浪潮的碰撞下,爱国主义也受到"过时论"和民粹主义甚至是极权主义思潮的质疑甚至夹击。一些人认为爱国主义是一种陈旧落后的价值观念,甚至将爱国主义看作一种狭隘的民族主义和极权主义。[②]爱国主义的合理表达,关键在于对爱国主义的精准认识和正确引导。对于青年而言,他们正处在世界观、人生观和价值观确立的关键时期,思想可塑性强,因此有必要对青年的爱国观进行研究,帮助他们进行

---

① 需要说明的是,在本书的一些叙述中,以大学生为主要关注对象研究青年,原因有二:一是大学生是青年中的代表性群体,青年文化的诸多表现首先在大学生身上出现;二是本书的作者长期在高校工作,对高校和大学生的情况更为了解。

② 吴林龙.新形势下民众在爱国问题上的误区及应对原则[J].社会主义核心价值观研究,2017(2):55-63.

合理的爱国表达,使其成长为社会主义核心价值观的积极践行者。本节以大学生为主要分析对象,以点带面地观察当代青年的爱国境况。

## 一、时代特征

### 1. 表达方式趋向多元化

青年是爱国表达的积极参与者。以 95 后、00 后为主体的青年大学生在爱国表达方式上呈现出多元化的特点。总体来讲,青年大学生爱国的表达方式可以分为三种类型。

(1)外显表达型:这类青年在表达爱国情怀时具有很强的表现张力,对身边的人有非常直观的影响。例如他们会去天安门广场观看升旗仪式,会在公共场合高唱国歌,会在看见不爱国行为时正面反击等。受笔者访谈的大学生 A 说,当看见马里兰大学中国留学生 Yang Shuping 在毕业典礼上表示美国的空气更加香甜,他非常愤怒,立刻就在自己的微信朋友圈中结合自己之前在美国的交流经历进行了有理有利有节的指责,也获得了身边同学的认同。

(2)内隐表达型:这一类型的青年大学生很少会在公开场合或者开放的网络空间直接表达自己的爱国观点,但是他们会关注国家建设发展,爱国情怀隐含在他们对祖国的认同感和自豪感中。受笔者访谈的大学生 B 说,爱国不需要很响亮的口号,因为它体现在生活中的小事上。像今年去参加赴斯里兰卡的支教项目时,他会自觉地展示中国青年的精神面貌,与当地的孩子们建立起深厚的友谊,在不经意间成为中国形象的代言人。

(3)沉默表达型:沉默表达型的爱国青年从不会将自己的爱国情感主动表达出来,而是直接用自己的实际行动去践行。受笔者访谈的大学生 C 说,在网络上不管看到了关于祖国正面的还是负面的话题,他一般都不会公开发表看法,心中有杆秤就好。他会努力做好自己,用实际行动去爱国。在日常生活中,大多数爱国青年学生都是外显型表达、内隐型表达和沉默型表达的综合体,只是基于自身特点在某一类型所表达的特质上更为明显。

### 2. 心态逐渐理性平和

从中华人民共和国成立到改革开放,再到中国特色社会主义进入新时代,当今中国比历史上任何时期都更接近中华民族伟大复兴的目标。青年学生爱国的思想和行动在改革开放的初期,不可能一步到位,马上就达到理性和成熟的程度。再加之西方资本主义国家和平演变思想的影响和冲击,

20世纪80年代中后期高校青年学生的爱国表达逐步呈现出激进与盲动的特点。① 随着中国开放的大门逐步打开,改革开放逐步深化,综合国力稳步提升,先后呈现出了"出国热"和"海归热",越来越多的中国人走出国门,在中外比较中树立了民族自信,越来越多外国人走进中国,我们也可以透过外国人的眼睛更好地看待中国,近年来出现的堪称现象级的"文化热"和"诗词热"充分说明中华民族的优秀传统文化正在回归人们的心灵,指引人们的生活,这也促使青年大学生爱国心态愈发理性平和。这种爱国心态具体表现在不少青年大学生在面对正面话题或负面话题时不盲信盲从,而是理性分析。受笔者访谈的大学生D说,每天接收到的信息量大,内容鱼龙混杂,如果看到正面的话题他会很开心,但会先去一些官方平台上进一步了解真实情况,不能盲目正面,也不能盲目爱国。另外,如果有更多信息他也会补充进来。面对负面话题时不轻易相信也不随便反击,冷静客观思考。受笔者访谈的大学生E说,遇见负面话题时,他会首先理性分析,判断有没有盲目从众、哗众取宠和道德绑架等现象,然后再对负面行为做出合理的批判,并思考如何杜绝此类现象的发生,而不会采用偏激的甚至是谩骂式的行为。可以看出,青年大学生在面对爱国话题时,对事实真相格外警惕,并且具有较高地辨别信息真伪的素养,在爱国表达时理性而又平和。

**3. 网络成为表达新渠道**

新媒体的兴起和发展不仅使大众获取与交互信息的方式发生改变,更在语言体系、行为特征、思维模式等方面产生极大改变。② 从狭义上看,大学生的生活空间由现实世界和虚拟世界组成,而以95后、00后为主体的大学生群体无论在现实世界还是虚拟世界里都享有天然的适应性。从广义上看,虚拟世界已经成为当代青年大学生现实世界的一部分。自然而然,网络也成为青年大学生爱国表达的新渠道。通常我们认为在网络空间意见表达会分成两个场域,即政府舆论场和民间舆论场,随着社交媒介的快速发展以及自媒体的异军突起,民间舆论场也正在向圈群(微信朋友圈、QQ空间以及各类交流群等)延伸。当两个舆论场传播基调和诉求表达长期分离对立时,不仅挑战党管媒体的原则底线,而且导致社会阶层分裂对峙、政府公信力严重受损、党的执政基础被腐蚀削弱。③ 如何扩大两个舆论场的"最大公

① 吴秋兰.改革开放30年青年学生爱国主义表达的变化轨迹[J].中国青年研究,2009(1):21-24.
② 韩晓峰,张天译.新媒体环境下高校思想政治教育工作的机遇与挑战[J].东北师范大学报(哲学社会科学版),2015(6):219-222.
③ 任贤良.统筹两个舆论场　凝聚社会正能量[J].红旗文稿,2013(7):4-6.

约数",寻求两个舆论场之间的融合一直是学者研究的重点。而在爱国表达方面,官方舆论场与民间舆论场却通常享有高度的一致性。人民网曾经报道,2016年网络舆论场中一个引人瞩目的现象是"小粉红"群体的崛起,表现出强烈的爱国热情和对体制性的捍卫。在微博平台中,数量庞大的"小粉红"凝聚在一批共青团系统的官方微博周围,在"帝吧出征"反"台独"、表情包大战、电影《没有别的爱》争议、南海仲裁案等涉及爱国表达的热点事件中,表现出青年大学生强大的自我动员与组织能力。[1]

**4. 表达的话语风格鲜明**

受群体特点影响,青年大学生爱国表达的话语风格也表现出鲜明的时代特点。(1)话语形式更加新颖。青年学生熟稔在网络平台上话语表达的规律和技巧,对于网络流行语的使用更是炉火纯青,往往一句影视作品中的经典台词、一句歌词经过特定的语境设置以及创新的句式重组,都会达到"四两拨千斤"的效果,如当《战狼》《红海行动》等爱国主义影视作品热播时,简单的一句"确认过眼神,你就是我的国"立刻引爆社交网络,而"确认过眼神……"这一句式也迅速被网友在各类场合中提及和应用。正是这种大家耳熟能详又出人意料且还简洁精准的话语方式备受青年大学生喜爱,也构成了青年群体独享的话语体系。(2)话语载体更加丰富。随着新媒体技术日新月异的快速迭代,话语表达的媒介已经不仅仅局限于文字、语音这样单一载体,而是实现了文字、图片、视频、音频之间的高度融合,既保证了充足的信息量,又丰富了话语表达的画面感,同时还能营造出一种促进彼此沟通的有利氛围。如表情包、动图、短视频、H5动画等都是新媒体技术催生出的新的话语表达载体。2016年,2000万青年网友以"爱国"的名义集结,远征FB(Facebook的缩写),应用各种极具创意的表情包在"台独分子"FB主页下刷屏,引起网络热议。[2] 这也是一次非常典型的青年大学生应用新颖的话语方式和丰富的话语载体进行爱国表达的生动实践。受笔者访谈的大学生F说,对于爱国表达的话语,形式传统或者载体单调,都会让语言显得苍白无力,而有时简单的一句流行语或是一个表情包传递出的信息胜过千言万语,就好像天津大爆炸以后那张"最帅的逆行"漫画图一样。

**5. 特殊事件下具有"应激性"**

一个国家的爱国主义,包括中国的爱国主义,受多种因素的影响,也受

---

① 人民网:"小粉红"群体是如何崛起的? [EB/OL]. http://www. guancha. cn/society/ 2017_01_ 01_385884. shtml.

② 袁源. 帝吧FB远征:一场表情包大战的两岸青年网络交流[J]. 当代青年研究,2017(1):59-63.

社会大背景和大事件的影响,这些因素包括经济全球化趋势、市场化改革和经济转型、国家崛起特别是大国崛起、世界社会主义运动进展等。① 个体身处时代大背景下,会在一些突发性或重大性的事件中表现出"应激性",而这种特殊事件能够在短时间内迅速凝聚青年大学生的爱国共识,激发爱国表达。青年大学生在面对特殊事件所呈现出的应激性表达既有正向反馈表达,也有负向反馈表达。正向反馈是指发生一些有利于国家利益的事件,如国庆大阅兵、杭州 G20 峰会、中国共产党与世界政党高层对话会等。负向反馈是指发生一些对国家利益产生威胁的事件,如汶川大地震、香港"占中"事件、中美贸易战等,直到现在,这些负向的事件还在牵动着每一个国人的神经。每年的 4 月 1 日,依然有大量国民在各类社交平台上表达对飞行员王伟烈士的悼念与哀思。这些事件就是历史进程中的重要节点,无论是正向反馈还是负向反馈都可以激发出爱国的正面表达,而且这种激发性的爱国表达也更深沉、更持久、更有力量。尤其是在互联网广泛普及的现在,任何事件经过网络的及时传播都会迅速实现信息的共享,这也导致了特殊事件激发出的爱国表达呈现出空前的广泛性和统一性,这种大规模的集体"共情"也会产生爱国情绪的同频共振,进而对爱国表达产生进一步的催化和增强。

## 二、教育困境

对青年进行爱国主义教育是我国的优良传统和政治优势。不过,随着时代条件和教育对象的变化,现阶段的爱国主义教育面临一些新的亟待解决的问题。

### 1. 爱国的"底线"过低,不爱国的"上限"过高

爱国主义是一个历史范畴,是个人对自己祖国依存关系的集中反映。它是爱国之情、强国之志和报国之行的完整统一。② 在调研中可以发现,几乎每一个青年大学生都抱有爱国之情,但是对爱国和不爱国的认知以及爱国表达的知与行之间的统一还存在一定问题。对于什么是爱国,有学生认为,诚实守信、遵纪守法,不给国家添麻烦就是爱国。对于什么是不爱国,有学生认为,丑化国家形象,歪曲国家政策法规,威胁祖国统一和民族团结就

---

① 刘建军.论大国崛起对爱国主义的影响[J].社会主义核心价值观研究,2017,3(2):49-54.
② 杨茹,吴燕燕.全球化时代爱国主义教育的挑战与对策思考[J].北京工业大学学报(社会科学版),2017,17(1):74-79.

是不爱国。青年大学生在认知爱国与不爱国的界限时,很容易会将爱国与不爱国的范畴与不违法与违法的范畴相混淆,导致青年所理解的爱国"底线"标准过低,而不爱国的"上限"标准过高,这也是一种爱国标准认知的泛化。而且,在爱国之情与报国之行之间还存在一段距离,嘴上高喊爱国口号,行动上却毫无作为的现象也依然存在,爱国标准认知的不准确也加剧了青年大学生在爱国表达上知与行的不相统一。爱国的概念外延应该内含于法律的范畴,更加贴合于道德的范畴。

### 2. 爱国与爱党不相统一

2015 年 12 月 30 日,习近平总书记在中共中央政治局第二十九次集体学习时强调,只有坚持爱国和爱党、爱社会主义相统一,爱国主义才是鲜活的、真实的,这是当代中国爱国主义精神最重要的体现。然而在调研中发现,青年大学生群体对爱国与爱党相统一的主流共识并不强。受笔者访谈的大学生 G 说,党是党,国是国。"中国"很大,是历史上的商周秦汉,是共和国国民以及所有华侨心里的家。爱国是所有中国人应该做的事,而爱党则是那些拥有相应信仰的人应该做的。信仰不能强求,因而爱党不能强制。这种将爱党等同为信仰共产主义,将爱国与爱党相割裂的错误观点在一小部分青年群体中也确实存在。当代青年实际是中国共产党执政的最大获益者,这就好比一个人生活在一个美丽舒适的花园里,他爱这个花园里的一切,却不爱这个花园辛勤的园丁。近百年来,中国共产党用生动的实践在中国大地上书写了一部民族复兴的血泪史,用几代人的不懈努力向世界证明了中国共产党领导的必然性。但是受历史虚无主义、西方妖魔化社会主义等不良思潮的影响,有些青年没有对党史国史形成客观全面的正确认识,进而在思想上形成了爱国与爱党的割裂倾向。不爱党的爱国是空洞的、不负责任的爱国,爱国与爱党之间的隔阂也需要爱国主义教育去弥合。

### 3. 一元话语的权威性面临挑战

以教师为主体、学生为客体的一元话语体系是多年来学校爱国主义教育的主要授课方式,然而以自媒体为代表的新兴媒体的迅速发展促使信息传播真正实现从"传者本位"到"受众本位"的转换。① 在微媒体话语的影响下,权威"一元话语"正经受着角色优势与控制能力被消解的境地。大学生

---

① 罗桢,徐建军."受众本位"下把握网络意识形态领域话语权的挑战与策略[J].思想教育研究,2017(6):80-83.

不局限于话语受众,而是拥有可以随意表达思想、观点的平台。① 网络公开课、MOOC(慕课)以及各类贴吧和论坛正在颠覆传统的课堂空间,而传统的一元话语体系主导的课堂模式正在被新兴的课堂模式挤压。在课堂上传道者话语权威被挑战的同时,爱国主义教育的成效也正在逐渐消解。受笔者访谈的大学生 H 说,思政课堂上,老师讲述的那些内容在网上都可以查得到,而且看网上的视频随时都可以暂停,也不用像在课堂上一定要跟着老师走。有时候,老师所讲述的和网上看到的还有出入,他反而觉得网上的内容更加客观真实。长此以往,学生会逐渐形成一种固化思维,即课堂上的内容课下都找得到,老师讲的内容不如网上的真实,事实上课下很多学生都不会再去通过自学弥补相关内容,而且其判别网络信息真实性的素养更有待加强,这些都会给爱国主义教育造成更大的困境。

**4. 教育载体与学生预期不相协调**

青年学生对国家的认同和归属感是在大学营造良好爱国主义教育氛围的有利条件,但是当前高校的爱国主义教育载体还无法很好地回应学生的期待。(1)青年学生呼唤爱国主义教育从形式化走向具体化。有些高校的学生管理者会将办活动与爱国主义教育混淆,忽视了组织活动的出发点和落脚点都应该是育人,反而是为了办活动而办活动,在活动中冠以爱国主义教育的主题,却并不能回应学生们的真实关切和具体需求,教育活动也流于形式,甚至让学生反感诟病。(2)青年学生呼唤爱国主义教育理论与实践相结合。第一课堂是爱国主义教育的主渠道,而在第一课堂中,说教式的理论灌输占授课内容的主要部分,对于长期生活学习在象牙塔的青年学生而言,很容易对那些课堂上讲授的略显枯燥的理论产生距离感。如果缺乏设身处地的实践和感受,也很难将那些理论充分吸收,更无法做到知行合一。实践教育是第二课堂的主要内容,在实际工作中,第一课堂与第二课堂之间的融通还存在一定鸿沟。(3)青年学生呼唤爱国主义教育形式从单一变得多元。当代青年更注重个人感受,更关注现实体验,他们不满足于目前单一的教育形式。高校需要丰富爱国主义教育形式,打造讲座、展览、竞赛、调研与实践等多种形式相互融合相互补充的矩阵式教育形式,有力回应青年学生的实际关切。

---

① 　滕苏苏.微媒体场域中大学生思政教育话语体系的审视与建构[J].教育评论,2017(6):91-94.

### 三、引导对策

优化青年爱国主义教育,增强青年学生的爱国情怀,以下几个方面需要注意:

**1. 用仪式感"典"亮爱国情怀**

不同的仪式承载着不同的表象和标准,从而引导人们树立与之相应的价值观念,发挥着确立标准、引领思想规范行为的重要作用。① 仪式的背后隐含着深厚的文化内涵,若加以合理利用,会发挥出强大的育人功能。高校应当既抓好国家大环境中的重要时间节点,如重大历史事件纪念日、中国民族传统节庆日、重要的会议召开等,也要利用好校园小环境中的重要时间节点,如校庆日、开学典礼、毕业典礼等,通过举办仪式,并在仪式中设置特定的爱国主义教育环节。在大环境中,让中华民族传统文化浸润青年学生的爱国情怀;在小环境中,让专属于这一特定群体的大学文化升华青年学生的爱国情怀,营造大环境与小环境的交融,在大学校园中厚植爱国主义教育的文化土壤。在特定的事件、特定的地点、特定的人群场景中,典礼给青年大学生带来的仪式感会显著增强,一篇激动人心的讲话、一段温馨感人的视频、一个举手投足的动作……一个小细节就会"典"亮青年大学生心中最柔软的部分,在青年大学生心中激荡出的爱国情怀会更强烈也更持久,能更好地引导他们树立正确的国家观,达到事半功倍的效果。

**2. 用获得感"捂"热爱国真心**

虽然青年一代是社会发展和祖国强大的获益者,但是对于以独生子女为主体的当代青年大学生而言,从小一直到进入大学的成长环境通常会以学生本人为中心,长此以往很容易给青年学生造成一种个人中心主义的倾向,那么即便正在享受国家快速发展所带来的红利,这一类青年也很难将个人的获得感与自己的爱国心建立起直接联系。高校的爱国主义教育工作要搭建起学生的获得感与爱国心之间的桥梁,并在两者之间建立普遍联系。获得感是一个合成词,它由"获得"和"感"组合而成。汉语词典对"获得"的解释是得到、取得、捕得;对"感"的解释是觉出,使在意识、情绪上起反应,因受刺激而引起的心理上的变化。② 高校的爱国主义教育应当主动在"感"字

---

① 邹涛,艾鸿.发挥高校校园典礼多重育人价值谫论[J].学校党建与思想教育,2014(6):85-87.
② 兰全.基于"获得感"的高校思政教育实践育人机制研究:以思想政治理论课"2+1"实践教学改革为例[J].教育导刊,2017(12):78-82.

上下功夫,通过多种形式的教育载体,引导青年学生与上一代人进行纵向比较、与同代人进行中外之间的横向比较,在横向与纵向的双向比较中获得真实的体验,让真真切切的获得感将学生的爱国真心"捂"热了、"捂"软了。

### 3. 用使命感"融"铸爱国共识

使命感就是爱国之心催生出的强国之志。经过长期努力,中国特色社会主义进入新时代,当代青年大学生的使命就是将个人的前途命运与国家的前途命运紧密相连,将个人发展镶嵌在时代发展的蓝图中,自愿自觉地投身到中华民族伟大复兴的生动实践中。只有这种崇高的使命感内化于心,成为"融"铸在青年群体心中的爱国共识,这股强大的报国之志方能形成合力,推动国家发展。这种使命感教育应该体现在高校爱国主义教育的全过程,并且贯穿新生从入学到毕业的整个学习周期,在这一过程中不断强化、深化、升华这种使命感,让它在每一位大学生心中生根发芽。通过了解国史国情,可以让大学生明白自身为实现"中国梦"所担负的历史重任,从而形成对国家、对民族坚不可摧的向心力和凝聚力,增强认同感和归属感,进而坚定复兴中国民族伟大使命的决心。① 党史、国史和校史是高校开展爱国主义教育的珍贵素材,通过参观爱国主义教育基地、寻访先辈的红色足迹,通过树立革命先烈、杰出校友等伟大的历史人物典型,引导青年大学生与老一辈爱国人士实现跨越时空的精神共鸣,指引青年大学生树立正确的历史观和国家观。

### 4. 用代入感"激"活爱国表达

青年正处于个人素质的养成阶段,各方面技能尚处于完善之中。青年的人格发展特征可以归纳为,自我意识增强但尚不成熟,认知水平发展但仍有偏差,人格趋向稳定但易受影响。② 面对社会上宣扬的报国之行,由于储备不足,会产生一种心有余而力不足的想法,进而变成一种无力心态。久而久之,无力心态会演变成旁观者心态。爱国并非高不可攀,报国之行也蕴含在生活中的点滴小事,高校的爱国主义教育需要在青年的日常学习生活中营造一种代入感,通过树立朋辈榜样,用身边人讲身边事,用身边事教育身边人,如矢志从军报国的典型、扎根基层的典型、投身创新创业的典型等,为青年大学生将自身代入时代发展铺就成长路径。通过爱国主义教育的各项

---

① 彭舸珺,牛健蕊.国难教育:高校爱国主义教育的有益补充[J].河北师范大学学报(教育科学版),2016,18(6):117-119.
② 饶芳.困境中的重构:新媒体时代青年的理想人格构建[J].中国青年研究,2016(5):27-32.

实践活动引导青年参与、鼓励青年发声、肯定青年作为,强化青年的代入感,指引青年在时代进步和国家发展的征途中重构个人定位,真正激活青年的爱国表达。

# 第二节　道德观

习近平总书记在全国高校思想政治工作会议上指出,"思想政治工作从根本上说是做人的工作,必须围绕学生、关照学生、服务学生,不断提高学生思想水平、政治觉悟、道德品质、文化素养,让学生成为德才兼备、全面发展的人才"[①]。这一重要论述,对落实"立德树人"的根本任务提出了明确要求,阐明"培养什么样的人、如何培养人以及为谁培养人"的根本性问题,在本质上是对其青年修德思想的进一步丰富与发展,既体现了党对青年一代的一贯要求,又富有很强的现实针对性和战略指导性。新时代的青年在道德层面表现如何,如何更好地做到知行统一? 本节以大学生为典型代表进行分析。

## 一、价值意蕴

"立德树人"既强调"德"在人的德智体美诸种素质中的核心地位和德育在学校各项工作中的首要地位,又强调"立德"是"树人"的一种方式,树人需要立德,立德才能树人。[②]青年兴则国兴,青年强则国强。大学生是青年中的优秀分子,是民族的希望与国家的未来。大学生的综合素质如何,不仅事关个人健康成长、全面成才和走向成功,而且事关国家富强、民族振兴和人民幸福。因此,高校要让大学生成为德才兼备、全面发展的人才,就必须"坚持以立德树人为根本,以理想信念教育为核心,培育和践行社会主义核心价值观,弘扬中华优秀传统文化和革命文化、社会主义先进文化,培养学生的社会责任感、创新精神和实践能力"[③],切实加强大学生文明修身教育。

### 1. 事关青年价值观的形成与发展

价值观是一个人认定事物、辨别是非的一种思维或取向,是个人思想品

---

① 习近平在全国高校思想政治工作会议上强调:把思想政治工作贯穿教育教学全过程　开创我国高等教育事业发展新局面[N].人民日报.2016-12-09.
② 骆郁廷,郭莉."立德树人"的实现路径及有效机制[J].思想教育研究.2013(7):45-49.
③ 中华人民共和国教育部令第 41 号.普通高等学校学生管理规定[Z].2017.

德的重要反映。"树立正确的世界观、人生观、价值观,掌握了这把总钥匙,再来看看社会万象、人生历程,一切是非、正误、主次,一切真假、善恶、美丑,自然就洞若观火、清澈明了,自然就能作出正确判断、作出正确选择。"①的确,在经济全球化、信息网络化、文化多元化的新形势下,面对纷繁复杂的社会现象,面对专业学习、职业规划、人际交往、工作压力等方面的现实问题,青年不可避免地会产生一种失落感与彷徨感。为此,青年要想获得健康成长、全面成才或走向成功,就必须有"大德"的引领,做到是非明白、方向明晰、路径端正。

习近平总书记指出,"核心价值观,其实就是一种德,既是个人的德,也是一种大德,就是国家的德、社会的德"。"青年的价值取向决定了未来整个社会的价值取向,而青年又处在价值观形成和确立的时期,抓好这一时期的价值观养成十分重要。"②青年阶段是个体从不成熟到成熟的过渡阶段,在心理上具有思维逐渐成熟、独立自主性日益增强、个性趋于定型、价值观与道德观形成并趋于成熟等特点。如果在这个阶段不重视价值观的教育引导,非常容易出现思想上迷茫、价值观扭曲甚至误入歧途的状况。因此,要高度关注青年的价值观培育问题,倡导学校师德引领、社会公德约束、家庭美德熏陶、职业道德塑造,促进青年德智体美全面发展,使其成为德才兼备的表率和大家学习的楷模。

**2. 事关国家富强、民族振兴与人民幸福**

中国梦的本质是国家富强、民族振兴、人民幸福。青年是国家的未来和民族的希望。习近平总书记指出,"国家的前途,民族的命运,人民的幸福,是当代中国青年必须和必将承担的重任"③。总书记之所以如此强调青年修德问题,有其重要的背景。首先,中国共产党青年理论的继承与发展是青年修德观形成的理论渊源。中国共产党自成立之日起,就继承和发展了马克思主义青年观,充分认识到青年的重要性,从而代表青年、赢得青年和依靠青年。其次,实现民族复兴的使命要求是青年修德观形成的时代背景。新形势下要实现中华民族伟大复兴中国梦,必须要团结依靠广大青年,发挥他们的聪明才智,使他们与中国梦同心同行。再次,敌对势力亡我的意图是青年修德观形成的国际背景。以美国为首的西方国家不希望中国真正发展

---

① 习近平. 在北京大学师生座谈会上的讲话[N]. 人民日报,2014-05-05.
② 习近平. 在北京大学师生座谈会上的讲话[N]. 人民日报,2014-05-05.
③ 习近平致全国青联十二届全委会和全国学联二十六大的贺信[Z]. 新华网,2015-07-24.

强大起来,始终不忘对中国进行西化与分化,他们把这种想法寄托在中国未来的青年一代身上,因此我们必须高度重视青年的修德问题,教育引导青年修好德,尤其要修好"大德",增强青年对社会主义核心价值观的理论认同、实践认同、情感认同和责任认同。

**3. 事关青年健康成长、全面成才与走向成功**

德为才之帅,才为德之资。一个青年如果不修德或修不好德,那他就可能迷失奋斗目标和前进方向,就会不思进取、虚度年华,就会无所事事、碌碌无为,对学习工作不感兴趣,对国家社会漠不关心,碰到困难挫折就会畏缩不前,碰到疑问困惑不能做出正确判断,为人不诚实,做事不扎实。笔者所在课题组曾对浙江省大学生道德修养进行调查,调查结果显示,尽管大学生主流思想积极、健康、向上,但也反映出一些突出问题,集中表现在部分青年身上存在政治信仰迷茫、理想信念模糊、价值观念扭曲、诚信意识淡漠和社会责任感缺乏的问题。这些问题在本质上都与修德密切相关,如不加以正确教育引导,必将影响到青年的健康成长与全面成才,亟待引起我们高度重视并努力加以解决。可以说,修德对一个青年来说至关重要,它是青年健康成长、全面成才和走向成功的前提与保障。"修德是一项基本功,因为修不好德,就没有强劲的动力,很难求得真学问;修不好德,就没有坚定的立场,很难做出正确的决断选择;修不好德,就没有明确的方向,很难沉下心来扎扎实实干事、踏踏实实做人。"①一个青年如果把德修好了,那么即使身处逆境亦能帮助他们鼓起前进的船帆,即使遇到险运亦能召唤他们鼓起生活的勇气,即使遭遇不幸亦能促使他们保持崇高的心灵。

二、当代检视

在当前经济全球化、信息网络化、思想多元化的大背景下,西方发达资本主义国家凭借其强大的科技与经济实力,向我国推行文化霸权与文化殖民主义。"西方国家无论是从国际战略格局上,还是从意识形态上,都不希望看到我们这样一个社会主义大国顺利实现和平发展。我们越是发展壮大,他们就会越焦虑,就越要加大对我国实施西化、分化的力度。"②冷战结束之后,西方发达资本主义国家对中国的文化渗透不仅没有减弱,反而迅速

① 本报评论员.树立核心价值观要在修德上下功夫:八论学习贯彻习近平总书记五四重要讲话精神[N].中国教育报,2014-05-14.
② 中国人民解放军总政治部.习近平关于国防和军队建设重要论述选编[C].北京:解放军出版社,2014:51.

发展,呈现出前所未有的力度、广度和深度,其传播方式也呈现出多样性和隐蔽性。他们始终把对中国进行和平演变的希望寄托在中国青年一代身上。特别典型的是美国中情局制定的《十条诫令》,充分暴露了美国西化、分化以中国为代表的社会主义国家的罪恶图谋。如:"尽量用物质来引诱和败坏他们的青年,鼓励他们蔑视、鄙视并进一步公开反对他们原来所受的思想教育,特别是共产主义教育。为他们制造对色情奔放的兴趣与机会,进而鼓励他们进行性的滥交。让他们不以肤浅、虚荣为耻。一定要毁掉他们一直强调的刻苦耐劳精神。"①同时,随着国内转型期各种矛盾频发与各种社会思潮扑面而来,加上后现代文化的传入与大众文化的勃兴,"既使得当代青年挣脱了思想的束缚,又使他们失去了精神的支撑、理想的指引,导致一部分青年不同程度地出现政治信仰迷茫、理想信念模糊、价值观念扭曲、诚信意识淡薄和社会责任感缺乏等问题"②。为把握当代青年道德文明修养教育现状,2016年9月,我们依托"当代大学生文明修身及教育状况问卷调查课题组"(以下简称"课题组")在本省选取21所高校作为样本,进行了针对大学生道德文明修养的调查。

**1. 主流积极向上**

一是大学生普遍赞同开展大学生文明修身教育活动。调查显示,在问及"你对高校开展大学生文明修身教育活动的态度"时,选择"非常赞同"和"基本赞同"的占95.39%。二是大学生普遍认同开展文明修身教育的必要性。调查显示,在问及"你认为当代大学生有必要加强个人文明修身吗",选择"非常必要"和"有必要"的占96.44%。三是大学生普遍愿意参加文明修身教育活动。调查显示,在问及"你愿意参加学校组织的大学生文明修身教育活动吗",选择"非常愿意"和"基本愿意"的占89.12%。四是大学生普遍对文明修身教育活动有兴趣。调查显示,在问及"你对自己所在院校开展的大学生文明修身教育活动的兴趣评价"时,选择"很感兴趣"和"较感兴趣"的占78.40%。五是大学生普遍对自己文明修身表现充满自信。调查显示,在问及"请你对照'品德好、品行优、品位高'的标准来衡量一下自己的文明修身水平"时,选择"完全达标"和"基本达标"的占93.68%。从以上几组数据可以看出,当代大学生在文明修身教育方面的主流是积极向上的,充分展

①　刘凤健,夏辉,田靖.从美国中情局《十条诫令》看"西化""分化"中国图谋[J].民族论坛,2015(2):33-36.
②　倪邦文.中国梦与青年发展:学习习近平总书记系列重要讲话体会之二十六[J].前线,2013(12):106-109.

现了当代大学生的个人自信和良好风貌。

**2. 相关问题域**

在充分肯定当代大学生文明修身主流的前提下,问卷调查中也反映出当代大学生在文明修身方面存在一些不可忽视的问题与不足。在公德意识缺失方面,选择"公共场合大声喧哗"的占 68.42%,选择"购物就餐夹塞拥挤"的占 56.59%,选择"需静场所手机声响"的占 55.29%,选择"自修教室占位占座"的占 52.48%。在尊重意识缺失方面,选择"遇事不满语言粗俗"的占 59.55%,选择"对待他人不懂尊重"的占 55.94%,选择"见了师长不会问候"的占 52.03%,选择"情侣恋爱过分亲昵"的占 46.62%。在仪容意识缺失方面,选择"不切实际过度消费"的占 51.18%,选择"'课桌文化'屡见不鲜"的占 48.07%,选择"不分场合穿着随便"的占 44.36%,选择"衣着打扮奇形怪异"的占 40.05%。在诚信意识缺失方面,选择"考试作弊五花八门"的占 59.55%,选择"抄袭论文学术不端"的占 53.03%,选择"约定之后不讲信用"的占 50.08%,选择"对待朋友缺乏真诚"的占 49.14%。在法纪意识缺失方面,选择"课堂纪律熟视无睹"的占 58.40%,选择"宿舍规定置若罔闻"的占 48.52%,选择"网络交流随心所欲"的占 48.32%,选择"交通规则随意违反"的占 40.75%。在学习意识缺失方面,选择"上课玩手机吃东西"的占 68.97%,选择"迟到早退旷课"的占 60%,选择"考前突击抱佛脚"的占 47.52%,选择"沉迷网络游戏"的占 47.17%。在安全意识缺失方面,选择"在寝室使用违章电器与明火"的占 59.15%,选择"漠视学校安全教育"的占 45.91%,选择"不遵守交通规则"的占 45.71%。在面对校园不文明行为时,选择"勇于制止或提醒"的只占 23.46%,选择"有制止的想法但没有行动"的占 36.44%,选择"自省自警自励"的占 35.99%,选择"事不关己高高挂起"的占 4.11%。由此可见,当代大学生在文明修身方面存在的问题亟待我们引起重视并努力加以解决。

**3. 多元化表征**

依托网络平台交叉分析,课题组发现不同类别的大学生在文明修身问题上存在认同差异。一是政治面貌不同的学生在对高校开展文明修身教育活动的态度上存在差异,基本上呈现正相关性,赞同率依次是非党团员学生 87.04%、入党积极分子 93.81%、共青团员 96.02%、中共党员 98.23%。二是不同年级的学生对是否有必要加强个人文明修身的认识存在差异,本科学生基本呈现负相关性,即随着年级增长认为大学生加强个人文明修身的必要性呈下降趋势,但到了毕业班甚至研究生阶段却出现增长现象,即大学一年级学生98.22%、大学二年级学生96.56%、大学三年级学生94.02%、大学四年级学生95.74%、研究生97.76%。三是不同家庭条件的学生对文明修身教育活动的兴趣热度存在差异,基本呈现出正相关性,即家庭条件越好,学生对所在院校的大学生文明修身活动的兴趣越高,反之亦然。按照兴趣从高到低排列,分别是家庭条件优越92.99%、家庭条件良好82.37%、家庭条件一般76.36%、家庭条件贫困74.23%。从上述几组数据反映出来的大学生对文明修身教育活动的认同存在差异的问题,值得我们深入思考研究。

### 三、影响因素

#### 1. 个人成长环境的辐射影响

众所周知,环境对一个人的成长发展影响很大。这个环境主要包括家庭环境、学校环境与社会环境,而家庭环境与社会环境对一个人的成长发展影响更大。课题组通过调查显示,在问及"你认为影响大学生文明修身的因素有哪些"时,选择"家庭环境:独生子女的过分溺爱"的占66.97%,选择"社会环境:公民素质不高的负面影响"的占58.90%,在该问题的六个选项中分别排第一位和第二位。由此可见,尽管影响大学生文明修身的因素很多,但家庭环境、社会环境已成为影响大学生文明修身的两大重要因素。当代大学生基本属于95后甚至00后,绝大多数又属于独生子女,在他们个人成长过程中,家庭环境过于"优越",父母对孩子的"溺爱",潜移默化中使其养成了不重视文明修身的习惯。同时,社会环境对大学生的文明修身也产生了重要影响,这就是"近朱者赤,近墨者黑"的道理。由于各种原因,我国公民的社会道德修养普遍还不高,不重修身、不守规矩、不懂礼仪的人屡见不鲜。此外,网络对大学生人格发展带来的负面影响也不可小觑。所以,在大学生成长发展的社会化过程中,没有受到足够的来自社会的榜样示范和积极影响,使得他们的文明修身素养有所缺失。[①]

#### 2. 应试教育方式的育人弊端

多年来,应试教育方式使得各级学校对学生文明修身教育重视不足。在这种指挥棒影响下,学校片面追求升学率,重智育而轻德育,评价学生不

---

① 金向华,方年根. 和谐语境下大学生礼仪教育路径刍议[J]. 中国医学伦理学. 2009(2):152-153.

是看文明修身素养好坏,而是主要看考试分数高低,这几乎已经成了判断学生的唯一标准。课题组通过调查显示,在问及"你认为影响大学生文明修身的因素有哪些"时,选择"应试教育:评价学生素质看分数"的占 58.20%,在该问题的六个选项中排第三位。尽管素质教育喊得轰轰烈烈,但是应试教育抓得扎扎实实。这种以学业成绩为中心的应试教育方式必然导致忽略、放松包括文明修身教育在内的德育、体育、美育、创新创业教育等,必然导致大多数学生不能成为"德才兼备、全面发展的人才",相反使大多数学生成了标准划一的"器"。这些人以优异的考试成绩进入大学,但是他们体内缺少必要的"文明修身基因"或"文明修身维生素"。

高校思政课的课堂仍然存在重灌输轻内化、重认知轻体验、重理论轻实践、学生参与缺乏积极性广泛性等不足和弊端。因此直接造成了青年大学生对思想政治理论课的态度趋向功利,只把思想政治理论课当成挣学分的必修课,而没有把它作为个人健康成长成才的修身课,导致部分大学生失去了对人生意义的追问、对社会理想的追求、对人类命运的关注,对需要尝试思辨与价值根究的哲理化、理论化的各种思潮和主义产生抵触或反感情绪,影响优良道德观的生成。

**3. 传统修身教育的重视不足**

《礼记·大学》中有言"修身齐家治国平天下",可见"修身"与"齐家""治国""平天下"密切相关,"修身"重要意义不言而喻。文明修身教育是学校德育工作的重要内容,事关优良校风学风的形成。良好的思想品德行为习惯是学生做人做事的重要前提。无论是家长还是学校,都应当始终坚持"以修身为本,以学业为重",这样才能把孩子或学生培养成为德才兼备、全面发展的人才。回顾传统的文明修身教育,有的是"说起来重要,做起来次要,忙起来不要",有的只注重认知教育而忽视行为实践,有的只注重智育为主而忽视其他教育,有的教师对学生要求"马克思主义"而对自己"自由主义",有的只注重传统规范翻版而忽视现代文明的创新。这种美德袋式的教育不能引起学生心灵共鸣,缺乏学生内心认同,致使学生知行不一。课题组通过调查显示,在问及"你认为影响大学生文明修身的因素有哪些"时,选择"教育片面:不太重视养成教育"的占 53.13%,在该问题的六个选项中排第四位。

**4. 文化多元带来的价值冲突**

"青年的价值取向决定了未来整个社会的价值取向,而青年又处在价值观形成和确立的时期,抓好这一时期的价值观养成十分重要。"①"核心价值观,其实就是一种德,既是个人的德,也是一种大德,就是国家的德、社会的德。""修德,既要立意高远,又要立足平实。要立志报效祖国、服务人民,这是大德,养大德者方可成大业。同时,还得从做好小事、管好小节开始起步,'见善则迁,有过则改',踏踏实实修好公德、私德,学会劳动、学会勤俭,学会感恩、学会助人,学会谦让、学会宽容,学会自省、学会自律。"②由此可见,青年修德本质上就是如何修好社会主义核心价值观,这要求广大青年要把修身养德放在更加突出的位置,发扬开风气之先的传统,始终保持积极的人生态度,自觉践行先进的道德风尚,以实际行动促进社会的和谐进步。

当代青年的道德文明修养在一定程度上也是中西文化双重影响的结果。虽然文化的多元发展可以丰富青年的精神文化生活,但核心价值观在某种程度上的缺失与青年自我认知能力的欠缺,加之鱼龙混杂的社会思潮对社会主义主流意识形态的消解,也会造成当代青年在价值选择上的混乱和迷茫。如今一些青年身上存在的"一切向钱看"的拜金思想,与大学校园里拜金主义、实用主义及享乐主义的暗流涌动有着密切关系。

**5.高校教育管理的措施滞后**

高中生考入大学后,他们离开父母开始相对独立的学习生活,不再像中学那样随时都有老师"看管"。同时,他们进入大学校门以后,新的学习压力相对较轻,他们开始不再安于以往的苦读,想方设法去感受一下"外面精彩的世界"。尤其是如今网络时代的到来,"无网不在""每天必网"成为常态,这给高校教育管理提出了严峻挑战。如果此时高校的教育管理部门对大学生文明修身教育缺乏有效措施,加上社会大环境和家庭小环境的双重影响,大学生身上文明修身素养先天不足的问题就逐渐显露出来,集中表现为诚信意识、尊重意识、仪容意识、学习意识、法纪意识、安全意识的相对缺失。

四、培育路径

开展大学生文明修身教育,是高校学生思想政治教育的重要组成部分,也是观察落实党和国家对高校"立德树人"根本要求的需要,符合时代特点和当代大学生群体实际。大学生文明修身教育的现状启示我们,只有更加注重学生主体性,更加强调社会现实性,更加突出修身实践性,教育大学生

---

① 习近平.在北京大学师生座谈会上的讲话[N].人民日报,2014-05-05.
② 习近平.在北京大学师生座谈会上的讲话[N].人民日报,2014-05-05.

提高文明修身认识,引导大学生陶冶文明修身情感,激励大学生锻炼文明修身意志,促进大学生养成文明修身习惯,才能切实增强大学生文明修身教育的针对性与实效性,最终实现"让学生成为德才兼备、全面发展的人才"的目标。

**1. 抓住课堂主渠道,用思想政治理论课引领大学生文明修身**

课堂是对大学生进行文明修身教育的主渠道。高校大学生文明修身教育活动之所以针对性与实效性不够强,其中一个重要原因就是缺乏科学理论的指导,造成大学生文明修身教育顶层设计与理论指导不足,使得整个文明修身教育体系不够完善。为此,"我们在努力实现中华民族伟大复兴的过程中,应当深刻地、全面地去研究和学习马克思的原著,学习马克思主义中的道德精神"①。思想政治理论课是对大学生进行系统马克思主义理论教育的必修课,是对大学生进行思想政治教育的主渠道。要加强思想政治理论课程建设,更新思想政治理论课教学理念,创新思想政治理论课教学模式,提高思想政治理论课教师素质,特别要将思想政治理论课教学内容与为学生解疑释惑有机结合起来。在教学内容要点上,教师应讲清思想政治理论的基本问题;在教学思维导向上,教师应从制约思想政治理论的客观因素中走出来,更多地关注学生主体自身存在的思维方式,重点培养学生的辩证思维和"问题—过程意识";在教学方法原则上,教师应直面现实并配合感性认识的方法讲授基本原理,避免单纯地抽象论证,提高教学说服力和感染力。要通过各种形式的学习宣传教育,帮助大学生分别从历史维度、现实维度和未来维度来认识科学的理论。

**2. 优化育人主环境,用优良家风校风社风影响大学生文明修身**

育人是学校、家庭和社会的共同责任。只有不断优化育人环境,才能不断增强大学生文明修身的责任认同,逐步实现从盆景到风景乃至风尚的根本转变。一要优化家庭环境,强化家风家教,通过阅读家教经典、树立家风榜样,积极引导家长科学教子、以身示范、以德育人,使子女养成良好的行为习惯;二要优化校园环境,推进校园综合治理,以学风建设为突破口,以文明寝室建设为主载体,使校园呈现人际关系和谐、学术思想活跃、校园文化繁荣、环境整洁优美的良好校风校貌,使大学生精神得到振奋、心灵得到净化、情操得到陶冶。特别要发挥教师在"立德树人"中的榜样示范作用,使大学

---

① 熊春锦.道德教育贵修身[M].北京:红旗出版社,2014:203.

生能够得到来自教师的足够示范和指导。习近平总书记强调指出,"高校教师要坚持教育者先受教育,努力成为先进思想文化的传播者、党执政的坚定支持者,更好担起学生健康成长指导者和引路人的责任。要加强师德师风建设,坚持教书和育人相统一,坚持言传和身教相统一,坚持潜心问道和关注社会相统一,坚持学术自由和学术规范相统一,引导广大教师以德立身、以德立学、以德施教"①。三要优化社会环境,深化社会综合治理,不断发掘"最美现象",积极弘扬"最美精神",不断净化网络与社会环境,给大学生成长发展提供榜样示范。

**3. 发挥情感育人的作用,以真情实感激发大学生文明修身**

教育的本质就是爱,教育的目的不是把桶灌满而是把火点燃。情感育人是大学生思想政治教育的重要内容,是增强大学生道德修养的重要途径。强调以情感人,就是要将提升大学生道德修养与切实解决大学生的实际困难问题结合起来,特别要针对学生中存在的思想迷茫、学业后进、经济困难、心理困惑、行为失范等问题,完善助困帮扶体系,落实具体帮扶措施,让每一个学生思想迷茫时能够得到及时指点、学业后进时能够得到及时辅导、经济困难时能够得到及时帮扶、心理困惑时能够得到及早解答、行为失范时能够得到及时纠正。因此,开展大学生文明修身教育要倡导在工作中将"以情感人"与"以理服人"有机结合起来,将开展大学生文明修身教育与切实解决学生的实际问题结合起来。建议政府与高校不断完善助困帮扶服务体系,帮助大学生解决他们碰到的思想、学习、生活、心理、就业等方面的实际问题,让他们真切地感受到党和政府与学校对他们的真诚关怀、真心关爱和真切关心,使他们从情感上产生爱党爱国、立志成才、奉献社会的价值信念,增强他们加强文明修身的热情和动力。

**4. 发挥文化主作用,用丰富校园文化熏陶大学生文明修身**

校园文化包括物质文化、精神文化、制度文化和行为文化,具有教育激励功能、导向规范功能、约束支配功能和辐射示范功能。文化知识"是树立核心价值观的重要基础"。"要勤于学习、敏于求知,注重把所学知识内化于心,形成自己的见解,既要专攻博览,又要关心国家、关心人民、关心世界,学会担当社会责任。"②对青年来说,学习是永恒的主题。不勤奋学习就不知

---

① 习近平在全国高校思想政治工作会议上强调:把思想政治工作贯穿教育教学全过程　开创我国高等教育事业发展新局面[N].人民日报,2016-12-09.
② 习近平.在北京大学师生座谈会上的讲话[N].人民日报,2014-05-05.

真善美、假丑恶,不勤奋学习就不能取得新进步新成绩。今日之学习,恰如逆水行舟,不进则退;今日之学习,恰如顺水扬帆,不赶在潮头之前,必被大潮淹没。为此,青年要切实发扬勤学之风,既要勤于学习个人专业知识,又要勤于学习哲学、历史、经济、文化、科技、艺术等知识,尤其要在学习过程中,不断提高个人道德修养与思想境界,不断完善个人知识结构与能力素质,不断陶冶个人道德情操与健康情趣,主动担当起国家富强、民族振兴与人民幸福的社会责任,为实现中华民族伟大复兴的中国梦作出最大贡献。除了学习好文化知识以外,还要鼓励大学生积极参与各种校园文化活动,寓文明修身教育于生动活泼的校园文化活动之中,让他们展示文明修身的魅力和大学生的风采风貌。

**5. 坚持实践主途径,用社会实践活动促进大学生文明修身**

社会实践是高校德育的重要内容,也是大学生接受文明修身教育的重要途径,在促进大学生成长发展中具有不可替代的作用。大学生是社会实践的实践者,培养其品德修养与实践能力,是开展社会实践活动的根本目的所在。[①] "道不可坐论,德不能空谈。于实处用力,从知行合一上下功夫,核心价值观才能内化为人们的精神追求,外化为人们的自觉行动。" "青年有着大好机遇,关键是要迈稳步子、夯实根基、久久为功。"[②]要求青年知德、树德的根本目的是为了践德,这才能对国家富强、民族振兴、社会进步和人民幸福有所意义。现实生活中不乏一些青年喜欢坐而论道、空谈道德,喜欢纸上谈兵、画饼充饥,口头上夸夸其谈,行动上碌碌无为。一些青年大事干不了、小事不愿干,摆出一副生不逢时、自命不凡之态。古人云:"勿以善小而不为,勿以恶小而为之。"列宁曾经说过,要成就一件大事业,必须从小事做起。所以,青年要把"大德"内化为个人内在追求,长期坚持从小事做起、从点滴做起、从身边做起,努力做到以知促行、以行促知、知行统一,才能成就一番大事业,在实现中国梦的过程中展现个人的人生价值。大学生文明修身教育只有更加注重实践性和养成型教育,突出大学生的体验与内化过程,增强文明修身实践体验,才能摆脱纸上谈兵的命运,方能逐渐发展学生的智质和潜能,达到自我完善与提高的目标。因此,一方面高校要重视社会实践活动,寓大学生文明修身教育于社会实践活动之中;另一方面政府部门也要强化社会综合治理,不断优化社会环境,让大学生在社会实践中能够受到足够

---

① 刘玲.大学生社会实践实效性评价模式探析[J].高教学刊,2016(23):35-37.
② 习近平.在北京大学师生座谈会上的讲话[N].人民日报,2014-05-05.

的示范与指导。

### 6. 利用网络主媒体,用先进信息文化引领大学生文明修身

当前,微信、QQ 等网络社交新媒体已成为大学生获取网络信息的主要工具,"无网不在""每日必网"已经成为大学生的生活常态。随着大学生对手机新媒体的依赖程度日益攀高,高校教育工作者要把握机遇、趋利避害,充分利用网络传播优势,积极发挥微信、QQ 等新媒体在大学生文明修身中的宣传教育作用,开展实时、全天候不断线的思想引领教育,定期推送有关大学生文明修身的理论学习内容与学生感兴趣的话题,结合不同群体的特点与兴趣点,增强互动沟通,引发学生共鸣,促进学生成长。

### 7. 改革教育主制度,用修身教育前置保障大学生文明修身

学校教育的目标是培育人才,高校开展大学生文明修身教育的目标是培养高素质的人才。高素质的人才不仅需要具备良好的科学文化素质,而且更需要具备良好的道德品格素养。长期以来,中小学校在应试教育制度的影响下,考试分数成为学校教育成功与否的衡量标准,成为学生和家长追求的首要目标,造成了人才培养的畸形发展:过分注重分数,忽视道德养成,部分学生不重视文明修身,不懂做人做事道理。只有从根本上完善教育制度,优化人才评价标准,才能引领中小学校更加注重学生立德修身教育,落细落小落实学生养成教育,给高校输送更多的高素质人才,保障大学生文明修身水平得到永续提高。

发挥制度管理作用,强化责任担当,提升大学生道德修养。一要强化教书育人制度管理,始终坚持"学术研究无禁区,课堂讲授有纪律"的原则,要求教师立德树人、为人师表,既要做好学生的"经师",也要做好学生的"人师"。二要强化服务育人制度管理,要求各类服务人员做到公平公正、热情服务,让学生高兴而来、满意而归,时刻感受到自己是学校的主人。三要强化环境育人制度管理,要求政府有关部门通力合作,切实加强网络管理制度建设和校园周边环境整治,积极抢占舆论阵地,营造一个积极健康的育人环境。此外,也要倡导家庭育人责任以示范引领,要求家长用优良家风家教促进孩子健康成长发展。通过上述努力,把制度管理贯穿于育人全过程与各环节,让大学生能够经常受到积极熏陶,从而深刻认识当代大学生应该履行的人生责任,最终达到提升道德修养的目的。

## 第三节　爱情观

爱情这个古老而又新鲜、永恒而又常变的问题，一直是社会学、伦理学、生理学等多学科交叉研究的焦点，更是大学校园里经久不衰的热点话题，深刻影响着其人格发展和人生幸福度。青年谈恋爱已成为相当普遍的现象，我们结合已有的理论研究和长期的爱情心理咨询实践，重点探索当前青年爱情观中的时代典型表征——"爱无能"这一现象，并进行全面阐释。

### 一、表现与类型

"爱无能"最先来源于 2001 的一本同名书籍，该书一度被称作当代人的爱情写照、"垮掉一代"的情感圣经、80 后的信仰证明。作者镜子描绘了一批拥有高学历、高职位、高收入的大龄都市白领的单身现象：他们大多不愿去恋爱、不会去浪漫、不懂得去爱。认为这是一种典型的"爱无能"现象，是世界性的流行病。书中的都市白领工作繁忙，感情空白，生活优越，最后忙活到一定程度不会爱别人了，就成了爱无能。有调查显示，有超过一半的男人认为自己处于爱无能的边缘，其中 20% 表示已经心灰意冷。这批人可能恰值婚龄，条件也不算差，却因为种种原因提不起恋爱的热情。

笔者基于近十年的青年爱情心理研究、爱情心理咨询，在分析大量爱情心理案例的基础上界定当代青年的爱情心理状态和特征，认为当今青年在爱情上的最大、最显著、最标致性的特征就是"爱无能"。其内涵变迁为：以性生理成熟、爱情心理未熟为基础，缺乏爱情的基本常识和必备能力，以"我要"为自利特征，追求自我情感满足，往往以自我受伤和互相伤害为结局，并导致压抑、自卑、无助、无望等心理，最终陷于人生意义感、存在感双失的困境。

"爱无能"主要表现在如下三方面：一是恋爱前行动力缺乏。男女之间能正常相处和交流，但是无法进入亲密关系，一段感情还没开始就担心分手，觉得分手痛苦，还不如不谈恋爱，无法将内心完全敞开，不能接纳一个异性进入自己的私人空间。明明喜欢某一个女生或者男生，却因为怕受伤或者怕失望，宁愿沉浸在美好的幻想中，有心动却没行动。二是恋爱中以自我为中心。男女在恋爱过程中，完全从自我需求的角度来考虑问题，认为对方应该无条件地满足自己、迁就自己，具体表现在吵架过程中男生觉得女生无理取闹，女生觉得男生不体贴不关心。缺乏换位思考和相互理解的能力，从本质上来讲是男女缺乏恋爱的能力。三是恋爱后自闭和伤害。分手是恋爱的一种可能性结果,必有其各方面的原因,然而部分男女无法正确地认识和面对,将分手视为恋爱失败,甚至人生失败,从而否定自己走向自闭。更为极端的是在恋爱后无法接纳现实,以自杀或自残的方式试图挽回对方,或者伤害对方予以报复,这种行为是一种典型的爱能力缺乏的表现。

在都市白领中选择单身的大致有三类人:第一类是曾经受过感情伤害不敢再爱;第二类是工作太忙、人际圈太窄、缺乏男女相处技巧不会去爱;第三类是根本不相信爱情的美好而不愿意走入恋爱。相对于城市白领来讲,青年大学生群体有着明显不同的特点,绝大多数没有自己的收入、空闲时间较多、有更多机会接触异性等,所以青年的"爱无能"的类型也有明显差异。大致可以分为如下四种类型:一是苛求完美型。对未来的一半有较高甚至是脱离实际的要求或标准,不考虑别人的具体情况,过多考虑自我感受和发展目标,导致很难找到伴侣,或者找到了很快对对方产生各种不满,直至分手。二是自我保护型。由于在爱情中付出很多却换来对方的背叛、伤害等负面行为,对爱情产生怀疑、厌倦,甚至敌视,排斥恋爱以免再度受伤。或者不够自信,害怕被拒绝或伤害而不敢恋爱。三是过度无感型。从小生活在溺爱的环境中,并经历多场爱情,形成了爱情"可替代性"的观念,对爱情持游戏和消费心态,显著特征是对任何一个人的"爱情"都是无感的,认为随时可以更换。四是无心无知型。该类型缺乏对爱情基本内涵和要素的认知,在实际交往中不懂得爱情的表达方式和矛盾的化解手段。

## 二、形成的原因

"爱无能"成为青年恋爱的典型症状有其内在和外在原因,首先是受环境限制因素的影响,没遇到令自己心动的人,或者遇到了因为从小没有接受过相关的教育而不敢迈出第一步;其次是对真爱的怀疑态度以及患得患失的心理态度,害怕得不到或者得到后害怕失去。不过,其根本原因还是因为对自我评价不准确或者自我价值没有得到较好实现等。

### 1. 外在环境的影响

社会环境造成的焦虑。近年来,关于婚恋的现实事件和媒体报道层出不穷,对青年的婚恋观造成一定冲击。一是相亲电视节目,比如《相亲才会赢》《爱情保卫战》等,弘扬的价值观有失偏颇,一方面女性的择偶标准更加物质化,另一方面将婚恋中各种矛盾放大化,让没谈过恋爱的人望而生畏。二是各种相亲和定亲新闻,比如上海的相亲角,父母将子女信息摆摊并讨价还价,将爱情异化为赤裸裸的交易,再比如一对男女订婚用箩筐挑着现金以及各种金器,还有晒出各地的娶妻成本,从一定程度上激发了人们对于恋爱和婚姻的焦虑感。第三是社会上诸多的出轨、第三者以及因为感情问题导致的伤害事件,比如原配当街殴打小三、小三当面叫板原配,及青年不满女友提分手将其当场捅死等,这些事件消解了人们对爱情的憧憬和对婚姻的向往。

学校爱情教育的缺失。在对高校教师的半结构性访谈发现,大多数教师对爱情教育的地位认识不够,认为爱情教育仅仅是为应对一个个的、具体的爱情事件而存在,没有将爱情教育作为青年思想政治工作的时代性命题和内容,认识不到爱情教育对于青年健康人格和心理的重要意义。一些教师认为:"爱情教育应该存在,但没必要投入太大精力。"高校教师对爱情教育的地位没有足够的重视度,除了自身对角色定位和工作职责不明确外,更与学校相关机构和领导的认识水平不足有直接关系。

家庭情感教育的不足。根据爱情依恋理论,儿童时期的亲子关系会对成人之后的人际关系包括爱情心理造成直接影响。当前的青年大多是95后、00后的独生子女,成长于"4—2—1"家庭,集外公外婆、爷爷奶奶和爸爸妈妈的宠爱于一身,更多的感受是被爱,而不知道该怎么去爱。还有部分青年父母长期在外工作,从小跟隔代长辈在一起生活,没有受到父母感情的示范,对爱情缺乏基本认知。更有一部分青年,父母离异或离异后重组家庭,感受到婚姻破裂带来的心理创伤,于是对恋爱和婚姻产生排斥心理,或者走进恋爱之后也抱消极态度,没有树立正确的爱情观,态度决定思想,思想决定行为,外在表现出来就是"爱无能"。

**2. 内在因素的影响**

爱情心理不够成熟。当前青年的爱情知识主要来自网络,其中的性知识、性观念很多来自不科学的视频和网络链接,导致的直接后果是部分青年对爱情缺乏合乎科学与伦理的基本认知,性观念以享乐主义和刺激为主,这些观点或观念的形成将对青年正常的学习、生活、工作等产生重要影响,也对其世界观、人生观和价值观的养成有着极为不利的影响,最终导致自己想要什么也不清楚,陷入迷惘、堕落、空虚等困境。

自我价值的不足。"爱无能"也可能缘于在既往生活和现实生活中缺乏爱、缺乏和谐的人际关系。如果一个人在缺乏关爱的环境中长大,他就会没有自信,他既察觉不到自己可爱,也觉得别人不会爱自己,同时还觉得自己没有实力去爱。笔者认为,另一种相反的情景同样会导致"爱无能":从小生活在溺爱的家庭环境中,进入大学又经历多场爱情,由于体验的是所谓的过度的爱情,反而会形成爱情"可替代性"的观念,对爱情持游戏和消费的态度,会丧失爱情最基本的"激情、亲密和承诺"三要素。

自身责任感的匮乏。责任是爱情的重要组成部分,恋爱双方都有自己需要承担的责任,对对方负责,也对自己负责。然而,现实生活中,有人不愿承担、不能承担和不敢承担责任。比如恋爱过程中会产生花销问题,一般情况下男生相对会承担多一点,某些人家庭条件不允许,又不想加重家庭负担,于是远离恋爱;还有部分人家庭条件可以,但是在恋爱过程中讲求平等而不愿意承担。除了经济因素外,恋爱过程中还存在一定的风险,影响身心健康。比如,青年性生理都已经成熟,所以有性的需求,但是不懂、不会避孕,一旦怀孕就惊慌失措,绝大多数都是让女方堕胎,这让双方都承受很大的心理压力。

### 三、引导的对策

爱情教育的有效实施需要良好的环境,需要家庭、学校和社会的共同营造。家庭教育是基础,学校教育是关键,社会教育是保证,需要将家庭环境、学校环境和社会环境有机结合,更为重要的是需要三者合力形成不缺爱也不溺爱的科学爱育理念。

#### 1. 纠正青年对爱情的错误认知

树立正确的择偶观。择偶观包括择偶时间、择偶标准和择偶方式。大学期间的恋爱是美好和让人憧憬的,但现实是青年恋爱的成功率较低,青年要调整心态,如果真正遇到了合适的人是可以尝试的,既不能因为成功率低就放弃,也不能因为孤独而盲目恋爱。相对于步入社会后的恋爱,大学生谈恋爱的成本较低和要求较少,但不容忽视的是大学生都是花父母的钱,因此恋爱双方需要树立正确的消费观,男方量力而行,既不能畏惧又不能大手大脚,女方要多为对方考虑,不能一味提物质要求,增加双方恋爱过程中的心理压力。另外,随着各类网络社交工具的流行,青年择偶和沟通的方式越来越简便,同时也带来更多的问题,青年见网友被骗入传销或被害的新闻屡见报端,给很多人造成心理阴影,不过也不用因噎废食,只是在选择网络择偶方式时应当更加谨慎。

正确认识恋爱失败,避免恋爱伤害。恋爱后能最终走到一起是大多数人的初衷,但是恋爱的成功与否取决于多重因素,是项复杂工程,需要长时间、多主体和全方位的呵护,是必然性和偶然性的统一,必然性是说过程要用心,偶然性是说结果要宽心。恋爱失败后要学会调适心理,不能自暴自弃,从此对爱情失望回避,更不能走极端,自杀自残甚至威胁他人的生命财产安全。合理的调适方式是寻找社会支持,可以找学校的心理健康教育中心做情感咨询,也可以找亲朋倾诉等,还可以培养兴趣参加各类学生活动,比如用运动健身转移注意力。

### 2. 提高对青年爱情教育的重视度

如前所述,爱情问题日益成为青年心理问题的主要内容,其表现形式也变得多样化和复杂化,青年思想政治工作者应改变传统的工作理念,充分把握新时代青年思想状况,善于观察和研究新情况、新问题,及时将青年群体中涌现的新情况纳入思想政治工作视野之中,加以探索和研究才能提升工作实效性。为此,要高度重视青年的爱情教育,研究思想政治工作的新策略。同时,作为思想政治工作的领导机构要制定相关的工作制度,将爱情教育的工作内容、策略以及考核原则予以制度化、规范化,保障爱情教育的可行性。

构建科学合理的青年爱情教育课程。目前,很多高校已经开设关于《青年心理学》的选修课、必修课,但很少有学校开设专门的《爱情心理学》课程。我们认为,青年不但应当具备基本的心理学常识,更应掌握其最关心的相关情感问题的知识和应对策略。《爱情心理学》要涉及爱情心理的本质、爱情的表现、爱情的伦理与道德、爱情的培育等诸多方面,应在广大思想政治工作者基础上重点培养一支高度专业化的爱情教育教师队伍,只有这样才能满足新时代青年的情感需求和教育渴望。同时,思想政治工作者更要将《爱情心理学》的开设与其他学科紧密相连。柏拉图在《斐德罗篇》中借苏格拉底之口说出了爱情的定义:"当追求美的享受的欲望控制了推动正确行为的判断力以后,当这种欲望从其他相关的欲望中获得竭力追求肉体之美的新力量时,这种力量就给欲望提供了一个名称——这是最强烈的欲望,叫作爱情。"[①]因此,爱的本质是追求美和善,这种追求是一种高尚的欲望,是精神上的升华与完善,是对真善美的智慧总结。所以,真正的《爱情心理学》应当与美学、伦理学、社会学等学科紧密联系,相通相融,给学生知识的同时,培育学生爱的能力,提升学生追求美好生活的智慧。

### 3. 加强对青年爱情心理的调查研究

青年的爱情心理是复杂的、特殊的,只有加强调查和研究才能真正认识

---

① 柏拉图.柏拉图全集:第二卷[M].王晓朝,译.北京:人民出版社,2003:150.

和把握青年爱情心理的特点,并在此基础上进行科学的爱情教育。思想政治工作者应加强对教育对象爱情心理的调查和研究,切实提高这支队伍应对新问题、新挑战的意识和能力。研究者发现,青年的爱情心理具有丰富性与复杂性、积极性与消极性、建设性与破坏性、共通性与差异性、相似性与互补性等特征①,但是这些未必就全面地涵盖了青年爱情心理的特征。因此,只有在日常教育实践中加强调研,才能逐步把握青年的爱情心理,才能提出真正有助于青年健康成长的教育策略。

爱情心理学作为一个新的研究点,高校思想政治工作者应积极学习国外的先进理论,有效借鉴国外爱情教育的新理念和新思想,从而探索出中国文化背景下青年爱情心理特征,结合我国特有的文化特征进行有的放矢、行之有效的爱情教育,真正使学生受益,真正地帮助学生提升人生幸福度。

### 4. 积极建立"社会—高校—家庭—学生"的立体式教育模式

校园文化对学生的成长成才具有潜移默化的隐性作用,是青年"精神成人"的软环境,是青年教育无形的、强大的影响因素。积极向上的校园文化是青年健康心理成长的沃土,相反,消极低俗的校园文化则是青年心理成长的腐化剂。思想政治工作者除了要加大力气促进学生的"专业成才",更要下大力气帮助学生实现"精神成人",成为一个综合素质较高的人才。高尚、优雅的校园文化需要和谐、优美的校园环境做支撑,应大力开展丰富多彩、形式多样、积极进取、文化色彩浓厚的校园活动,营造更加具有科学性、趣味性、思想性、时代性的校园育人环境,让学生在活动与氛围中净化心灵,陶冶情操,提升思想,锻炼意志,丰富理想,完善人格,提升智慧,最终实现个体更加主动和生动活泼的发展。②思想政治工作者应深入探索当代青年的爱情心理状况和特点,总结和归纳存在的问题,然后在此基础上构建"社会—高校—家庭—学生"多因素有效互动的爱情教育机制和实践方案,从而全方位地引导青年科学地、全面地认知爱情,了解自我,提升人生的幸福度,有效地促进个人、家庭、社会的和谐。

---

① 李建伟.当代大学生爱情故事类型及其教育策略[J].河北大学成人教育学院学报,2011,13(1):85-87.
② 闫涛,李建伟.当代大学生的"七大爱情矛盾"及其对策[J].河北大学成人教育学院学报,2010(4):102-103.

# 第二章　青年文化的层面与表现(下)

如果说上一章重在谈青年在与国家、与社会、与他人等外在关系处理过程中呈现出的文化景观,那么本章则重在围绕青年与自身的内在维度分析青年文化的现实状况。

## 第一节　独立观

"人无精神不立,国无精神不强。"①人的生命是自然生命和精神生命的统一体。自然生命是人的肉体生命,是人展开生命活动的基础;精神生命则是意识、思维、情感、意志和价值等构成。苏联教育家霍姆林斯基说:"真正的人要有人的精神,你作为一个人生了下来,就要成为一个大写的人。真正的人要有一种精神——人的精神。这种人的精神会在信念与情感、意志与追求之中,会在对待他人和自己本人的态度上,会在分明的爱与憎,在善于看到理想并为之而奋斗方面表现出来。"②可见,精神生命是人的本质生命的体现,既是人与动物区别的标志,也是人与人之间的根本区别。精神独立性是指个体在社会中,有自己独立的不依赖于他人、外物的价值观、思维方式、道德观念、理想信仰等,表现为独立生活能力、道德自立、情绪自主以及丰富的精神生活等。精神独立性是人自我探索、自我成长的重要维度。人唯有精神的独立才能真正挺立在这个世界上,成为真正的人。青年处于精神独立性发展的重要时期,如果此时能较好地塑造自己的精神独立性,就可以为未来人生奠定良好的基础,否则就会影响未来的发展。观察现实可以发现,一方面,当代青年自立、自尊、自强,呈现出较好的精神独立性;另一方面,也不可否认,当代青年面临着不少困惑和迷茫,其精神独立性层面尚存在一些问题。

---

① 习近平.在纪念红军长征胜利 80 周年大会上的讲话[M].北京:人民出版社,2016:9.
② В.А.苏霍姆林斯基.怎样培养真正的人[M].蔡汀,译.北京:教育科学出版社,1992:195-196.

一、正向的表现

唯有精神独立性,人才能把握自己的思想、选择自己的路、实现个人价值,过有意义的人生。当代青年大多为 95 后、00 后,他们成长于中国发展最快的时期。伴随着国家发展的日新月异,这一代年轻人呈现出积极、健康、开放的姿态,其独立性体现在追逐理想、崇德向善、自尊自强和独立创新等方面。

**1. 追逐理想**

理想是对目标的设定,是一种强大的精神力量,这种力量既支撑现实又指向未来。唯有有理想,人才有方向,才能坚定脚下的路,才能克服困难和意志顽强。理想是人对自我和外在世界的双重探索,是对美好人生或美好社会的期待和愿望,是精神独立性的重要表现。当今时代是中华民族走向伟大复兴的时代,这个时代为每一个有理想的青年提供了出彩的机会。不少青年有思路、有见识、有勇气追求自己的梦想。比如,一些青年不再固守传统的就业形式,开始尝试自己创业,甚至有些在校大学生已经开始创业并取得不错的业绩。

**2. 崇德向善**

人无德不立。道德自立是精神独立性的重要体现,近年来,不少青年都具有关心社会、爱岗敬业、见义勇为、勇于担当的精神。2006 年 7 月,湖南师范大学李春华为抢救 2 名落水少年英勇牺牲;2009 年 10 月,长江大学徐彬程等 15 名学生跳进长江,救起 2 名落水少年;2015 年,中南大学先后涌现了尹琨等 3 名青年主动捐献造血干细胞见义勇为的青年;2015 年 8 月,天津港仓库爆炸,其中数十名 90 后消防员为履职而不幸遇难……这些舍己救人的英勇行为说明了当代青年无私利他的高贵品质。不少在校青年表现出强烈的担当精神,奥运会、G20 峰会等都有大学生志愿者的身影;绝大多数就业青年成为社会主义现代化建设的中坚力量,他们在工作岗位上认认真真、兢兢业业。这些都体现了当代青年崇德向善的精神。

**3. 自尊自强**

自尊指尊重自己,这是建立在对自己良好评价基础上的。自尊心能够使个人主动行动,实现自己的目标。自强指不断自我勉励、发奋图强,不断提升和完善自己。自尊自强是精神独立性的重要体现,也是支撑人前进的重要精神力量。现阶段,大部分青年有理想、有规划、有行动、奋发向上、积极进取,比如每年评选的"当代大学生自强之星",让我们看到了当代青年的自尊、自强、自立的品质。

**4. 独立创新**

现代社会的青年喜欢独立思考,对各种社会新潮和流行文化抱有兴趣,敢于突破传统思维定势,充分发挥自主性和创造性。同时,大部分青年能够独立面对困难,表现出较强的独立生活能力。有调查表明,42.3%的大学生在遇到困难和压力时会"自己解决",38.6%的大学生会"找朋友帮助",只有19.1%的大学生会"找家里人"。① 这说明大部分当代青年的独立意识较强,能够依靠自己的力量解决生活、学习问题。

**二、缺失的体现**

当代青年精神独立性现状的主流是好的,但不可否认的是伴随着社会的巨大变迁,不少青年也出现了困惑和迷茫、精神独立性缺失的状况。这主要表现在思维能力、自我认知、价值观、道德、信仰等精神生活方面。

**1. 独立思考能力欠缺,思维方式片面化**

独立思考能力指人能够独立分析、判断、求证并得出结论的素养,这是创新性的根本和创造性的源泉。独立思考能力是精神独立性的重要表现,也是青年应具备的基本素质。但是,不少青年独立思考能力欠缺。2002年在我国召开了全球大学校长的国际会议,其中哈佛大学的副校长在接受采访时说,中国的学生聪明、勤奋,但他们还没有学会在思想上冒险。②诚然如斯。一部分学生唯师是从。不少青年进入大学之后仍然没有抛弃单一化思维,认为老师讲的都是正确答案。其实,老师只是引导者,青年应学会对问题多角度和多侧面的探讨。还有一部分学生唯书是从,认为书上讲的就是标准答案。不少青年大学生毕业后仍然没有形成自己独立思考的能力,人云亦云,遇到问题不知所措,更谈不上创新了。

客观、理性地分析自己和环境是精神独立性的要求,否则就会有所偏颇,遇到难题左右摇摆,不知如何是好。在这一点上,有些青年的思想和行为并不可取。首先,以自我为中心。一些青年习惯从自己立场上看待问题,

① 安海娟,刘腾飞,常全.当代大学生的精神生活分析[J].华北理工大学学报(医学版),2009,11(3):431-432.
② 柳延延.大学生活的任务:学会思考,精神成人[J].上海师范大学学报(哲学社会科学版),2004(1):120-125.

对他人观点、他人感受视而不见,不站在他人的角度来理解问题。这样看待问题往往是片面和不公正的。其次,极端化思维。不少青年存在冲动、急躁、完美主义等人格特质,极易产生绝对性、极端化等以偏概全的思维倾向。有些青年对自己过于苛刻、自卑,认为自己一无是处;有些青年恰恰相反,盲目自大,目中无人。当然,还有些青年这两个方面都存在,有时自卑、有时自大,这也是不能正确看待自己的表现。极端化思维表现在行为上是一些青年遇到问题不能从容应对,甚至不计后果冲动行动,比如校园打架、青年自杀、杀人等事件时有发生,就与青年极端化思维方式有关。

**2. 自我认知不清,心理不自立**

认识自己、成为自己是精神独立性的前提和重要标志,也是青年时期重要的成长任务。著名青年心理学家科恩指出:"青年期最有价值的心理成果就是发现自己的内部世界,对于青年来说,这种发现与哥白尼当时的革命同等重要。"①发现自己的内部世界才能找到自己的路,才能有人生的方向和自主做决定的能力。不少青年被各种信息、杂事包围,内心浮躁,不能真正进行内心探索,没有自我认识能力,就不能找到自己独特的发展道路,只能选择随大流,有大量的盲目和从众行为,比如恋爱从众、择业从众、消费从众、考研从众、就业从众等。

心理自立是精神独立的一个重要表现。心理自立指自己对自己有良好定位,能够客观地评价自我、能够自尊自信并对外部评价保持足够的清醒。青年心理不自立的重要表现是部分青年呈现出自卑心态。自卑是部分青年中常见的一种心理现象,指自己与他人比较时感到自己处处不如别人的心理。在生活中,偶尔自卑是一种正常的心理,有时还能促进人的进步,但是如果经常陷入自卑就是不能正确认识自我的体现了。这种自卑心理在民族和国家的认同上表现为妄自菲薄和崇洋媚外。青年是全球化的一代,中西方的交流使青年能够轻易、便捷地接触到外来文化。如何对待外来文化体现了青年的精神素养,正确的态度是坚守自己的文化立场和精神立场,取其精华,去其糟粕。1840年中国被迫打开大门后,长期只打败仗的历史导致不少国人心灵上的自卑。虽然今天的中国已经有巨大的进步,但是包括青年在内的一些人对待自己的传统和外来文化总是有些不科学的态度,表现出崇洋媚外和抛弃传统的自贱自卑心理。

---

① 张孝宜,李萍.人生修养教程[M].广州:广东高等教育出版社,1993:47.

### 3. 心灵空虚,精神物化

一些青年心灵空虚,找不到自己的奋斗目标。有相当比例的青年在课堂上睡觉、玩游戏,甚至逃课也成了司空见惯的事情。然而,在课外也没有找到自己真正感兴趣的事情,去图书馆感觉乏味,去运动场无聊,躲在寝室也无聊,没有了奋斗目标,整天像一只无头苍蝇,无聊混日子,"郁闷""烦"成了这部分青年的口头禅;有些青年把自己封闭起来,不愿意与周围人建立关系,对周围的一切都感到毫无意义,找不到值得追求的价值,心态越来越冷漠;有些青年,以外在名誉作为自己的追求,为了获得所谓的职位,热衷出名、热衷拿奖;有些青年物化意识较强,通过"物"的刺激来寻求心灵的快乐,比如在打游戏、卡拉 OK 的刺激中得到一些快感,但这些快感短促而且过后可能人会更加空虚,并不能让人真正感到满足。

### 4. 价值观偏离,信仰缺失

价值观是人们对事物好坏对错的判断,不同的人可能表现出不同的价值观。伴随着改革开放和市场经济的发展,一些青年的价值观出现了偏离,拜金主义、享乐主义等错误价值观在一些青年中广泛存在。

拜金主义。拜金主义是一种金钱至上的价值观,认为金钱具有最高的价值,把金钱看成衡量一切行为的标准:人匍匐在金钱脚下,成为金钱的奴隶,失去自己的独立人格。伴随着市场经济的发展,不少青年的思想和行为深受其影响。比如,追求名牌,过度消费,认为名牌代表着"质量""价格"的权威性,能够显示自己的身份和地位。不少男生热衷于耐克、阿迪达斯等名牌;不少女生把购买衣服作为自己主要的消费项目,攀比之风盛行。在这种拜金主义的影响下,出现了裸贷现象。不良商人看准一些女青年为了满足自己的虚荣心而消费,就提供手续便捷但贷款利息高、手续费高的非法贷款项目,需要女青年手持自己的半裸照片或视频为抵押,如果不能如期还款,就要挟在网上公布裸照。高额的利息和手续费使得一些学生无法准时还贷,只能继续借钱还贷,越借越多,不少女青年被骗钱、骗色,甚至出现自杀悲剧。①还有些同学认同"干得好不如嫁得好"的人生观,"宁愿在宝马车上哭也不愿在自行车上笑"的择偶观。

享乐主义。青年本该是为了理想而努力拼搏奋斗的一代,但是不少青年却秉持享乐主义价值观。这种价值观将及时行乐作为自己的人生价值,

---

① 校园贷自杀事件、校园贷自杀案例［EB/OL］. www. 17jiaoyu. com/bangzhu/anli/201704/20170415173400_303536. html,2017-4-15.

单纯追求物质享受和感官刺激,好逸恶劳、骄奢淫逸、玩物丧志。求乐避苦是人的本能,但是单纯追求快乐尤其是感官的快乐,并不能真正获得满足,因为人的本质是精神属性,真正的快乐应该是精神的丰富和满足。当前,享乐主义存在于一些青年中,比如,一些青年沉浸在网络游戏的虚幻快乐中,染上网瘾而无法完成学业,遭到学校劝退;有些青年公然宣称人生的目标就是金钱、美女、汽车、洋楼;有些青年为了过上纸醉金迷的生活,完全丧失自己的人格,出现女生甘愿被包养、傍大款现象等。

得失观偏颇。得失观指人们如何对待成功与失败的观念和态度。一般说来,每个人的人生都不可能一帆风顺,不如意事十之八九,挫折是人生经历的重要组成部分。不同的人对待挫折有不同的态度。有些人面对挫折一蹶不振,自怨自艾,在挫折中迷失自己;有些人能够不以物喜、不以己悲,相信通过自己的努力能够改变暂时的不如意。当代青年中有不少人不能正确地看待人生成长过程中出现的挫折:有些青年害怕失败,不敢挑战;有些青年面对失败心情低落,甚至做出过激行为。比如,一部分青年在恋爱受挫的时候选择极端手段试图挽回爱情,如割腕自杀或跳河要挟等。

信仰缺失。信仰是人的精神世界的灵魂,是人的精神支柱和终极关怀。信仰指引人的方向、使人产生精神动力,也为人提供精神支撑。共产主义信仰是当代青年信仰的主流。但是,一些青年没有信仰,上面提到的享乐主义、拜金主义思想都是缺乏信仰的表现。还有些青年试图在宗教中寻求安慰,有些则认为人生无意义进而表现出对生活的悲观、消极、苦闷,另有部分青年盲目地相信面相、手相、星座、血型等。这些都是精神不独立的表现。

## 三、引导的方向

一个国家唯有精神上达到一定高度,才能屹立在世界民族之林。青年是祖国的未来,青年精神独立性关系着民族的长远发展。精神独立性的塑造不仅是青年群体自身寻求精神归宿的过程,也需要学校、社会各个方面的教育引导。针对部分青年存在的精神独立性缺失问题,在教育引导时应该关注如下几个方面。

### 1. 价值理性对工具理性的引导

工具理性注重结果,但是往往造成了功利化思维,甚至为了目的不择手段而走向失德化和违法化;价值理性注重内在精神的塑造,追求精神生活的充盈和内心的平和。市场经济使青年面对深刻复杂的社会背景,金钱作为资本的巨大作用容易导致青年形成个人主义、拜金主义和享乐主义的价值观,造成青年精神不独立。因此,加强马克思主义信仰教育,注重对青年价值理性的塑造,才可能消除物化、功利化思维方式,为实现青年自由全面发展奠定科学的思想基础。

**2. 家国情怀和国际视野的融合**

精神独立性不是空穴来风,它以文化为前提,以民族精神为基础,这是我们塑造精神独立性要遵循的基本原则,否则就会迷失自己的定位。有学者指出:"人是生活在一定社会文化下的人,民族精神和国家观念是自我认同的精神之根,一旦人们对国家与民族的认同感和归属感缺失,就会成为缺乏精神支柱的无根的飘零的浮萍。"[①]因此,塑造青年的精神独立性要立足于中国传统文化,而中国传统文化历来主张致力于培养修身齐家治国平天下、能够担当大任的人才。青年塑造精神独立性也应该自强不息、厚德载物,具有强烈的家国情怀。同时,还需要有更加广阔的视野。当今时代是一个全球化的时代,因此精神独立性的塑造需要有全球视野,正确处理本国文化和外国文化的关系,兼具家国情怀和国际担当。

**3. 规范教育和德性教育的统一**

道德教育有规范教育和德性教育两个维度。规范具有明确性,注重规则和制度,规范教育认为道德对人的意义是遵守规范,但忽视了道德是人本质的一部分,道德对于人还有自我实现的价值。德性教育注重对人性的关怀,注重人的内在精神价值的弘扬和塑造。人具有双重属性,既作为社会的人,也作为个体的人。作为社会人,就需要遵循规范,使得人与人之间关系稳定和谐,社会有序发展;作为个体的人也是有情感和精神的人,因此,人有成长为有德性的人的精神诉求。规范教育只有内化为德性,才能真正实现其价值,否则道德就是工具,而不具有吸引力;而如果仅仅注重德性,那道德就自说自话,不可能有较强的号召力。因此,规范教育和德性教育需要有机统一。

**4. 关注青年的心理健康**

现阶段青年面临各方面的挑战和压力,容易产生心理问题。培养青年的精神独立性,既要从信仰上解决人生价值观问题,也要从心理上解决认识自我、进行自我调节的问题。心理健康教育也应成为这个时期教育工作者要关注的问题。因此,加强和改进青年心理健康教育是青年思想引导的重

---

① 郑永廷,罗姗.中国精神生活发展与规律研究[M].广州:中山大学出版社,2012:130.

要抓手。

作为国家栋梁的青年,不仅要才能卓越,而且要信仰坚定、道德高尚和心理健康,这些都是精神独立性层面的内容。这需要国家、社会、家庭和个人共同努力,为青年精神独立性的成长贡献各自的力量。鲁迅先生曾说:"唯有民魂是值得宝贵的,唯有它发扬起来,中国才有真进步。"①精神独立是民魂的题中之意。唯有精神独立,青年才能真正担当起民族复兴大任。

## 第二节　自我观

"精致的利己主义"这一说法近年来受到社会各界广泛关注,这在很大程度上应归因于北京大学中文系钱理群教授的一段话:"我们的一些大学,包括北京大学,正在培养一些'精致的利己主义者',他们高智商,世俗,老到,善于表演,懂得配合,更善于利用体制达到自己的目的。这种人一旦掌握权力,比一般的贪官污吏危害更大。"②有学者认为,"所谓精致,即是素养很高,或者基本素质很高,时尚而新潮;所谓利己主义者,则意味着他们的思考与生活所及的范围更多的是个人利益"③。青年中"精致的利己主义"现象即利己主义在青年群体中的具体表现:"精致"指智商情商高、懂配合、善于利用规则,具有较高的个人素质;"利己主义"指个体诉诸各种手段,甚至不惜违背道德、践踏规则以实现其主观认同的利益诉求。本节以青年中的代表性群体——大学生为主要关注对象进行分析,力求把握精致的利己主义在青年中表现的特点,分析这一现象产生的影响,进而探究这一现象的成因,探讨重塑健康育人生态的思路。

### 一、表现与特点

梳理"精致的利己主义"现象在高校大学生群体中表现的具体特点,有助于我们立足实际去理解和把握这一现象。

**1. 主体上,优秀学生是精致的利己主义高发群体**

精致和利己不一定同步。有些精致的利己主义者先是一个利己主义

---

① 童秉国.鲁迅作品精选[M].武汉:长江文艺出版社,2003:391.
② 谢湘,堵力.理想的大学离我们有多远　北大清华再争状元就没有希望[J].云南教育(视界综合版),2012(6):15.
③ 刘铁芳,刘艳霞.精致的利己主义症候及其超越:当代教育向着公共生活的复归[J].高等教育研究,2012,33(12):1-8.

者,为了更好地达成个人目的而逐渐变得"精致",精致是利己的手段;有些是本身很"精致",在个人发展过程中,由于受到外界影响或不良引导而开始利己,精致是利己的先导。"精致"是手段性特点,而利己则是目的性特点。① 学校中各类奖学金和荣誉称号的获得者以及院校各级学生组织的学生干部是大学生中的优秀学生群体,他们积极、有上进心,对学习工作有追求,是现行学生评价体系中的佼佼者。优秀学生在大学中往往可以享有更多的资源,而且在评奖评优、继续深造、出国交流以及择业就业等和大学生自身利益切实相关的各项事务中拥有更大的话语权和主动权。因此,"精致的利己主义"现象在优秀学生群体中高发频发也就不足为奇了。

**2. 形式上,狭隘地追求个体或小群体的私利**

精致的利己主义者信奉个人利益至上,当他们觉得有利可图,尤其是当个人利益与他人利益或集体利益发生冲突时,往往会"巧妙"地选择个人利益,即便这样做会损害他人或集体的利益。精致的利己主义者设计得再巧妙,也无法突破个人的狭小格局。② 在他们看来,个人利益处于所有选择的最优先级地位。精致的利己主义者们会连成利益共同体,利用规则,相互配合,进行利益分割,从而实现个人利益诉求。学校像一个压缩版的小社会,大学里的各类学生组织、社团、俱乐部等很容易成为这类利益共同体滋生的温床。对于精致的利己主义者,不管他们披上何种华丽的外衣、打着何种利他的旗子,终究是伪利他主义者,其种种行为都会指向个体或者小群体的私利。

**3. 态势上,容易形成"正反馈",发生迁移**

大学生正处于德、智、体、美、劳等素质全方位养成的重要阶段,是确立正确的世界观、人生观和价值观的关键时期,呈现出思想可塑性强、容易受到各种思潮影响的特点。大学生在成长过程中为了达成某项个人目标,或是受身边某个精致的利己主义者"榜样"的带动和影响,或是通过手段利用规则取得某些方面的成就,都会对其行为的强化和复现产生激励作用,经过时间累积,会在个体身上形成"正反馈"机制,从而进一步促进或加强行为主体的活动。人本能地会将在某件事物中获得的经验应用到相似相通的领域,精致的利己主义者更是精于此道,他们很擅长将先前经历中"成功经验"迁移到其他事物中。

---

① 唐智,兰娟. 大学生"精致利己主义者"现象审视及其应对[J].高校辅导员学刊,2017,9(3):36-39.
② 张铁.警惕"精致的利己主义":我们时代需要怎样的价值之一[N].人民日报,2012-06-12.

#### 4.趋向上,随着年龄增长,精致性逐渐增强

如果在个人成长发展过程中没有得到外部环境的强力干预,本人思想上也未出现明显的正向转变,精致的利己主义者的成长过程就是不断富集资源、积累经验和优化手段的过程,并且随着成长阶段呈现出阶梯性变化的特点。整体来看,本科、研究生、踏入社会这三个阶段的转换,学生将完成两次重要身份角色的转变。当学生从本科阶段进入研究生阶段以后,基本告别以课堂讲授为主体、被动吸收为主要方式的学习模式,开始逐渐通过参与课题研究和项目合作等方式与社会产生联系,社会对学生的折射效应明显增强。学生从学校毕业进入社会,进一步完成从学生到社会人身份的转变。在这一转变过程中,精致的利己主义者利用规则的手段更加娴熟、可以调动的资源更为充分、谋求私利的方式更为隐蔽。

### 二、产生的影响

当精致的利己主义内化于青年学生的世界观、人生观和价值观之后,其产生的影响是全方位的、持久的,具体表征在破坏学生健康成长生态、践踏大学精神以及解构家国情怀三个方面。

#### 1.破坏成长生态

大学生成长生态主要涉及大学中工作、学习、生活等人群主体以及这些主体之间的关系、主体与学校之间的关系。大学生成长生态构成要素之间的关系交错纵横,其中有整体的宏观结构,也存在内部的微观循环。"精致的利己主义"现象出现在其中任何一个局部,都会对学生成长生态整体产生影响。例如,受访的班主任老师 A 说:"精致的利己主义者,能通过做表面文章,钻制度的空子,把自己装扮得非常优秀。而且,他们还有很大的传染性,做表面文章始终比脚踏实地要容易得多。那些真抓实干的同学心里就会想,为什么我不也去做表面文章呢?"长此以往,一个健康向上的大学生成长生态将不复存在。

#### 2.践踏大学精神

大学精神是浸润在大学文化环境之中,通过"大学人"的实践活动并经历史的沉淀、锤炼、发展而成的支撑大学存在的生命本质。就其显现而言,大学精神表现为反映大学历史传统、办学理念、社会声誉、师生心态、学术气质、学校个性化特色的校园文化形态,根本上体现为"大学人"这一群体特有

的生活状态和文化心态。① 在时空维度上,中国大学精神充分继承并吸收了中华优秀传统文化蕴含的养分,在社会变革和时代发展的涵育中与时俱进,不断焕发出新的生机和活力。大学精神已经内化于校园的每一个角落,也浸润着每一个大学人的心灵。无论是大学人铭记于心的校训、口耳相传的校歌、佩戴在胸前的校徽,还是讲台上"传道、授业、解惑"的"大师",抑或是这所大学培养出的杰出校友等,都是大学精神的载体。大学生中精致的利己主义者亦是大学精神文化载体的一部分,"精致的利己主义"现象对大学精神的神圣性和纯洁性产生根本性破坏,精致的利己主义者所推崇的价值观更是对大学精神的直接践踏和亵渎。

### 3. 解构家国情怀

"家国情怀"是一个人对自己国家和人民所表现出来的深情大爱,是对国家富强、人民幸福所展现出来的理想追求,是对自己国家的高度认同感和归属感、责任感和使命感的体现,是一种深层次的文化心理密码。② 对于大学生而言,家国情怀意味着对家庭、学校、国家的内心认同和感恩之情,是大学生树立人生理想、规划人生方向以及择业就业等过程中重要的精神指引。在精致的利己主义思维的影响下,一些学生更加关注眼前的个人私利,忽略国家、社会和民族的大利,甚至将个人利益与集体利益对立起来。例如,在学校里不愿意参加志愿公益活动,即便参加也以完善个人简历为主要考量;有的学生为了获得保研资格而加入支教团;在择业就业过程中,有的学生以收入待遇为最重要导向,不愿意到中西部欠发达地区支持国家建设,也不愿意到国防军工等重点单位就业;有的学生考公务员或选调生是为了个人仕途上的更好发展,而非为国家和人民服务。精致的利己主义者在为个人私利"奋斗"的过程中,逐渐从"只管自己锅满,不管别人屋漏"慢慢演变成"拆集体的屋,盖自己的房",家国情怀荡然无存。

辩证地看,大学生中精致的利己主义者并非一无是处。他们大多聪明、目标明确、能力突出,朝着自己的目标努力奋进,只要根据个体的实际情况施以不同程度的针对性引导,就可能回归正轨,为学校和社会创造出更大的价值。如今,"丧"文化、"佛系"文化、"空心病"等现象也在学生群体中蔓延,侵蚀着大学生的健康心灵,甚至引发堪称现象级的网络舆论。与这些消极

---

① 章维慧,殷学东.以一流大学精神引领"双一流"建设[J].高校教育管理,2018,12(1):35-40,47.
② 王思华.简析大学校长在毕业典礼致辞中的"家国情怀"[J].学校党建与思想教育,2015(18):21-22.

的文化现象相比,精致的利己主义略显积极,也更容易引导。

## 三、形成的原因

深入剖析"精致的利己主义"现象的成因是遏制这一现象在大学校园中蔓延、净化高校育人环境的关键。正如"精致的利己主义"现象表征的复杂性以及影响的多元性一样,其成因也是多方面因素的综合体。

### 1. 家庭环境导致的个人中心主义

如今,95后成为大学生中的主力军,00后也已经大规模进入大学校园,他们当中大多数都是独生子女。不少家庭更是全家人围着孩子这一个中心转,任何事情父母都想方设法给孩子提供最好的。殊不知,在家庭中以孩子个体利益为主要导向、把一切资源都指向孩子的过程,无形中也在孩子心里埋下了个人中心主义的种子。孩子进入大学以后,也容易理所应当地认为身边的人都应该围着自己转,他们只要自身足够好就是对旁人最大的"回报",这就很容易诱发精致的利己主义。受访学生B说:"从我们这一代人的生长环境来看,多为独生子女,从小是家庭的中心,被鼓励要把自己做好,要出色地生活,成就卓越,每个人也都理所当然地想追求更好的生活,确实很少为其他人考虑。"

### 2. 朋辈教育失灵

朋辈教育主要指年龄相仿、文化背景相似、价值观相近的人,在小范围的交流中通过分享见闻信息、价值理念和专业技能等传授学习、生活、工作等经验,通过交流与沟通进行鼓励与帮助,进而有效实现教育目标的教育理念。[①] 同一个寝室的室友之间、同一个班级的同学之间、同一个学生组织或社团的成员之间都会因为集体归属感或者共同的生活情趣而具有天然的亲近感和认同感,因此,发挥得当的朋辈教育是一种隐性的、有益的思想政治教育方式。可以发现,在学生群体中,有一些同学拥有很强的号召力,他们会被周围人冠以"大神""牛人"等称号,甚至成为学生群体的"意见领袖"。一旦他们当中存在精致的利己主义者,将很容易在自己所处圈子中扩散,进而造成精致的利己主义在大学生群体中"雪崩式"蔓延。即便不少学生本人并不认同精致的利己主义价值观,当他突然发现自己所崇拜的朋辈偶像是一个精致的利己主义者时,不免生出"三观尽毁"的感慨,这种状况对学生价

---

① 杨云.大学生朋辈教育的理论思考与实践研究[J].中国成人教育,2017(6):50-52.

值观"塌方式"的冲击和造成的负面影响无疑是巨大的。

### 3. 急功近利的社会风气

随着社会发展,高校与社会的协同性和融合度越来越高,大学不再是纯粹意义上的象牙塔,社会风气对高校校风产生的影响也愈发显著。在社会风气的强势影响下,大学往往处于被动地位,当前高校面临的很多问题都是社会问题的折射。当今时代,发展进入快车轨,生活进入快节奏,在过分追求速度的同时,很容易滋生出浮躁的社会心态,引发急功近利的社会风气。例如,有的地方政府以环境为代价追求高 GDP,有的施工单位实施豆腐渣工程最终酿成惨剧,有的年轻人(包括在校大学生)幻想通过新媒体摇身变网红,这都是急功近利的直观表现。在社会流行语中,"一夜暴富""颜值爆表"等表述方式也暴露出一种浮躁心态。在这种社会风气的渗透下,高校也未能幸免。当这些阴暗面折射进学生内心后,学生也开始学会使用不正当的手段应对现实问题。社会的浮躁之风吹进校园的同时,也带来了精致的利己主义。

### 4. "利他主义"宣扬有时脱离现实

在一般意义上,今天我国的社会话语体系可以分为由主流媒体建构和传播的政治化话语体系,由网络大 V、自媒体建构和传播的网络化话语体系,由关注生活琐事的社会大众所建构和传播的生活化话语体系。"利他主义"一直是社会话语体系中弘扬的主旋律,尤其是在政治化话语体系中,有时会宣扬一些"高大全"(形象高大、胸怀宽广、全心全意为人民服务)的完美人物形象或典型事件,这是正面教育的典型方式,也取得了较好的效果。只是,有时在某种程度上神化了所宣扬的先进典型(毫无缺点或瑕疵),甚至走向正面的极端,让大众产生距离感和隔膜感,甚至产生怀疑和排斥。这时,政治化话语体系很可能会与网络化话语体系发生碰撞,并且对生活化话语体系产生冲击。对于大众而言,网络化话语体系往往比政治化话语体系具有更强的煽动性,容易将人从正面的极端推向另外一个极端,催生精致的利己主义。有些人充分了解各种话语体系的特点,并能够在其中自如切换。当社会话语体系与现实语境相脱节时,他们为了实现个人的利益诉求,会选择迎合各种话语体系,这也为精致的利己主义提供了滋生的空间。随着网络的发展,大学生无时无刻不在受类似情况的影响。

### 5. 思想政治工作缺位

第一课堂与第二课堂是开展大学生思想政治教育的主阵地,第一课堂以"思想道德修养与法律基础""中国近现代史纲要""马克思主义基本原理概论""中国近现代史纲要""形势与政策"等思想政治理论课程为主要载体,以思政课任课教师为实施主体。对于学生而言,"学好数理化,走遍天下都不怕"的僵化心理还依然存在,"思政课无用论"也在学生群体中流传,因此低头族、翘课族以及睡觉族等问题在思政课堂上更为凸显,这也极大地消解了思政教育的作用。辅导员和班主任等是第二课堂思政教育的实施主体。作为专职思政工作者的辅导员,对于初入大学的新生来说,其角色有些陌生,学生缺乏身份认同;辅导员也通常会以"大哥哥""大姐姐"的形象出现在同学生活中,琐碎繁杂事务工作在无形中消解了辅导员在思政教育中的话语权威。班主任这一角色在校园中具有深厚的文化基因,因此也天然地享有较强的话语权威。然而在大学中,班主任通常由学科教师兼任,班主任工作往往只是他们工作的一部分,甚至带有"志愿者"性质,由于精力有限并且缺乏思想政治教育学科背景,因此发挥的作用非常有限。当"精致的利己主义"现象出现时,高校的思政教育无法有力回应,更难以展开有针对性的正面引导。

### 四、重塑风清气正的育人环境

面对"精致的利己主义"现象所导致的诸多不利影响,只有从其诱因着手,涵养大学生公共精神,寻回大学灵魂,加强思想引导才能塑造健康的育人环境,进而改变"精致的利己主义"思维在部分大学生中大行其道的状况。

#### 1. 涵养公共精神

何为公共精神?"'公共精神'是现代公民社会的公共生活形态中,公民个体与社群应有的'自主、公道、宽容、理解、同情、正义、责任、参与、奉献'等理性风范和美好风尚。'公共精神'的前提是对个人意志的普遍尊重,它生成于人们自主的,有着个人权利、自由和责任的积极而真实的社群生活或公共生活。"[1]"在一个缺乏公共精神的社会中,隔膜与冷漠、偏见与敌意、分歧与排斥并存。可以毫不夸张地说,公民公共精神是现代社会实现有效治理、建构良好公共生活秩序的重要基础,是个人、集体和国家之间有效互动的黏合剂,更是实现社会全面和谐的支持力量。"[2]精致的利己主义思维与公共

① 袁祖社."公共精神":培育当代民族精神的核心理论维度[J].北京师范大学学报(社会科学版),2006(1):108-114.
② 钟伟军,宣勇.现代社会中的公共精神成长与大学主体性建设[J].高等工程教育研究,2013(1):107-111.

精神的内核实质格格不入。家庭、学校、社会是相互联结、映射的共同体,家庭是大学生成长的基本单元,学校和社会是学生成长空间的进一步延伸和拓展。涵养大学生的公共精神,家庭、学校和社会都需要发挥重要作用。其一,家庭是公共精神的萌发所。父母长辈是孩子的第一任老师,公共精神或利己主义品质在青少年心中的萌发很大程度上"得益"于长辈的言传身教,长辈日常生活中的言行举止所传递出的品质和气象将为青少年的成长提供价值准则。所以,文明家庭、优良家风、优秀家训的建设或培养,是公共精神培育的重要抓手。其二,学校是公共精神的固化地。进入校园以后,教师在知识传授过程中的有效引导、朋辈间的正向影响、志愿服务等实践锻炼时的正面感悟,会使学生心中的公共情怀进一步强化并趋于稳固。反之,亦然。因而,教师的言行举止、朋辈群体的良性影响以及社会实践,是公共精神培育的重要支撑。其三,社会是公共精神的大熔炉。复杂的社会环境对于大学生的公共精神既是考验,也是淬炼。当社会主义核心价值观成为社会弘扬的主旋律,在健康向上的社会风气涵育下,大学生才会真正将公共精神内化于心、外化于行。

### 2. 寻回大学灵魂

"大学本来就是文化的产物,是研究文化、创造知识、创造文化的场所。如果一所大学没有文化的底蕴,是创造不出新的文化来的。""大学是一个文化的殿堂,是一个育人的场所,校园里头的一言一行,一草一木,都应该体现出它的文化蕴涵,都应该体现它育人的氛围。"[1]"一二·九"运动中,蒋南翔先生在《告全国民众书》中怒吼:"华北之大,已经安放不得一张平静的书桌了!"[2]这是当时的知识分子在民族危亡关头为守护大学灵魂发出的呐喊。这一振聋发聩的叩问至今仍有时代价值,当代青年要继续发问,如果精致的利己主义在校园盛行,偌大的校园,是否还能安放一颗颗只问是非、不计个人利害的问学之心?当今国内高校,"指标化"发展倾向明显,国内外各类大学排行榜备受追捧,论文数量、专利数量、国家奖励数量等各项指标层出不穷,不少高校将学校在各类榜单中的"表现"与学校实力画等号,甚至将想方设法提高榜单排名作为提升高校社会声誉的重要途径。从深层次上讲,这是一种高校办学过程中的文化不自信现象。各类评价体系都是从某些特定

① 顾明远.铸造大学的灵魂:一流大学建设的关键所在[J].清华大学教育研究,2003(3):48-49.
② 清华大学校史馆:清华获得"一二·九"重要史料《告全国民众书》传单复制件[DB/OL]. http://www.tsinghua.edu.cn/publish/xsg/8500/2015/201512 24142945591150468/20151224142945591150468_.html.

维度上对高校的衡量,其评价的准确性和科学性一直在完善和改进当中,并不具有绝对的真理性。如果过分追求指标,错把"工具"当成"目标",就会偏离正确的发展轨道,把大学带入一个急躁、功利的状态。学校不静,学生何能安?学校在追求"一流指标",学生也很容易陷入指标化成长,在德智体各个方面通过各项指标进行量化评价,因而不少学生进入大学后"很清楚"自己该做什么、不该做什么:有加分的做,没有加分的不做,加分高的优先做。是谁在引导部分大学生成长为精致的利己主义者?其实,大学中"精致的利己主义"现象是标,大学灵魂是本。寻回大学灵魂,还给校园一份宁静,精致的利己主义现象会大大减少。

### 3. 打通思想引导的"最后一公里"

精致的利己主义是一种对个体整体价值形态的概括,这一形态的呈现是诸多因素综合博弈后的结果,其诱发要素多元、形成过程复杂。希冀有效纠治精致的利己主义思维,需要从高处着眼、细微处落笔,深入开展思想引导工作。其一,推动"思政课程"与"课程思政"的目标一致、理念契合、队伍协同、内容整合。让专业课上出"思政味",让思政课上出"精气神",需要从管理机制、课程改进、载体创新、考核优化等维度着手。其二,在第二课堂深化道德实践。提升大学生道德修养,贵在知行合一,重在加强道德实践。第二课堂为大学生道德实践提供了广阔的平台,高校应在与社会的协同下引导大学生在公益服务、社会实践、创新创业以及对外交流等第二课堂的各个环节加强道德实践。其三,推动不同舆论场的融合。近年来,主流媒体、网络媒体以及大众自媒体等不同舆论场对同一重大舆情事件常呈现出割裂倾向,网络上针对某一社会热点事件时常出现的"剧情反转",这直观体现了不同话语体系之间发生的激烈碰撞。因此,社会、学校所宣扬的"利他主义"不应偏离现实语境,唯有兼顾不同话语体系的特点、融通不同的舆论场才能凝聚正面共识,避免让包括大学生在内的社会大众无所适从。

概而言之,从主体、形式、态势以及趋向等多个维度去把握"精致的利己主义"现象的规律性特点,理解个人、家庭乃至社会等各方面因素对这一现象的综合效应,把握"精致的利己主义"现象对大学生健康成长生态、大学精神和家国情怀带来的不利影响,有助于时刻警惕这一现象在大学校园中蔓延,并通过涵养公共精神、寻回大学灵魂、打通思想引导的"最后一公里"等思路营造健康的育人环境。诚然,对大学生"精致的利己主义"现象的理论分析是规避其负面效应的关键前提。但在此基础上,探讨行之有效、切实可行的高校思想政治教育载体,是我们有待进一步深入研究的方向。

## 第三节 空心病

追寻人生意义是人在获得基本生存需求后进一步提高精神质量的本能追求。当前我国正处于社会转型期，一部分人由于竞争化带来的表面利益和目标而掩盖了生活的真实意义，他们在利益的追求中失去幸福、迷失自我，一种虚无主义情绪广泛弥漫。"空心病"代表了时代的焦虑，其内涵与理想、价值、信仰相关，研究"空心病"需要与人生价值和意义相联系。目前分析这类问题一般遵循从原因到解决措施的研究模式，缺少关注问题的形成机理和内在逻辑。本节以青年中的代表性群体——大学生为主要关注对象，探究"空心病"的形成机理，通过区分不同类型的"空心病"来分析异同、得出结论和启示。

### 一、界定与类别

"空心病"一词最早由北京大学徐凯文老师提出，他将价值观缺陷所致的心理障碍称之为"空心病"[①]，并指出该类人群的特点是具有强烈的孤独感和无意义感，寻找不到活着的价值。"空心病"是时代热词，但其背后折射的问题早已受到关注。从心理学角度看，布拉默将关于人生目的、责任、独立性、自由和承诺等出现的内部冲突和焦虑称之为存在性危机，如思考"人为什么活着""人生的意义是什么"等问题。[②] 萨瓦特·马狄也曾提出"存在神经症"的概念，"认为这种精神障碍的认知成分是认为生活没有意义，或者长期不能相信所从事的或能够想象去做的一切事情有什么真实性、重要性、用处或价值"。[③] 从思想政治教育的角度看，学者们主要从精神生活、信仰教育的视角分析人们价值观缺陷问题，并提出思想政治教育要更多地关注人的精神生活建设。

目前，人们对"空心病"的概念界定尚存争议。徐凯文提出的"空心病"主要针对知名大学的优秀学生，尤其在新生中表现明显，他们往往具有"名校学生综合征"的特点。但缺乏存在的意义感和价值感的人不只有名校才有，在与一些普通学校的老师、学生进行访谈的过程中，不难发现"空心病"

---

① 长余."空心病"也许是伪命题[N].人民日报,2016-11-29.
② 马建青,等.大学生心理危机干预的理论与实务[M].杭州:杭州出版社,2011:14.
③ 许又新.神经症.第2版[M].北京:北京大学医学出版社,2008:144-145.

是一个普遍性问题。当前对于"空心病"的认识也较为混乱:是否缺乏信仰
和价值观的人群都有"空心病"? 是否拥有理想信仰的人一定不会得"空心
病"? 这种混乱的认识容易让"空心病"泛化,可能加剧社会的焦虑情绪。笔
者认为有必要对该问题进行如下梳理(表 2-1):

表 2-1　有关"空心病"的概念界定分析表

| 有无理想 | 对于理想的态度 | 生活状态 | 有无自杀可能 |
|---|---|---|---|
| 无理想 | 理想不是必需的 | ①乐观人生 | 无 |
| | 理想是必需的 | ②空虚 | 有 |
| 有理想 | 理想与现实不匹配 | ③努力将理想变为现实 | 无 |
| | | ④消极怀疑人生 | 有 |
| | 理想与现实匹配 | ⑤积极人生 | 无 |

　　上述几种情况都客观存在,因而不能简单地根据有无理想信仰来界定
"空心病"。首先,没有理想不等于一定有"空心病"。对于理想的态度因人
而异,有些人主观上认为理想对于人生而言不是必需的,寻找不到人生的意
义也是一种生活方式,并不妨碍积极的生活状态,如表 2-1 中的①;有些人
认为理想是必需的,如果缺少理想支撑生活将变得空虚,甚至存在潜在的自
杀可能,如表 2-1 中的②。其次,拥有理想也不等于没有"空心病"。有些人
由于理想与现实的落差而产生理想无法实现的无助之感,情况严重者则会
逐渐消极怀疑人生,如表 2-1 中的④。因此,笔者认为从生活状态的角度判
定"空心病"可能更为合理。生活状态积极,拥有明确目标的人一般是心理
健康的人群,如③和⑤。虽然缺少理想支撑但生活乐观的人群也不属于"空
心病"患者,如①。生活状态空虚、消极,缺乏存在的意义感和价值感,具有
潜在自杀危险的人群更容易得"空心病",如②和④。

　　根据"空心病"群体对待理想、价值观、信仰的态度不同,本文将"空心
病"分为理想迷失型和理想无助型两种。理想迷失型对应表 2-1 中的②,这
类"空心病"患者虽然认可自己应该拥有理想,但由于寻找不到理想而产生
理想迷失,进而演化成"空心病"。理想无助型对应表 2-1 中的④,这类"空
心病"患者往往认同理想的重要性,并且形成了自己的理想信仰和价值观体
系,但在生活中由于逐渐感受到理想无法实现而产生了彷徨无助之感,进而
演化成"空心病"。针对这两种类型的"空心病",笔者将具体分析其形成
机理。

　　为了探讨问题的方便,本书将"空心病"简单定义如下:"空心病"是由于

理想价值观缺陷或理想与现实差距过大,所致人生的意义感、存在感缺失而带来的心理障碍,是一种非器质性、患者一般不伴有躯体不适感的心理疾病。需要说明的是,本文所探究的"空心病"问题主要偏重于学校(特别是高校)范围内,这一方面是为了探讨的方便,另一方面也因为这个问题在学校更加凸显,但其中涉及的基本问题和观点也可推广至其他视域和人群。"空心病"的特点可概括为:第一,具有强烈的无意义感,"缺乏真正的和深刻的满足感",对任何事情都提不起兴趣。① 第二,表面上心情平静,生活状态与一般人无异,社会功能的实现和社会责任的履行不受妨碍。第三,在症状上,初期与抑郁症较为相似,但对于传统心理治疗手段脱敏,"随着病程迁延,抑郁逐渐稀少而趋于消失,剩下的主要是空虚感"②。第四,患者没有器质性疾病作为基础。第五,具有一定的自杀倾向。"空心病"与抑郁症最大的不同在于,"空心病"一般不会影响患病者的正常生活,他们能够履行社会责任和义务,且一般的药物治疗和心理治疗对于缓解病情不起作用。今天,我们应认识到"空心病"的蔓延是时代病、社会病的产物,"空心病"需要得到更多的关注。

## 二、理想迷失型"空心病"形成机理

机理是指一定的系统结构中各要素的内在工作方式以及诸要素在一定环境下相互联系、相互作用的运行规则和原理。③ 从概念角度分析,机理包括形成要素和形成要素之间的关系两个方面。"空心病"的形成机理是指患者的内在各因素在一定环境的相互联系、相互作用下,引发"空心病"的内在规则和原理。需要强调的是,本文所分析的"空心病"诱发因素在现实生活中非常普遍,但面对同样一个诱发因素,有的人会形成"空心病",而有的人并不会,不能简单地认为某种诱发因素一定会导致"空心病",只有在一定强度的作用下才会引发"空心病"。

为了直观清楚地分析理想迷失型"空心病"的形成机理,笔者将根据图2-1的演化路线展开分析论述。

### 1. 社会转型

"空心病"作为一种时代病,它的产生不是个人心理因素孤立作用的结

① 许又新.神经症.第 2 版[M].北京:北京大学医学出版社,2008:144-145.
② 许又新.神经症.第 2 版[M].北京:北京大学医学出版社,2008:144-145.
③ 马建青,等.大学生心理危机干预的理论与实务[M].杭州:杭州出版社,2011:59.

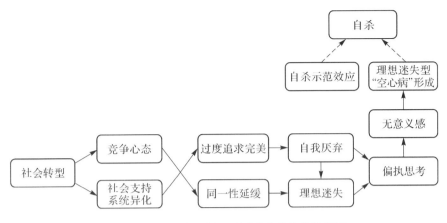

图 2-1　理想迷失型"空心病"形成的演化路线图

果,其背后离不开宏观社会条件。"空心病"反映了个人对于未来有意义生活的焦虑心态,这种焦虑是社会转型的产物。社会转型催生出了两个方面的矛盾:一是阶层流动的潜在可能和阶层固化的现实矛盾。在市场经济环境中,每一个主体都自由、平等地创造社会财富,公平竞争的市场经济为想要谋求更好生活的个体提供了机会。但伴随物质条件的极大改善,也日益扩大了阶层分化和贫富差距,潜在的阶层流动可能被阶层固化的现实阻碍。二是中小学素质教育的理想和应试教育的传统矛盾。中国千百年来的封建体制和人口众多的国情现实造就了应试教育的传统土壤,随着改革开放带来的变革潮流和现代人的诉求,素质教育是教育未来发展的方向,但竞争压力导致素质教育的理想始终难以实现。这两个方面的矛盾构成了大学生群体"空心病"形成的基本社会背景。

### 2.竞争心态

随着社会转型催生的两大矛盾的宏观作用,一种渴望突破矛盾的竞争伦理应运而生。大学生的竞争心态主要表现为以下几个方面:

社会压力。大学生群体的社会竞争压力主要包括学业压力、情感压力和物质压力。[①] 第一,学业压力。学生的学业压力除了来自应试教育外,更为重要的是源于父母和老师。父母、老师过度关注分数的焦虑心态使他们不仅没有缓解孩子的竞争压力,反而助长了这种竞争压力对孩子成长的异化作用。第二,情感压力。当前大学生从小成长的家庭环境依旧是集万千宠爱于一身,当他们被给予过多关注时,本能产生一种报恩心态,但是父母、

---

① 陈默.多关心孩子有没有助人而非超越别人[N].文汇报,2014-10-09.

长辈期望的并不是物质回报,而是看到自己的孩子去读名牌大学、去追求更高的目标,久而久之孩子们会负担着比过去更多的情感压力。第三,物质压力。在消费主义、竞争伦理充斥的现代社会,个体对于物质生活永远追求"更好",大学生群体在大学校园中更近距离地体会着对于更好物质生活的向往,从而背负着沉重的物质压力。

过分关注自我。竞争化的社会必然带来个体对于自我利益的偏重,有调查显示,当代大学生更为关注自我设计和自我实现,他们往往对于自我有过高的期望,而竞争与比较必然会带来一定的心理落差,这种心理落差会进一步衍生出更多消极情绪。

急于求进。竞争比较的泛化使身处其中的个体往往急于出成绩、见效果,一种急功近利、追求短期效果的心态膨胀,耐心缺失成为常态。这体现在大学生中则更为明显,如表现为当面对人生价值、意义的困惑苦恼时,他们往往急于求答案,在缺少足够的人生经历、没有形成对生命的敬畏感时,企图在一瞬间参悟生死,获得一种说服自我、安身立命的"灵丹妙药",殊不知人生的意义需要在一点一滴的日常生活中领悟。

### 3. 社会支持系统异化

人作为一种社会存在物其本质是一切社会关系的总和,个体的自我实现和自我价值需要在社会支持系统中得到确认,这种认可应该是一种无功利的情感关怀。在社会转型的驱动下,社会支持系统会被异化,具体表现为以下几个方面:

家庭教育异化。家庭教育原本是通过父母的言传身教和家风家训对子女施以一定社会影响的活动,但当亲情被分数异化、当情感交流被功利学习隔离后,父母通过家庭教育传导给子女的更多的是对于竞争伦理的确信和物质生活的焦虑。

学校教育异化。学校教育原本是通过知识教育、德性教育影响学生身心发展以促进其社会化的实践活动,但社会转型催生了异化的学习。在一些中小学的教育中,学习的目的不是帮助学生成人而是获取高分,不是促进思考而是价值灌输,学校只告诉学生们什么是好的,而没有培养他们辨别、选择的能力,当他们面对理想与现实的碰撞时原有的价值观轰然倒塌,容易陷入虚无主义。异化后的学校教育在培育学生的健全人格方面难以发挥积极作用。

亲密关系异化。朋友之间原本单纯美好的亲密关系被异化为你追我赶的竞争关系,个体内心过度的竞争心理会使其将朋友视为竞争的对象,导致亲密关系缺失。亲密关系长期的淡化必然加剧内心的孤独感。

榜样示范缺失。"空心病"患者的核心表现是寻找不到理想自我,或者并不认为理想自我能够在现实生活中达成。因为他们的父母、老师、朋友以及媒体宣传中的成功人士没有让他们看到理想自我在现实中的原型,"没有能够让他们看到一个人怎么样有尊严,有价值,有意义地活着"①。

### 4. 过分追求完美

随着社会竞争心态和社会支持系统异化的强化,对自我在比较竞争中胜出的要求容易演化为过分追求完美的心理倾向。生活中许多人都有追求完美的心态,追求完美本身体现了一种严格要求、积极进取的人生态度。但是,"空心病"人群对于完美的追求逐渐失去理智,演变为一种教条主义和刻板追求,他们往往不考虑自身的优缺点和现实条件而盲目要求自己在全方位竞争中占据优势。当个体对于完美的追求泛化就会忽视竞争比较具有的无限性和相对性特点,长此以往使内心产生一种无尽头感和悲观消极心态。某位"空心病"患者曾说:"学习好工作好是基本的要求,如果学习好,工作不够好,我就活不下去。但也不是说因为学习好,工作好了我就开心了,我不知道为什么要活着,我总是对自己不满足,总是想各方面做得更好,但是这样的人生似乎没有头。"②这是典型的过分追求完美心态而造成的内心空虚和极度痛苦的表现。

### 5. 自我厌弃

过分追求完美会使人无限放大缺点,过度缩小优点,习惯于将一切不如意归因于自己不够优秀,从而形成自我消极评价,最终导致自我厌弃。长期处于自我厌弃中的人会形成一系列悲观性格,如关注消极面、孤独感强烈、懦弱心理等。某位同学曾说:"成为别人眼中期望的人,按照既定的规则行事,不做让外部权力存留非议的事,保持受到称赞的优秀的标准,成为我们的自我保护机制。面对自己的生活,仿佛在看一个与自己毫无关系的人,做什么都不会再有情绪上的期待与波澜,不论怎么行动,这个人最后都是死亡的结局。"③自我厌弃的心理及其产生的悲观性格将成为阻碍心理健康的重

---

① 徐凯文.30％北大新生竟然厌学,只因得了"空心病"? ［EB/OL］. http://learning. sohu. com/
20161119/n473611754. shtml.

② 徐凯文.30％北大新生竟然厌学,只因得了"空心病"? ［EB/OL］. http://learning. sohu. com/
20161119/n473611754. shtml.

③ 夏冬.我所经历的"空心病",一个名校 90 后的自白［EB/OL］. http://learning. sohu. com/
20161127/n474242535. shtml.

要隐患。

### 6. 同一性延缓

"自我同一性"一词是由埃里克森提出的一个重要概念,一般而言,自我同一性是指"个体对过去、现在、将来的自我具有一致性、连续性"[①]认识。埃里克森认为青年时期(12—18 岁)是自我同一性和角色混乱冲突的阶段,即同一性探索期。当代大学生(18—22 岁)由于应试教育压力而使其大学阶段成为普遍的同一性探索时期。这一时期如果没有形成对自我的统一性认识将导致角色混乱即同一性危机,进而形成一系列的问题,如因为目标缺失而带来的目标空窗期、因为认知混乱而造成的精神生活空虚等。虽然大学生普遍经历着同一性探索期,但结果差异极大。有些人顺利实现自我同一性,寻找到未来的目标和方向;有些人顺从父母老师的安排,自以为实现了同一性认同;有些人放弃对未来的探索而消极沉迷;还有些人继续苦于探索的过程中。在埃里克森的基础上,玛西亚提出了"同一性延缓"的概念,她认为同一性延缓是指个体正处于探索自我的价值观和目标的阶段,但尚未形成明确的认识。同一性延缓会使自我处于迷失状态,缺乏对未来的确定感和信任感,不知何去何从。理想迷失型"空心病"人群往往属于探索无果而导致较长时期内的同一性延缓。

### 7. 理想迷失

理想迷失是指个体无法确定自己的目标、理想及价值观。由于个体正处于同一性延缓期,其内心无法形成明确的自我认识和未来规划,同时在自我厌弃的消极评价状态中,自我效能感极低,无法形成积极的规划。某位学生曾在网络上说:"我不知道我为什么活着,但我只能活着,为了受尽苦难却又将希望寄托在我身上的父母,同时不甘心还没有感受到生活得美好而死去,我也确实不止一次想过结束生命……不知道什么是对的,价值观的缺乏?是一心读书做学问,还是去谋求体制带来的利益?是去做为人类为国家为社会有意义的事情还是做一个精致的利己主义者?赋予使命感的教育和残酷的社会现实硬生生撕裂了我,是的,没有夸张,就是残酷。后来当我决定做一个利己主义者时,却不知道怎样可以更精致,当原有的价值观崩塌

---

① 刘睿,傅丽萍. 论大学生自我同一性发展:基于"合法延缓期"的思考[J]. 贵州大学学报(社会科学版),2009,27(3):121-123.

时,似乎一切都已索然无味,没有兴趣又能学好什么?"①这位同学正是由于长期的统一性延缓而带来理想迷失,一直遵循既定的规则和道路活着,而不知这样做的意义在何处。

### 8.偏执思考

自我厌弃和理想迷失带来的极端消极状态会使人陷入偏执思考,"空心病"人群认为人生是"无意义"的最为关键原因就在于偏执思考。偏执的基本含义是片面而又固执,指过分执着于某种思考而夸大其结果。偏执思考表现为执着于一种错误的主张,其偏执的程度如此强烈以至于迷惑了正常思维,使情绪占据理智。在"空心病"人群中偏执地思考一方面表现为追问人生意义的最原点,如从宇宙的产生和消亡的角度质疑人生意义,这种刨根问底式地追问人生意义的原初往往看似极其富有逻辑体系,但其内在的原因却经不起推敲。人生的意义无法在苦思冥想、逻辑推导中获取,在书斋式思考中建构的所谓人生意义只不过是自我预设的"乌托邦",人生的意义需要在现实生活的真假、善恶、美丑等情感交错的人生图景中逐渐被赋予。另一方面表现为固执地认为人生一定要具有支撑意义,生活中有许多人当面对人生意义的追问时会哑口无言,但他们并不执着地追问能力之外的答案,反而豁达地认为没有意义也是一种生活方式。当"空心病"人群在自我设定的逻辑框架中过分偏执思考,无法跳出思维定势去欣赏人生中鲜活具体的图景时,心慢慢就变空了。有学生偏执地认为人生的意义要如同规律一般适用于所有人,但人生的意义不是能够具有普适性的干瘪定理,人生本没有规律可循,每个人不同的性格特点、人生经历决定了自我赋予的不同价值。

### 9.无意义感

过度偏执思考的人对于终极问题的回答往往是寻找不到人生的意义和活下去的理由,从而产生强烈的无意义感。无意义感有两层含义:一是指认为人生的意义不是必需的从而主动缺失生活的意义感;二是指认为人生需要意义但由于寻找不到人生的意义而产生无意义感。后者是"空心病"所表述的无意义感,只有首先承认人生需要意义才会因为自我寻找不到意义感而感到失落。对于前者,主观认为人生不一定需要意义代表着一种生活方式,正如罗曼·罗兰的"有一种英雄主义,就是看清了生活,然后继续爱他",村上春树的"尽管跳舞,意义这种东西是不存在的",这种生活态度专注于当

---

① 匿名. 我 的 "空心病" [EB/OL]. https://bbs. pku. edu. cn/v2/post-read. php? bid = 690&threadid=15958153.

下的具体事务,至于意义则并不苛求。人生的意义无法在书本中寻找、在苦思冥想中推导、在追问中豁然,需要在生命的展开过程中寻找、品味,也许终其一生才能明白人生的意义在哪里。

**10. 理想迷失型"空心病"形成**

随着上述环节的作用,理想迷失型"空心病"就将产生,其作用机理及个体最后产生的心理状态与理想无助型"空心病"类似。

**11. 自杀示范效应**

富士康"连环跳"等事件用触目惊心的事实告诉我们自杀具有很强的传染性,处于极端脆弱无助中的人容易将自杀视为摆脱痛苦的最后手段。由于媒体对于大学生自杀事件的集中报道而对"空心病"人群产生影响,即他们潜移默化地在内心中产生了一种可以通过自杀摆脱痛苦的想法,"当一种行为有一种类似的、以前由别人完成的行为的表现作为直接的先例,没有明确的或不明确的思想活动介乎这种表现和实施之间来影响这种重复行为的本来性质,那么仿效是存在的"[①]。

**12. 自杀**

在自杀示范效应的引导下,"空心病"患者可能通过自杀摆脱内心由于无意义感而产生的虚无主义。需要特别指出的是,"空心病"在自杀示范作用的引导下并不一定产生,因而在图式中笔者通过虚线加以区别。

通过以上分析可以看出,竞争心态、自我厌弃、同一性延缓、偏执思考、无意义感是理想迷失型"空心病"形成的关键环节。

三、理想无助型"空心病"形成机理

为了直观清楚地分析理想无助型"空心病"的形成机理,笔者也将根据下图 2-2 的形式予以分析(与图 2-1 相同环节不再赘述):

**1. 理想与现实割裂**

一部分正处于同一性探索期的大学生,有理想目标,但竞争心态和社会支持系统异化,会呈现出理想目标脱离实际的情形,其结果是带来理想与现实的割裂。这种割裂具体表现为两种情况:一是理想设定具有浓厚的空想化和理想主义色彩,加之个体过分追求完美的性格特点,最终必然造成他们的自我过高要求,带来理想设定过于高远而产生与现实的割裂;二是面对社

---

① 埃米尔·迪尔凯姆.自杀论[M].冯韵文,译.北京:商务印书馆,2005:114.

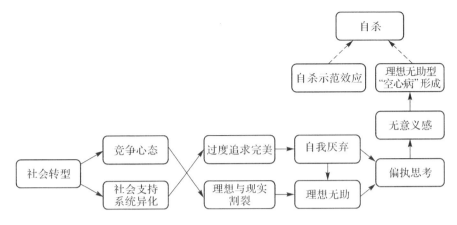

图 2-2　理想无助型"空心病"形成的演化路线图

会支持系统的功利化导向,个体被迫放弃自我设定的理想而服从支持系统提供的外部理想。

**2. 理想无助**

理想无助是指当理想与现实存在差距时,主观上产生的一种理想无法实现的无助彷徨之感。长期的理想与现实割裂会使学生们认为理想似乎只是头脑中的精神支柱和口口相传的谈资,当大学生面对需要将理想化作实际的紧迫现实时,他们猛然发现自己过去深信不疑的理想竟然不值一提,无助之感油然而生。某位学生曾自白道:"我也隐隐感到一种痛苦,那就是我眼睛所看到的总是和头脑里所接受的教育形成尖锐的矛盾。我问自己,是相信书本还是相信眼睛? 是相信师长还是相信自己? 虽然我感到很矛盾,但仍然存在着对真善美的向往,仍然认为,生活是充满诱惑力的,她在向我招手,可是,我一次次地失望了。"①

**3. 理想无助型"空心病"形成**

随着自我厌弃和理想无助感的强化作用,个体会感受到一种自己过去所坚信和追求的东西突然消失,面对现实自我的种种不足羞愧难耐,产生一种自己似乎始终碌碌无为并将最终一事无成的无力感,最终发出"人生的意义在哪里"的感叹,产生理想无助型"空心病"。

通过以上分析可以看出,竞争心态、自我厌弃、理想与现实割裂、偏执思考、无意义感是理想无助型"空心病"形成的关键环节。

---

① 王习胜,等.让青春不再纠结:思想咨商的示例与理路[M].北京:中央编译出版社,2014:172.

### 四、二者的对比

通过上述形成机理的分析,我们不难发现理想迷失型"空心病"和理想无助型"空心病"具有诸多共同点:二者共同的宏观背景都是社会转型及其催生的竞争心态,在竞争心态的支配下社会支持系统全面异化。长此以往,在缺乏社会支持系统正面引导作用下成长起来的个体一方面会产生对现实自我因过度追求完美而带来的极度厌弃,另一方面又看不到理想自我该何去何从,双方共同作用造成自我偏执思考,强化无意义感,最终形成"空心病"。此时,如果社会不断强化大学生自杀示范效应,"空心病"可能会进一步引发自杀。

在看到二者的共同点时,我们也不难发现二者的差异:理想迷失型"空心病"对于未来生活的不确定感源自同一性延缓带来的理想迷失,表现为自我对于价值观、理想等意义层面的设定尚未完全建立。理想无助型"空心病"对于未来生活的不确定感源自于自我设定的理想无法实现而产生的无助感,这种无助感是由社会支持系统全面异化带来的理想被迫让位于现实和理想本身设定过高而难以实现两方面原因导致。需要指出的是,两种"空心病"如果无法得到正确的引导关注也有可能相互转换。理想迷失型"空心病"人群在缺乏有意义指导下设定的理想可能同样会脱离现实,当发现理想与现实割裂后产生无助感,引发理想无助型"空心病"。理想无助型"空心病"在原先设定的理想无法实现后产生的自我怀疑可能引发再一次的同一性延缓,形成理想迷失型"空心病"。

### 五、相关启示

在对"空心病"形成机理分析的基础上,我们可以得出对待"空心病"的几点原则和思路:

#### 1. 理性看待"空心病"

"空心病"背后折射的是时代的焦虑,但也是社会进步的彰显。纵观人类历史,每次巨大社会进步的前夕都有一场关于意义价值的大讨论,如欧洲的文艺复兴运动和我国的五四运动等都带来了社会发展的新气象。此外,社会对"空心病"的反思也反映了个体从自发到自觉的发展过程。正如卡尔·雅斯贝斯所说:"当代状况既是过去发展的结果,又显示了未来的种种可能性。一方面,我们看到了衰落和毁灭的可能性;另一方面,我们也看到了真正的人的生活就要开始的可能性。"①当代人的精神生活发展的处境与困境,也同时蕴含着人的精神生活质量提升和超越的可能性。因此,在清醒认识"空心病"产生的原因和机理的同时也不必过于消极悲观。

"空心病"一词提出后所引起的持续关注和广泛影响代表着现代人或多或少都存在"空心威胁",辩证理性看待"空心病"就是不要"对号入座""自我定性"。人生的意义是在不断探索中明晰的,大学生作为年轻一代需要一个自我探索的过程,在探索中宽容接纳暂时的不确定性,从中发现"认识你自己"的乐趣和价值。人生的意义在不同阶段也会被赋予不同的内涵,辩证看待"空心病"需要我们保留足够耐心,在生命的长河中不断反复试错,遇见更好的自己。

### 2. 以"小确幸"关怀空心

偏执思考是"空心病"形成的关键环节,通过上文的分析我们不难发现偏执思考其实是一种过度理性思考的结果,其产生的后果是当事人无法跳出自我设定的逻辑框架。因此,如果我们对"空心病"人群继续施以理智分析,表面看来似乎合情合理,但如果换位思考不难发现这种理智分析在"空心病"者看来苍白无力,无法打动其内心。笔者认为偏执思考是一种理智的矛盾,而打破这种死循环的关键在于以"小确幸"关怀"空心病",对空心人群施以情感关怀,改变社会支持系统异化的现状,帮助"空心病"人群从父母、老师、朋友身边获得真正的温暖与情感寄托,让他们发现除了价值和意义,我们赖以生存的还有情感和爱。以"小确幸"关怀"空心病"不仅是为教育注入情感关怀,更是将"小确幸"与"大情怀"融合,将青春梦与中国梦结合,点燃学生内心的理想圣火。

### 3. 以"小目标"对抗空心

大学生群体的"空心病"主要集中于大一新生中,这与后高考时代的目标缺失有很大关联。高中时期,学生在高考的压力下往往目标明确,加之父母、老师的引导,他们在头脑中为自己预设了清晰而遥远的人生规划。然而,步入大学后,视野的相对开阔使他们认识到过去设定的规划与现实存在差距,由于社会支持系统的缺失容易形成目标空窗期。当未来的人生大目标尚未确立,眼前不知路在何方时,无处安放的焦虑最易滋生"空心病"。发挥"小目标"的作用就是要帮助学生分解人生道路中不同方向的目标,树立

---

① 卡尔·雅斯贝斯.时代的精神状况[M].王德峰,译.上海:上海译文出版社,2003:16.

起生活目标、职业目标、学习目标、人格目标等。对于理想迷失型"空心病"人群,要帮助其设立"小目标",在"小目标"的实现过程中寻找自我未来的方向;对于理想无助型"空心病"人群,要帮助其学会将长远目标与短期目标结合,在长远目标无法实现时,及时将长远目标分解为短期目标,通过短期目标激励自我。

# 第三章 青年文化的时代特征(上)

前面两章重点分析了现阶段青年文化的不同侧面。在此基础上,探讨青年文化呈现出哪些时代特征,是本章要关注的核心议题。

## 第一节 碎片化

"这是一个最好的时代,也是一个最坏的时代",英国著名作家狄更斯曾这样描述工业革命发生后的世界。今天,我们也身处一个矛盾的时代。一方面,技术的进步、互联网的发展带来资讯和信息的爆炸式增长;另一方面,资讯和信息的跃进与革命又将我们每一个人裹挟进一股新的凶猛浪潮——碎片化浪潮。碎片化的传播、碎片化的时间、碎片化的信息、碎片化的阅读……"碎片化"成为我们这个时代的标签。我们利用碎片化的时间进行碎片化的阅读,获取碎片化的知识和信息,而碎片化的知识和信息又形塑着我们碎片化的思维习惯和知识框架,解构我们既有的思维习惯和知识体系,最终将重塑我们的生活方式,因而碎片化越来越成为一个不容忽视的时代话题。

今天的青年首当其冲。他们是一群与中国互联网发展历程相伴相融的90后、00后,他们是网络特别是移动互联网的原住民,无人不网、无日不网、无处不网已成为他们的日常生活状态。随着移动客户端的兴起,青年中滋生了大量的"手机党"和"低头族",他们把大量的时间花费在碎片化信息的获取和阅读中,沉溺于虚拟的网络世界,经常处于人不离机、机不离手的状态,智能手机当之无愧地成为90后、00后青年最亲密的"爱人"。这个被习近平总书记称之为正处于人生成长"灌浆期"的群体,在不停地接受各种互联网信息"灌浆",其信息接收和阅读习惯正在潜移默化地发生改变。受知识结构、生活阅历的限制,他们的思维方式独立但不成熟,价值取向和行为方式尚处于摸索期。他们中为数不少的一些人在感受碎片化带来的"速度与激情"的同时也在不知不觉中模糊了是非观念、价值取向和政治立场,容易受到媒体、网络的影响甚至误导,因此也是亟须引导和教育的重点对象。

近年来,由于碎片化问题凸显,人们对碎片化传播、碎片化信息、碎片化阅读等给青年带来的影响给予了诸多关注,甚至深表忧虑。人们倾向于认为,现代人尤其是青年正在遭受互联网引发的碎片化浪潮的"毒害":一是认为碎片化信息容易助长片面与单向思维①;二是与经典阅读相比,快餐式、碎片化的阅读导致审美价值、思维乐趣和伦理功能缺乏训练②;三是传媒的碎片化正在弱化社会思想政治教育的价值引领功能③。对此,学者们纷纷提出适切的策略,如以整体性教育整合青年的碎片化思维④,培养读者的元阅读能力⑤,主动回应,积极融入碎片化,完成思想政治教育范式的"后现代"转换⑥,等等。

尽管青年群体存在的碎片化问题已受到关注,引起忧虑,但青年思维习惯碎片化潜滋暗长的发展趋势在实践上未引起足够重视,在理论上研究和讨论尚不深入。因此,全面掌握思维习惯碎片化的核心表征及其在青年中的表现,分析其在青年群体中产生的消极影响,进而探究思维习惯呈现碎片化的成因,有助于在把握青年思想认识、价值判断和行动取向的基础上,有效引导、启发、帮助他们做出正确的选择并努力践行。

一、内涵与表现

碎片化原指完整的东西破碎为零散的部分。该词最早出现在 20 世纪80 年代后现代主义的相关文献中,其后被中国学者引进传播学中。如今,碎片化一词已广泛应用于社会学、教育学、政治学、经济学等不同学科。本书中碎片化思维指与整体性、系统化思维习惯相对应,是人们在长期接受各类多元零散、局部片面信息过程中逐渐形成的一种表面化、片面化、简单化和情绪化的思维习惯。这种思维是碎片化对观念世界整体性的分割与碎裂。由于接收到的信息本身就是不完整的、缺乏逻辑性的、支离破碎的,导致大脑在信息接收的过程中缺乏完整的事件信息输入,容易以偏概全、只见树木不见森林,无法达到全面、整体、深层和理性的认识。这也导致人们在

---

① 卢秀峰,李辉.基于新媒体背景下的青年大学生碎片化思维及其整合[J].黑龙江高教研究,2014(5):88-90.
② 秦文,郭强.转型期我国公众精神生活的碎片化特征及整合路径[J].学习与实践,2014(1):121-127.
③ 郭智勇.传媒"碎片化"与思想政治教育范式转换[J].思想理论教育.2012(21):48-52.
④ 卢秀峰,李辉.基于新媒体背景下的青年大学生碎片化思维及其整合[J].黑龙江高教研究,2014(5):88-90.
⑤ 袁曦临.网络数字阅读行为对阅读脑的改造及其对认知的影响[J].图书馆杂志,2016,35(4):18-26.
⑥ 郭智勇.传媒"碎片化"与思想政治教育范式转换[J].思想理论教育.2012(21):48-52.

分析和处理问题的过程中偏向于以片面思维掩盖整体思维、以扁平思维取代立体思维、以感官刺激阻滞理性思考、以静态思维阻碍动态思维,因此碎片化的思维习惯本质上是一种思维能力的退化。今天的青年是伴随互联网技术成长起来、利用互联网技术也最为活跃的一个群体。他们在"玩转"各类媒介载体的同时,也受到网络社会海量且内容趋向分散的碎片化信息的影响和塑造。信息来源的多元化、观察视角的分散化、信息文本的零散性以及信息要素的不完整性等,不可避免地导致青年的注意力日益稀缺、阅读耐性趋低、思考惰性增大和认知能力削弱等为表现形式的碎片化的思维习惯。

**1. 精力集中难度加大,注意力日益减弱**

"注意"是一个心理学概念,指心理或意识活动对一定对象的指向和集中。指向是对同一时间出现的多个外界刺激对象做出选择而舍弃其他,集中则是通过抑制干扰刺激而使心理活动聚焦在所选择对象上的专注度。人的这种指向和集中于某种事物的能力就是注意力,即"在一定的时空位置和社会建构中的行为主体,对各种内生和外生的、动态和静态的、表征为物质或非物质形态的各种信息,包括思想、舆情、行为、事件的产生与发展的各种社会现象的映射,以及自然界现象的各种变化予以关注、搜寻、获取和作出判断的能力"[①]。

注意力在各种认知活动中起着主导的作用。只有首先注意到某个事物,才能进一步去观察、想象、记忆和思考。随着网络时代和信息社会的到来,注意力这一重要的心智资源遭遇到前所未有的离散危机。"以前我很容易沉浸在一本书或者一篇长文当中。观点的论述时而平铺直叙,时而急转直下,二者交织推进,把我的思绪紧紧抓住。即使是索然无味的长篇大论,我也能花上几个小时徜徉其间,但现在这种情形已经很少见了。现在看上两三页,注意力就开始游移不定,我就会感到心绪不宁,思路不清,于是开始找点别的事做。我感觉就像拼命把自己天马行空的思绪拉回到文本上来一样,过去那种自然而然的精读如今已经变成了费力挣扎的苦差事。"[②]我们试图让自己的精力集中,但发现难度越来越大,即使拥有整段的时间,我们的注意力也难以集中。注意力的匮乏或者涣散正是碎片化思维习惯的首要表征。

---

① 黄健荣.政府决策注意力资源论析[J].江苏行政学院学报,2010(6):101-107.
② 尼古拉斯·卡尔.浅薄:互联网如何毒害了我们的大脑[M].刘纯毅,译.北京:中信出版社,2015:4.

与此同时,多任务情境加剧了注意力这一心智活动的离散程度。研究发现,网民的注意力可以在 27.5 分钟内切换 120 次,平均每分钟多于 4 次,也就是说上网的时候,人的大脑在一分钟内要换挡 4 次,每换一次挡都意味着要重新去熟悉并理解一套新的视听觉刺激。[①]实验还发现,青少年的注意力在不同媒介之间切换更加频繁,注意力的保持更短暂,仅能维持 2.3 秒。[②] 如果我们分配给每项任务的注意力都如此短暂,那势必导致任务完成的质量下降,这也是我们经常感慨"效率太低"的一个重要原因。长此以往,"当我们的注意力愈发分散,沉溺于走马观花式的认知,我们可能沦为介于人和机器之间的半成品"[③]。

**2. 长文阅读能力下降,阅读耐性趋低**

随着信息化时代的到来,青年群体的阅读习惯已经发生了巨大的变化,潜心阅读长文章和厚重书籍的青年越来越少,而利用手机、Kindle、iPad 等载体进行网络数字阅读的青年日益增多。调查显示,26 岁以下年轻人是通过移动端进行数字阅读的"主力军"。与此同时,书籍阅读所产生的线性层级、序列的思维模式在青年人头脑中的分量越来越低,青年使用线性方式阅读文本的实践越来越少,因此,他们进行持续线性思考的机会也越来越少。[④]从纸面到屏幕,改变的不仅是阅读方式,还影响了人们投入阅读的专注程度,这会影响阅读过程中的连接、整合和反馈等信息加工活动,进而影响阅读能力的提升。

20 世纪 90 年代,美国的一家叫尼尔森曼集团的咨询公司围绕屏幕阅读与书籍阅读的区别,经过长达 15 年的反复试验,得出了一系列惊人的报告结论。在《网络用户的网页阅读方式》这份报告中,开头第一句话就是"他们根本不阅读"。报告显示,只有 16% 的受试者按照线性的方式在不同的网络页面上逐字逐句地阅读文本;其余 84% 的人就是在扫描页面,他们只挑选和关注自己感兴趣的内容,其他的内容则通通略过。[⑤]在另一项的研究中,尼尔森曼集团还揭示了屏幕阅读的一个显著特征,那便是比起完整的文章,网络用户更加偏好新闻简报,选择后者的人数是前者的三倍。[⑥] 通过这

---

① 李宏利.网事在心:网络的心理影响及行为分析[M].北京:北京交通大学出版社,2015:133.
② 李宏利.网事在心:网络的心理影响及行为分析[M].北京:北京交通大学出版社,2015:134.
③ 李宏利.网事在心:网络的心理影响及行为分析[M].北京:北京交通大学出版社,2015:145.
④ 马克·鲍尔莱恩.最愚蠢的一代[M].杨蕾,译.天津:天津社会科学院出版社,2011:152.
⑤ 马克·鲍尔莱恩.最愚蠢的一代[M].杨蕾,译.天津:天津社会科学院出版社,2011:155.
⑥ 马克·鲍尔莱恩.最愚蠢的一代[M].杨蕾,译.天津:天津社会科学院出版社,2011:155.

两份报告,我们不难发现当阅读载体由书本转为手机或电脑屏幕时,阅读行为也由逐行阅读转为了快速浏览,网络读者也更倾向于阅读浅显、简短的文字。当"屏幕阅读""快速浏览""浅显简短"这几个事件经常在大脑中被联系在一起,负责这几个事件的神经元就会联结在一起,建立起新的连接,形成新的神经回路。当大脑神经细胞随着阅读经验、行为和环境的改变不断做出适应性调整、形成新的神经回路时,大脑就会尽量保持这种新结构,而原本那些用来支持"纸质阅读""深阅读""长篇大论"的神经回路会逐渐弱化,甚至被大脑回收用于其他工作。

长期的网络数字阅读行为可以催生出与之相适应的"阅读脑"结构,以适应网络数字阅读所需要的快速浏览、搜索答案、频繁切换、同时处理多任务等信息加工行为,而习惯于碎片化信息加工模式和以浮光掠影式为表征的消遣式阅读的大脑结构一旦形成,会失去阅读那些需要思考、推理和联想的长文和书籍所必需的耐性和能力,很难抓住长文章和厚重书籍的线索与主线。只有通过反复诵读、字斟句酌、深耕细作、精益求精的读书过程才能培养青年沉潜的耐心、构建青年完善的思维方式。将整体性阅读、厚重性阅读、深层次阅读闲置起来的结局必然是割裂青年思考问题的逻辑性和连续性,不利于逻辑思维和整体认知的形成,不容易形成深度的、系统的知识体系,最终让年轻人丧失阅读尤其是精读长篇文章的能力。

**3. 深度思考能力弱化,思维惰性增大**

记忆是人类思维中信息内容的储备与使用过程,因此它在人类思考的过程中扮演着不可或缺的重要角色。在我们的大脑当中,存在三种不同的记忆功能:短期记忆、工作记忆和长期记忆。与长期记忆相比,短期记忆对信息的储存时间较短(通常只能维持几秒钟),信息储存的容量(每次只能存储5—9条基本信息或信息块)也很有限。长期记忆是能够保持几天、几年甚至一辈子的记忆,信息存储的容量几乎是无限的。工作记忆是一种特殊类型的短期记忆,是一种对信息进行暂时加工和贮存的容量有限的记忆系统,它在把信息转化为长期记忆进而创建个人的知识存储方面发挥着十分有益的作用。

如何把信息从工作记忆转为长期记忆,进而形成概念性图式,这种能力决定了我们的智力深度。"我们高超的智力主要来自长期获得的各种图式。我们之所以能够理解自己专业领域里的相关概念,是因为我们拥有与这些概念密切相关的图式。"①然而,长时间通过碎片化阅读获取碎片化信息,使得我们既无法建立持久的信息注意,也无法形成长久的内容记忆,工作记忆转为长期记忆的传输通路被阻滞。"当我们一心一意专注于书本时,我们能够把所有的或大部分信息一点一滴地转入长期记忆,进而形成创建图式所必不可少的联系。使用互联网的时候,我们面对着许许多多个信息龙头,每个龙头都开到最大,水流喷涌而出,当我们从一个龙头匆匆转向下一个龙头的时候,小小水管里的水就会溢出来。我们只能把一小部分信息转入长期记忆,而且我们转存的是从不同龙头流出的混合内容,而不是从一个来源不间断地流出的连贯水流。"②加之"我们的注意力随之四处漂移,我们的兴奋点四处开花又转瞬即逝。我们整天停留在互联网上,我们的兴奋点随着网页的飞快变换而变换,我们的关注点不断被制造又不断被抹杀,我们的头脑似乎无法建立任何神经细胞之间的稳固连接,形成长时记忆,导致信息印记的浅表化"③。因而,人们也就无法把新信息转变为图式,也就无法把零散孤立的信息组织排列起来形成知识模式,进一步看,也就无法进行深入而丰富的思维活动。因而,这样做的结果就是——我们的理解领悟只能停留在肤浅层次。

与此同时,互联网的知识储存功能让我们的记忆实现了"外包",但也助长了我们的思维惰性。"有问题找百度"成为青年群体的普遍选择,许多青年都认为:"有了搜索引擎,还要知识干吗? 百度知道就行了,我不需要知道,如果百度搜索不到,我一般就不管了。"他们不仅缺乏深度思考的能力,还自动掐断了这种需求。对于一些需要深入思考的问题,他们也会条件反射般地借助网络搜索答案,网络正在成为"交换记忆"的主要形式。与这种不求甚解相伴而行的是想象力的匮乏,许多人的思考开始短路。当思考变得稀缺,这无论对一个民族,还是我们每一个个体,均绝非幸事。④

**4. 认知负荷增加,认知能力削弱**

认知心理学的观点认为,认知是信息获取和加工的过程。人脑接受外界输入的信息,经过头脑的加工处理,转换成内在的心理活动,进而支配人

---

① 尼古拉斯·卡尔. 浅薄:互联网如何毒害了我们的大脑[M]. 刘纯毅,译. 北京:中信出版社,2015:156.
② 尼古拉斯·卡尔. 浅薄:互联网如何毒害了我们的大脑[M]. 刘纯毅,译. 北京:中信出版社,2015:156-157.
③ 肖锋. 网络时代的注意力问题//张立生. 社会学家茶座:第四辑[M]. 济南:山东人民出版社,2007:30-31.
④ 几又. 碎片化时代的精神解构[N]. 大众日报,2014-12-05.

的行为,这个过程就是信息加工的过程,也就是认知过程。①各种认知过程都需要消耗认知资源,一旦认知活动所需的资源总量或信息总量超过了大脑存储、处理信息的能力时,就会造成认知负荷,这时大脑就无法保存信息,也不能让这些信息和已经存储在长期记忆里的那些信息建立联系,因而也就无法将其转化为能帮助我们理解的内容图式,我们阅读和学习的能力也就受到影响。澳大利亚教育心理学家约翰·斯威勒指出,造成大脑认知负荷过重的因素有很多,"与解决问题无关的外部因素"和"精力分散"是其中最重要的两个因素。②

当前,互联网是青年获取信息的主要来源,互联网释放出各种类型的感官刺激和认知刺激(图片、音频、视频、超链接等),他们在搜索目标信息的过程中需要对这些不同的刺激尤其是对无关刺激进行识别、分析、比较、筛选和判断,因此需要频繁进行认知模式的切换。研究显示,前额叶处理问题的习惯倾向于每次只处理一个任务,多任务切换,只会消耗更多脑力,增加认知负荷。与此同时,由于频繁切换认知模式,注意力无法集中,难以对接收到的信息进行深度加工处理,认知效率必然降低。

为了降低认知负荷,大脑发展出一种适合在信息丛林中寻找猎物的特殊阅读方式:选择阅读那些篇幅短小、直观、标题醒目、主旨明确、图文并茂的内容,更多采用跳跃式、浏览式、快进式等省力阅读方式,以便于快速锁定目标信息。这样就可以降低认知负荷和认知成本。为了吸引更多的受众,媒体通过删减过程及内在逻辑来压缩文章的长度,且使用生动活泼的图像、音频、视频等手段来帮助读者更加轻松地阅读。同时,由于人们生活节奏的加快以及海量信息的包围,鲜有人会逐个阅读网络上的每一篇文章、每一段文字,于是为了更快地抓住人们的眼球,追求标题内容的与众不同成为更多媒体的选择,耸人听闻的"标题党"由此产生并大行其道……如果暂且抛开以"标题党"为代表的碎片化阅读信息源涉及的信息真实性、全面性不论,类似的举措无疑可以降低认知成本,实现认知的"浅尝辄止";但长远来看,势必削弱认知能力、降低认知水平,会使大脑在参与信息处理的过程中变得更加"肤浅",进而对深入理解和长期记忆造成不良影响。

① 彭聃龄.普通心理学[M].北京:北京师范大学出版社,2010:25.
② 尼古拉斯·卡尔.浅薄:互联网如何毒害了我们的大脑[M].刘纯毅,译.北京:中信出版社,2015:157.

## 二、消极影响

思维习惯的碎片化虽然是一种近期的发展趋势,还尚未全面席卷大学校园,也没有完全"俘获"青年群体,但如果任由其蔓延而不加以正确引导,这种思维习惯会让青年因海量信息的更新而陷入知识幻觉的迷思、因缺少经典作品的熏陶而造成精神生活的矮化、因价值观确立的不牢固而消解思想政治工作的成效、因思维能力的退化而导致集体思维能力的下降,最终将给社会、国家和民族带来难以挽回的后果。

### 1. 深陷知识幻觉迷思

众所周知,阅读是我们获取知识的重要途径。通过阅读获得知识的过程一般应该是:首先经过感觉器官(主要是视觉)接触读物,获得对读物的映象,然后这些映象被传入大脑,产生理解,并加以记忆,获得知识。"理解—记忆—获得知识"这一系列活动,仅仅依靠感知是无法实现的,还必须运用读者已有的知识,做更深层次的加工,通过阅读思维活动,才能达到牢固获得知识的目的,它是阅读过程的重要组成部分。而现在很多青年的知识是通过手机阅读、网络浏览等休闲式、快餐式、碎片式的阅读方式获得的,这些网络数字化文本实质上是由大量不强调逻辑性和连贯性的知识点和信息点组合而成,只能扩充事实,却无法增加知识与知识间的联系,因此较难形成某种知识结构。对于青年读者而言,由于没有养成良好的阅读习惯,自己本身难以形成一套知识框架;即使存在已有的知识框架,也很难将这些通过碎片式阅读获得的"知识散沙"整合其中,更难以实现对这些"知识散沙"的"再提取"。

但是,反观现实,网络一代的青年却自我感觉"见多识广":"我每天上腾讯网、看微信公众号、刷朋友圈、登微博浏览大量的信息,关注各种热点焦点新闻事件,我从未放过任何媒体资讯,你说的一切我都知道!"看似对世界认知的广度提高了,视野也越来越开阔了,但"无所不往就是无所往",脑子里除了增加浮光掠影的信息碎片和海量信息更新带来的"虚假繁荣",其实一无所获。读了些只言片语就自以为了解了整个世界,一知半解就误认为全部知道,对拥有的知识广度和深度表现出盲目的自信,这其实是一种知识幻觉。这些大量的知识点和信息点只能让我们"知道"一些事情,却并不能增加我们知识的厚度与思维的深度。

### 2. 造成精神生活矮化

碎片化阅读重塑着我们的思维方式,是碎片化思维习惯形成的"元凶"。

碎片化思维习惯形成后,又会反过来强化碎片化阅读体验,固化这种网络化时代常见的阅读方式。

当前的青年从小就被各种快餐文化所"包围"和熏陶,习惯于手机阅读、网络浏览等休闲式、快餐式、碎片式的阅读方式以及信息接收习惯。当碎片化、快餐化、功利化的"浅阅读"在大学校园渐成趋势,到图书馆耐心阅读经典作品、写读书感悟的习惯却渐行渐远。以至于许多人文学者发出感慨:碎片化时代,阅读经典成了一种奢侈的享受!经典作品是千百年来经过历史检验留存下来的东西,是一个国家和民族文明与智慧的浓缩和集萃,它可以完善知识框架、充盈精神世界、塑造高尚人格。对青年而言,经典赋予的是价值内核,是独立之精神和社会之担当。①与"碎片化阅读"这种浅阅读形式不同的是,经典作品的阅读是一种深阅读,解决的是精神思考的问题,获得的是思维的乐趣和精神的盛宴,承载的是思想的交流与互通,它对人类智慧的启迪作用远远大于我们的想象。在阅读和探究中,青年拥有了达至"最深邃理解的无休止思维",实现了"事实知识"与"价值知识"并驾齐驱,实现了"既发展知识又培养品格,既发展智力又探究真理"的双重目标。②

"碎片化阅读"的流行,在很大程度上刨去了经典阅读所必须具备的审美价值、思维乐趣和伦理功能,传递出来的是青年知识越来越狭窄、心态越来越浮躁的危险信号,长此以往,会造成青年精神生活的矮化,甚至出现某种程度的精神衰萎。

### 3. 消解思想政治工作成效

在当代社会,互联网信息技术的发展弱化了学校教育作为权威信息来源的地位,网络媒介成为青年获取信息的重要来源。由于青年的知识体系搭建尚未完成、价值观塑造尚未定型、情感心理尚未成熟,思维习惯的碎片化以及年轻人对主流媒体习惯性的不屑与逆反,使得青年极易受媒体、网红的引导甚至误导,做出非理性的判断和选择。

信息和思维是形成价值观、影响价值观的重要因素。信息提供判断的依据,思维决定判断的方向。信息、思维的变化无疑会引起人们价值观念和价值系统的变化。③信息网络时代,青年接受信息和知识的渠道越来越多、速度越来越快、内容越来越松散,碎片化思维习惯趋于表面化、片面化和简

① 王荣.让阅读经典成为青年的"必修课"[J].江苏高教,2015(6):100-102.
② 王荣.让阅读经典成为青年的"必修课"[J].江苏高教,2015(6):100-102.
③ 宇文利.网络时代价值观教育的转型与适应[J].高校辅导员.2017(3):3-6,22.

单化,导致他们在价值观系统上出现分化和异化,也导致价值观系统的不稳定与不牢固。由于价值观确立的不牢固,置身于移动互联网以信息简短化、阅读浅表化、社交网络化和思维碎片化所构建的思想文化舆论场,观点在"嬉笑怒骂"中被表达,英雄在"谈笑风生"中被调侃,立场在"人云亦云"中被模糊……我们的青年学子也在各种怀疑与不确定之中陷于盲信盲从和随波逐流。

多数情况下,价值判断的做出需要思维对已有的信息和知识进行整合加工进而形成认知和定论。大量缺少逻辑关联和结构支撑的碎片化信息无法建构起完整的知识框架,也就难以提供客观事实帮助青年做出判断;将复杂问题简单化的碎片化思维习惯又容易让他们陷入"以点带面、以小代大、以表代里、以片代全"的思维误区,在未获得客观、全面、真实信息与知识的基础上,仅凭只言片语就妄下结论,难免失之偏颇,出现曲解和误解。因此,当面对网络上扑面而来的多元思潮、多种思想和多样文化时,青年就极易被虚假的、零散的、片面的信息影响、误导和操纵,出现是非观念、价值取向、政治立场的模糊和迷茫。

网络思想政治教育的最终目的是引导、启发、帮助网民在科学判断的基础上做出正确的选择。引导网民在网络环境中学会选择,是网络思想政治教育的出发点和落脚点。[1]当青年网民在价值判断时如无根的浮萍一般人云亦云、随波逐流,又怎能保证他们在行为主张上做出正确科学的选择呢?网络思想政治教育的实效又如何能够保证呢?

### 4. 导致集体思维能力的下降

思维习惯的碎片化导致个体思维能力的退化。随着移动互联网日益成为信息传播与互动的主导媒介和人们生活交往的主要平台,青年越来越沉浸其中,个体碎片化的思维相互激荡,最终演化为群体特征;而随着代际更替,这种群体特征可能会演化为一批批、一代代青年的共同体思维特征,这将是灾难性的后果。集体思维能力的下降只是对这种趋势的预测,目前尚未有明显的体现,不过个体思维习惯的碎片化可能对"愤青"现象起推波助澜的作用从而形成声势浩大的网络"愤青"现象这一点应该能够佐证这种预测。

"愤青"尽管在日常生活中的使用频率相当高,早在 20 世纪 90 年代中

---

[1] 骆郁廷.吸引、判断、选择:网络思想政治教育的关键词[J].马克思主义研究,2016(11):120-131,160.

后期就成为我国的流行词,但人们对何谓"愤青"则很少言及。最早的"愤青"可以追溯到 20 世纪 60 年代欧美左翼思潮中主张颠覆传统社会价值的叛逆青年。20 世纪 70 年代,中国香港出品的影片《愤怒青年》记述一班不满社会现状而急于改变现实的青年,这群青年被人简称为"愤青"。后来这词在中国内地被用于指称不同时期的特殊青年群体,诸如 80 年代的摇滚青年、90 年代的标新立异顶着鸡冠头的朋克等。尽管"愤青"在不同的历史时期呈现出不同形态,但基本上是指思想偏激、情绪化的青年。除各种社会、历史因素影响外,导致这一现象的主观因素是青年情绪化、简单化的思维特征,这与碎片化知识、碎片化信息的获取和碎片化思维的自发运用有着直接关联。互联网的广泛使用,每个人都可以成为信息来源,这就为分散在社会各个角落的"愤青"创造了信息传播的平台,为网络"愤青"群体的产生和生长提供了物质基础。例如,2003 年互联网上先后出现了"反对京沪高铁使用日本新干线技术"网上签名活动和"9·18 对日索赔百万网民签名"活动,其中就包含着"愤青"群体化的行动因子。一方面,互联网因为开放、及时互动的特征为"愤青"的群体化创造了平台和物质条件,对"愤青"现象的泛滥起到了推波助澜的作用。另一方面,互联网提供的碎片化信息进一步激化了"愤青"情绪化、非理性和简单化的观点,而受碎片化信息影响产生的碎片化思维方式进一步强化了"愤青"的情绪化、非理性和简单化的思维方式。如果任由"愤青"在网上横行,它必将与碎片化思维方式相互激荡,影响整个国家和民族对某些问题的判断,影响国家和民族整体的思维判断能力。

### 三、形成的原因

尽管思维习惯碎片化现象易发高发于互联网时代,但互联网尤其是移动互联网时代并非是思维习惯碎片化的唯一成因,思维习惯碎片化产生有着更为复杂的社会历史和物质技术背景。

#### 1. 快节奏强竞争的社会生活

青年思维碎片化的发展趋势,首先离不开我们身处其中的社会环境系统。当代中国社会正处于一个"千年未有之大变局"中,经历着从传统文化向现代文化、传统农业社会向现代工业社会、现代工业社会向信息社会的急剧转型。社会节奏日益加快、社会竞争日趋激烈,效率至上、速度至上的观念渗透在我们社会生活的方方面面。尤其是改革开放 40 年的高速发展,让我们见证了"速度"带来的一个又一个"中国奇迹",也让"求快"的价值观普遍盛行。社会节奏加快和社会竞争加剧的背后是人们渴望成功的迫切心理,每个人都想在这个快节奏的社会里尽可能多地获取、掌握更多的信息和知识,以此把握社会现实的变化,跟上时代前进的步伐。面对信息爆炸式增长与有限的闲暇时间之间的矛盾,人们要解决的一个关键问题就是如何迅速获取有利的信息。利用候车、吃饭、休憩等碎片化时间来阅读、获取更多更广的信息和知识成为多数人的普遍选择。这样的阅读过程由于缺乏耐心和注意力的投入,加之阅读时间的不确定性,阅读质量难以保证,不可避免地导致阅读深度缺失,结果便是"像一个美食家一样不断浅尝辄止,迅速消化与吸收、抛弃与更新、理解与遗忘"①,长此以往,时间和注意力被大量消耗,思考力及其深度荡然无存。

**2.飞速跃进的移动互联网技术**

互联网不仅仅以信息形式为人类提供思考的素材,同时它也在影响人类思考的过程,改变着人类的思维方式。思维碎片化的发展趋势便是一个重要体现。首先,互联网速度至上、效率至上的理念,鼓励我们蜻蜓点水般地从多种信息来源中广泛采集碎片化的信息。我们在互联网的影响下,学会通过快速移动的粒子流来传播和接收信息。以前,我戴着潜水呼吸器,在文字的海洋中缓缓前进。现在,我就像一个水上摩托骑手贴着水面呼啸而过。②这就会为追求获取信息的速度而忽视对信息质量的深度思考。其次,互联网技术的进步带来阅读习惯的改变,加之 Kindle、智能手机、iPad 等载体工具的支撑,使得网络数字阅读逐渐成为一种趋势,阅读长文章的能力和耐心渐行渐远。再次,网络搜索引擎的出现助长了青年的思维惰性、弱化了他们的记忆能力。由于思考和记忆都是十分复杂且难度较高的过程,于是他们将推理、概括、总结、判断等"重担"交给网络,把自己从中解放出来,长远来看,这样看似"聪明"的做法会造成逻辑思维和深度思考能力的弱化。最后,网络技术的跃进推动着青年群体从"读字时代"迈入"读图时代"。图像在信息传播的过程中具有独特的优势,能够生动、直观、立体地呈现信息形态,增强感官刺激,降低理解难度,引发青年共鸣,因而图像的接收效果也要优于文字的接收效果。但从文字到图像的转变,实质上是认知方式从抽象到形象的转变。当接收大量形象化的信息成为一种习惯时,他们就不愿

① 胡赳赳.浅阅读现象学:从潜阅读到浅阅读[J].新周刊,2006(4):47.
② 尼古拉斯·卡尔.浅薄:互联网如何毒害了我们的大脑[M].刘纯毅,译.北京:中信出版社,2015:5.

也不想用通过现象看本质的科学抽象思维方式来探求事物的本质了,抽象思维能力的弱化也就不足为奇。当然,以微博微信为代表的新媒体技术对碎片化思维习惯的形成也起了推波助澜的作用。

### 3. 短平快的信息传播

新的信息表现形式催生新的思维方式。互联网时代的信息具有如下特征:信息通常是事实的集合而非逻辑的集合;信息在传播过程中被简化并省去推理演绎过程;信息逻辑不严谨、内容不全面;图片先于文字信息被接收;影音先于文本信息被使用;等等。[1] 虽然这是碎片化时代的传播需要,但却导致青年持续接收到大量缺乏逻辑支撑和严密推理过程的信息碎片。相关研究发现,大脑一直都在变化,它会根据"每一个感官输入、每一个动作行为、每一次突触连接、每一个反馈信号、每一个行动计划,或者每一次知觉转移"而重新安排神经回路,也即大脑具有可塑性。这也就意味着当长期阅读、接受碎片化信息这一信号反馈到大脑时,大脑就会做出适应性调整而重塑新的神经回路。新的神经回路一经形成,便一直处于激活状态,并因大脑内部的重复性精神活动(对碎片信息的持续体验)而不断强化,最终新的神经回路会将这种体验演变成习惯并对新的信息形式形成持久记忆。碎片化思维习惯就是因为不断阅读、接收碎片化信息、文字、图片而形成的。随着对互联网技术的使用日益娴熟,这种思维习惯引发的神经通路会得到持续强化,而原先支持整体性、线性思维习惯的神经通路便会因得不到刺激而处于休眠状态。[2]

### 4. 网络社交的"圈层化"

网络改变了青年的人际交往方式,交往方式的变革影响思维方式的形成。随着微博、微信、QQ等网络社交平台的广泛应用,青年网络交往的"圈层化"特点凸显。在微信、QQ等社交平台上,青年会根据自己的兴趣、爱好、年龄、籍贯、价值观等关键信息加入或组建一些社交群,跟不同的群内成员进行信息互换与情感沟通。一般来说,由于年龄相仿、爱好相似、价值观相合等基础条件,社交圈层内的成员在信息关注度上具有某种程度上的趋同性,加之网络社交圈层具有一定的隐匿性和封闭性,共享的信息只对群内

① 崔欣玉. 自媒体环境下人类思维方式的变革及其生成机制探析[J].教育文化论坛,2017,9(4):11-14,43.
② 崔欣玉. 自媒体环境下人类思维方式的变革及其生成机制探析[J].教育文化论坛,2017,9(4):11-14,43.

成员开放。这种只在特定圈层中进行信息交互的现象和趋势,就是"圈层化"。从信息获取的角度而言,"圈层化"满足了青年的个性化需求,获得了群体的认同感与归属感;从思维习惯的养成来看,"圈层化"压缩了个人思考的独立空间。一般情况下,进入圈层内的大都是基于成员共同或类似偏好的信息,其他的信息尤其是主流媒体信息基本上止步于圈层之外。长此以往,就会将圈层内成员桎梏于像蚕茧一般的"茧房"中,也即我们所说的"信息茧房"。同时,圈层虽是在自己的自主选择中形成,但随之而来的圈层中的大量信息也需要再选择,但有限的时间和碎片化的信息却让"二次选择"丧失了主动性,造成走马观花似的阅读,大大压缩了个人思考的空间。① 此外,知识结构的不牢固、缺乏对圈层信息的有效监管和主流价值观点的引导,一些吸人眼球的错误信息容易诱导青年关注甚至互传,造成偏激情绪的蔓延和思想的混乱。

### 5. 思想政治教育影响的弱化

思想政治教育对于提高青年的思想水平、政治觉悟、道德品质、文化素养等具有十分重要的意义。思想政治工作开展得到位、有效,可以对抗思维习惯碎片化的发展趋势。但就目前来看,思想政治教育的影响还不够广泛和深入,还存在一些问题。比如,当前高校教师群体结构出现年轻化、学历结构"博士""海归"化、阅历结构单一化、身份结构多重化、认知结构个性化等一系列显著变化。②变化的背后有些问题值得关注。很多90后毕业生陆续步入职场,壮大了思想政治教育师资队伍,但不容忽视的是,这批90后教师群体本身也是伴随移动互联网成长起来的一代,他们喜欢数字化网络阅读、偏好图像甚于文字、发散式思维有余、聚敛式思维不足等,思维习惯的碎片化趋势同样在他们身上或多或少地存在。教师作为教书育人、立德树人的传道授业解惑者,其思维呈现出来的碎片化趋势,势必影响学生思维习惯的养成。尤其是在思想政治理论课的课堂教学中,这种碎片化趋势会削弱教师阐释马克思主义理论内容及最新成果的深刻性和全面性,削弱教师回应各种错误思潮及网络舆情的有效性和针对性,削弱教师解答学生难点及疑惑的效度和信度等,无法有效发挥对学生思想的引领作用,导致教育效果大打折扣。同时,很多学生辅导员、班主任拘泥于日常的事务性工作,对一些现实问题的解释和回应不够及时,对学生思想认知上发生的变化"后知后

---

① 陈志勇."圈层化"困境:高校网络思想政治教育的新挑战[J].思想教育研究,2016(5):70-74.
② 冯培.把握高校思想政治教育同向同行格局的思考[J].思想理论教育,2017(10):51-54.

觉",将更多细碎的时间用于学生事务的管理,而非思想、价值观的正确引导,导致其他错误言论及思潮的"乘虚而入",加剧了思维的碎片化发展趋势。

### 四、辩证认识趋势

从本质上来说,青年思维习惯碎片化是思维能力的退化,这是思想政治教育必须要预防的。新时代我们要教育引导学生正确认识世界和中国发展大势,正确认识中国特色和国际比较,全面客观认识当代中国、看待外部世界,正确认识时代责任和历史使命等,培养担当民族复兴大任的时代新人,青年思维习惯碎片化显然是阻碍我们实现这一培养目标的。因此,我们要坚决抵制青年思维习惯碎片化趋势,强化马克思主义全面的、辩证的和历史的思维方式,提升青年的思维水平和思维层次。

从现实来看,思维习惯碎片化目前还是个别现象并非群体现象,是可能趋势而非必然趋势。因此,一方面,我们不必过分忧虑,把应然当实然,对当前青年的思维状况过于悲观,影响思想政治教育决策;另一方面,我们也不能放任不管,毕竟思维习惯的碎片化趋势确实在青年群体中潜滋暗长,甚至与某些不良社会现象和社会群体相互激荡,影响到思想政治教育的进程与实效。因此,我们要提前预警、深入研判、采取对策,努力做到"因势而谋、应势而动、顺势而为",在应对碎片化过程中加强教育引导工作。

## 第二节　萌文化

互联网时代的到来,为文化的发展与传播提供了更为多元包容的空间,网络社会集群使各种思想观念交融碰撞,各种文化通过视频、图像、音频等多种方式迅速蔓延,从而产生了具有视觉化、蔓延式甚至全球化的青年文化现象。萌文化就是其中的典型表现。

### 一、元素与特征

通过对同类研究和新闻报道的查证,笔者认为在欧美流行文化中风靡一时的洛丽塔现象和洛丽塔情结是"萌文化"的出发点。俄裔美国作家弗拉基米尔·纳博科夫创作的长篇小说《洛丽塔》于 1955 年首次在法国出版;1958 年在美国出版;1959 年 1 月在《纽约时报》畅销书单中蹿升到第一位;1962 年被改编为电影上映。该影片催生了洛丽塔群体,主要集中于 15 岁到 25 岁之间的女性群体：她们知道自己会受到注目礼，因此会更多考虑细节以及言行举止。"萌"发源于欧美，却在日本发扬光大。根据我们进行的文献梳理，几乎所有的研究均认为日本是萌文化的风向标。概而言之，日本的可爱文化、动漫文化和御宅文化是萌文化得以形成的文化土壤。

比较而言，中国的萌文化早期深受日本萌文化的影响，缺乏独立性和自我特质，但其在扩散和传播过程（2010 年以后）中逐渐呈现出特殊的意义和强大影响力。我国的青年萌文化产生有其哲学与心理学底蕴，因为儒家思想提倡中庸的人文理念、温和圆润的人生哲学不仅契合当代人的审美观念，也契合当代人的处世之道。从中国的语言系统解读"萌"，可以看到"萌"具有名词、动词、形容词的多重属性。当"萌"作为名词时，常常是以萌物或萌宠的方式存在，如在水杯、抱枕、钥匙链、手机壳上贴上可爱的图片，用手感较好的材质制作成棱角不分明的、软软的、让人觉得舒服的形状；当"萌"作为动词时，主要是指一些撒娇卖萌的行为，如"头上长草的行为简直是萌翻了"；当萌作为形容词时，表示招人喜欢的感觉，如"小孩长得好萌""萌萌哒"等。总之，"萌"引入中国后被汉语吸收，词义发生了变化，使其含义更加丰富和多元，使用语境也更加广泛。

**1. 思维模式**

萌文化的参与者们积极创造出新风格与新符号，以表现自我的与众不同。95 后、00 后的青年对于工作与生活的选择有自我的标准，金钱不是他们的唯一考量因素；对于家庭与社交的判断标准也不落俗套，对爱情和美好未来充满各种想象。萌文化改变了大众对于亚文化的刻板印象，因为萌文化参与者充分展示自己最真实的一面："特立独行"却不具有强烈的反抗色彩，甚至还有"万众狂欢"的娱乐化倾向。

**2. 语言特征**

当下社会，萌文化已然成为时尚的标签，"卖萌"的图片和语言成为当下青年的表达方式，并衍生为新的社交方式。"就语言形式而言，卖萌者多采取传统的修辞格——'飞白'，即明知故错，故意仿效某种失误以达到滑稽、增趣的目的。网络语言中的卖萌，大多是仿拟幼儿的语音、词汇和表达方式，其中也有模拟方言的情况。"①比如，"叔叔"变成了"蜀黍"、"这样子"变成了"酱紫"、"油菜花"是指"有才华"等，参与萌社交的青年们正多角度开发

---

① 韩昊洋."萌萌哒"的语言正向我们袭来[N].人民日报海外版，2017-02-10.

"新词汇"。学者管健认为,"'卖萌'实际上也可以被认为是一种印象管理的手段。网络中充斥了大量卖萌型语言,更多的是借助网络平台,通过孩子气的萌态语言或非语言促进人际关系的紧密。在人与人的沟通过程中,既包括语言沟通,也包括非语言沟通。无论是网络中借助文字的语言沟通,还是以符号和图案为代表的非语言沟通,其功能除了表情达意外,还有强化人际关系的功能。卖萌语言在某些场合可以使正式语言以非正式途径表达出来,拉近彼此之间的心理距离,使发出者和接收者均感到亲切和温暖"①。

### 3. 呈现方式

我们可以从物质层面、行为层面、精神层面分析萌文化的特征。就物质层面而言,"萌物"和"萌宠"等能从外在观感上激发人的内在情感。对萌物和萌宠的喜爱人群比较广泛,并不局限于青年女性群体。我们也常常可以在青年男性的手机外壳、书包挂件等地方找到萌元素。应该说,物质层面的萌是流行最广、最不具有反抗意味的。行为层面的萌包括"真萌"和"卖萌"两个方面,"真萌"意指不刻意违反日常着衣或行为习惯的萌行为;而"卖萌"则指刻意仿造或改装过的萌行为,这在萌文化中占很大的比例,如现在流行的各种自拍 APP,SNOW 相机、B612 咔叽、脸萌相机等,可以随时随地拍摄卖萌照。精神层面的萌被认为是童真的回归,是一种不想长大或不想衰老的情怀,有时被学者批判是反智行为。萌文化呈现的纯真与简单是抵御消费社会的物欲和冷漠的一种工具。"软萌""呆萌""萌萌哒"等网络新词汇的不断创生昭示着大众审美心态与价值取向的变化。

## 二、兴起的背景

萌文化是文化的时代表现形式之一,我们可以将它放置在历史与时代的背景下去考量其孕育与滋长的方方面面。

### 1. 波普艺术的盛行

波普艺术一般被称为新写实主义,认为面对消费社会商业文明的冲击,艺术家应该将公众创造的都市文化作为创作的题材。波普艺术的对象主要是青年人,最早起源于 20 世纪 50 年代初的英国,后兴盛于美国,进而以美国为中心席卷全球。在波普运动影响下,亚洲的波普文化又以日本为中心正在形成。②如今日本很多的文化与艺术大师均属于波普艺术家行列,甚至

① 韩昊洋."萌萌哒"的语言正向我们袭来[N].人民日报海外版,2017-02-10.
② 鲁开阳.波普艺术在当代的发展潮流[J].南阳理工学院学报,2012(5):93-96.

还出现了根据世界著名波普艺术家 Keith Haring 艺术风格改编的《勇敢跳跃》移动电子游戏,深受世界各国青年玩家所青睐。伴随波普艺术在全球的蔓延与传播,作为波普文化代表之一的萌文化自然走进青年群体的视野。①

### 2. 消费社会滋养的符号文化

在新媒介崛起的消费时代,青少年成为市场上重要的消费群体以及新媒介使用的中坚力量,其生活方式也越来越受到民众良莠不齐的双面评价。从 20 世纪 40 年代开始,西方社会从过去的生产性社会转向以符号为中介的消费社会。符号化的时尚模式是消费社会的典型表现,呈现出集体性仿效的鲜明态势。人们的消费更多不是只满足需求,而是越来越体现符号的力量以及品牌背后的个性。萌文化表面具有的纯真简单、温驯乖巧等特点,其背后可能隐藏着青年责任感欠缺的"巨婴"倾向。"洛丽塔"以及各种萌物、萌宠的萌经济背后均有青少年世界观、人生观、价值观的投射。我们应该警惕消费社会情境中人们以无节制的消费为代价换取精神上的满足,认为只有在消费中才能获得存在感与价值观的错误思想。

### 3. 互联网时代的媒介融合

互联网时代,"人人都是通讯社,人人都有麦克风"。互联网已然成为青年日常工作学习、生活娱乐的基础元素。传统媒体时代,时空条件限制了亚文化影响力的扩散,很多小众群体只能作为社会异类而存在。现在,情况发生了很大变化,青年亚文化呈现出主体多样化、多元化的特点,"真实世界中的身份属性、等级属性、地域属性等鸿沟被新媒介技术所填平"。②在新兴媒体拥有强大的即时性、交互性传播助推下,青年们根据喜好、兴趣甚至价值取向等组建具有一定闭合性的网络部落,瞬间将不同区域、志趣相投的一群人汇聚在同一网络族群里。萌文化爱好者通过互联网进行信息交换与讨论,并以视觉化的文字、图片、视频音频等方式出现在各类大众媒体之上。值得关注的是,萌文化的网络族群具有较强的阶层接纳性,不同阶层的人能够因为共同特征走到一起,这样的变化使得青年亚文化群体走向"普泛化"发展道路。③

---

① 孙霁.关于"萌文化"的现状分析:从青年亚文化到被主流文化认可之路[J].今传媒,2013(10):146-147.
② 征鹏,浦颖娟,孙艳.网络青年亚文化传播路径研究报告:基于江苏 21 所高校的调查[J].中国青年研究,2013(9):18-24.
③ 陈俊珂,马娇杨.青年亚文化与主流文化关系的再审视:基于对青年亚文化风格转向的认识[J].青少年学刊,2016(6):10-13.

### 三、走向与简评

主流文化拥有最为可观的受众数量,但其倡导的政治理念、价值观念、理想信仰由于宣传方式等多种原因被部分青年视为有距离、有代沟的说教,因而敬而远之。在网络社会中,诸如黑客文化、自拍文化、恶搞文化、闪客、换客、极客、播客等青年亚文化此起彼伏,不仅拓展了社会文化的外延与内涵,也对主导文化起到"修补"作用。青年亚文化的异质性产生"鲶鱼效应",不断地刺激和推动主导文化的"创新"。①萌文化与主流文化的"共享"主要体现在两个领域的应用上,其一是商业领域的"萌经济"大行其道,使萌文化的经济资本和社会资本发挥到极致,从而产生强大的文化资本。萌文化以各类消费品为传播载体被不断地商业化、世俗化、生活化。有学者认为,萌文化在被商业收编的过程中,其原始的反抗意义也随之被消解。其二是"官方"领域的"萌宣传"。主流媒体在新媒体环境下为吸引年轻受众,尝试将亚文化的手法融入主流文化之中,这主要是主流媒体运用卡通的萌元素包装官方资讯,拉近与普通民众的距离,尤其是领导人的亲民形象。

日本萌文化的迅速蔓延,引起了日本一批知识分子的关注,从社会学、经济学、传播学、心理学等多角度对萌文化进行了解读与批判。《人民日报》发表评论称:"据统计,近10多年来日本年均自杀人数均超过3万;13%的青少年常常受抑郁、沮丧、自闭等情绪的困扰⋯⋯于是,日本社会整体弥漫着一种'不想长大'的情绪,很多年轻人不敢直面复杂的社会与人际关系带来的挑战⋯⋯面对'温水煮青蛙'一般的'萌文化',日本学者忧虑重重。日本明治学院大学教授四方田犬彦认为,'好萌'一族的'团聚',暴露出集体性的自我封闭,人们因拒绝面对现实而逐渐丧失学习能力和责任意识。日本经济评论家大前研一在著作《低智商社会》中质疑:年轻人痴迷'萌文化',消极逃避而不求上进,放弃思考,毫无责任感。拿无知当个性,把幼稚当资本,谈吐间词汇单一,一张嘴言语粗鄙⋯⋯"②《人民日报》虽不直指中国萌文化,但也引起了中国萌群体在百度贴吧的世萌吧的吐槽。随后,2015年《新京报》以及中国网纷纷发表了类似言论,将大众对萌文化的讨论推上了风口浪尖。

中国青年萌文化的主体是中国年轻网民尤其是女性网民,教育程度较

① 马中红.青年亚文化:文化关系网中的一条鱼[J].青年探索,2016(1):74-83.
② 宋豪新.日本"萌世界"之殇:一种脱离社会的消极[N].人民日报,2014-07-30.

高,其根基主要是网络文化和休闲消费文化,而这些网络族群具有较强的开放性和阶层容纳性。95后、00后作为萌文化的主要推手,高度认同萌文化的女性特质,并在卖萌过程中体会存在感,普遍认为萌是调节社交关系的润滑剂,能够有效化解尴尬和快速融入男权社会。因此,我们不难看出中国青年萌文化已经走向"泛化"的发展道路,他们通过各种媒介展示区别于日常生活的一面,甚至还有"视觉化"和"娱乐化"的倾向。尽管我国的青年萌文化具有较强的娱乐性质,对抗意味不强,但也引起了学界与媒体界对于萌文化的不少批判。社会主流文化在应对青年亚文化时不应有预设的阻抗与压制,应给予亚文化自由生长的空间。当然,自由生长并不意味着野蛮生长,主流文化和主流意识形态应给予亚文化相应的尊重与引导,使青年群体在诸多类型文化的碰撞交融中反思与汲取力量,继承和发扬本民族的优良传统和优秀文化,建构真正有利于人和社会全面发展的文化体系。

## 第三节　丧文化

2016年7月,"葛优躺"图片突然在网络上走红,并迅速成为年轻人的表情包新宠。"葛优躺"出自于1993年出品的情景喜剧《我爱我家》中葛优扮演的"二混子"季春生在贾家混吃混喝的状态。社交媒体上经常出现的说法如"我差不多是个废人了""生活就是到处碰壁""咸鱼翻身后还是咸鱼""感觉身体被掏空""间接性踌躇满志,持续性混吃等死""努力未必会成功,但不努力一定会很轻松"等受到青年群体的青睐,"小确丧"替代了"小确幸"进入大众的视野。表达颓废、无奈、麻木、自嘲等消极情感和黑色幽默的"丧文化"通过文字、漫画、音乐和影视创作等载体盛行于网络媒体,并逐渐成为在青年群体中影响较大的一种亚文化。2018年初,北京十月文艺出版社出版的著名主持人陈鲁豫的《偶遇》一书中写道,"我就丧了,就不合群,就特无聊,那又怎样",向读者表达"我以先干为敬的姿态参与这个世界",还有"其实,哪有什么解决方案,谁的人生不是一堆麻烦? 所有麻烦、痛苦,除了死等时间给出答案,哪有其他的办法呢? 那些来信不过是絮絮叨叨地说,我的回信也不过是絮絮叨叨的陪伴,相互取暖而已",这是丧文化离青年一代最近的维度。

### 一、产生机制

分析丧文化的产生机制,不能仅仅关注问题的表征,更要分析丧文化背后的社会背景、媒介特点和群体特性。

## 1. 社会深度变革

改革开放以来尤其是新世纪以来,我国进入加速实现现代化的转型期。持续多年的中高速经济增长、高负荷的城市化进程、快速发展的高新技术、扑面而来的信息浪潮,给包括青年在内的当代中国人带来了诸多机遇、广阔平台和发展的可能性。与此同时,"生活在高速运转的节奏中,社会转型、职业规划、住房问题、医疗卫生、人际交往,个体的生存面临站稳脚跟和重新定位的问题;在历史与现实的急湍洪流中如何寻找个体的存在感和安全感?内生的焦虑和涌动的不安需要合适的方式来表达和排解,需要在解构和嬉笑怒骂之间缓解释放压力"①。"只要坚持下去,你就发现幸运一定会发生在别人身上""今天一天过得不错吧? 梦想是不是更远了?""我这张脸只要遮住两个地方就完美了! 一处是右半边脸,另一处是左半边脸。"上述话语都是丧文化的典型表达。上海彩虹室内合唱团凭借一曲《感觉身体被掏空》而名声大噪,此歌意在抱怨、调侃、讽刺大城市职场青年持续加班的现象,刚毕业的年轻人在强大的现实压力面前被动加班、挣钱太难,这种无奈感化为自我调侃和温和反击。在社会激烈竞争过程中,不少人陷于功利追求。对绝大多数青年而言,这种功利追求不可能一蹴而就,碰壁几乎是一种必然。人力资源的过剩、房价的长期居高不下、家庭关系的紧绷态势,迫使部分青年用"丧"来宣泄无以复加的压力,期望这种夹杂自我安慰、自我讽刺、自我否定的表达体系为遭遇各种挑战围堵的心理解围。丧文化,展现了当代青年的无力感。

## 2. 媒介传播强化

媒介是传播文化的最大组织,信息尤其是视听资讯的便捷流动引发原本意义上只是小众文化的丧文化的"病毒式"传播,并可能造成井喷之势,形成热点效应。这是静态社会不可想象的现象,也是互联网社会出现前不可能存在的现象。

丧文化作为一种信息符号,已经并将继续成为词汇、语言、图片、视频以及影音作品主题表达的新宠,比如"悲伤蛙""条条大路通罗马,但有些人就生在罗马""生活不止眼前的苟且,还有前任的喜帖",这些丧文化素材搭乘多条传播渠道,抵达互联网的各大社交平台。青年群体是网络参与的主体

---

① 徐川:在"丧"和"燃"之间走向青年[N].新华日报,2017-07-21.

构成,丧文化引发当代青年文化浪潮的思考绝非偶然。调查显示,在校大学生传播丧文化的主要阵地是 QQ 空间、微信朋友圈、微博和网络论坛,相比于传统纸质媒介传播,社交圈推波助澜的作用在丧文化迁徙中发挥得淋漓尽致。"世上无难事,只要肯放弃。""上帝为你关上了一扇门,然后就去洗洗睡了。""谁说我不会乐器? 我退堂鼓打得可好了。""经过十年不断的努力和奋斗,我终于从一个懵懂无知的少年变成了一个懵懂无知的青年。"从上述"丧文化"的传播内容和方式来说,"有冷笑话,也有黑色幽默,有长文解构,更有微言微语,有动图表情,也有语录图片,这些多元的手法和呈现方式为新媒体时代传播提供了极大的便利条件"①。因此,丧文化得以以大众符号的形式流转于青年群体的各个角落。

**3. 青年群体感染**

一些大学生在校读书时指点江山、意气风发,工作后旋即垂头丧气、抱怨不休。原因何在? 朋辈群体的影响无处不在。对于青年而言,工作后的氛围和读书时的氛围有着较大的差别,受到的影响也千差万别,这是部分青年读书时与就业后表现各异的基本原因之一。丧文化的传播和蔓延同同辈群体的土壤也存在着直接相关关系。丧文化具有明显的"自我污名化"特征和浓郁的自黑风格,这种非主流和个性化,经由网络在青年群体中具有较大的传染性和模仿性。"宿舍门口挂的是'学渣'牌子,T 恤上写的是'人生苦短',手里端着的是'放空咖啡''没希望酸奶',微信中传播的是自嘲式的段子、无厘头表情包……青少年通过种种'自我污名化'的方式形成一种群体风格,标识着自己的个性,寻求着在集体中的归属感。"②

二、双重影响

青年亚文化的多样性存在充分体现了社会主导文化对异质文化的包容,这是一种文化层面的自觉和自信。丧文化作为一种新兴的青年亚文化,因其显著的风格而与主导文化、精英文化相去甚远,在去中心、去门槛的互联网时代,我们应该清醒地认识丧文化的客观存在性,它在一定程度上体现了青年群体的现实需求。在这样的社会文化背景下,应辩证看待丧文化对青年群体的影响。

---

① 徐川:在"丧"和"燃"之间走向青年[N]. 新华日报,2017-07-21.
② 魏玮:我们不做"垮掉的一代"[N]. 新华日报,2017-07-21.

**1. 积极影响**

(1)构筑强大的心理自我服务。一项对浙江某高校在校大学生的调查结果显示,在校大学生近80%的样本认为社交圈中流行的"丧"色彩的文字、图片或表情包等素材是一种压力缓解的选择。这可以阐释为人们在观察丧文化时,不会仅仅关注它消极、绝望和颓废的色系,也会感受到其正面效应。这种"表里不一"的丧或许是丧文化存在价值的积极体现,即自我贬低和自我否定在为构筑强大的心理自我服务,比如有些青年在口头上夸大自己颓丧低迷的状态,但在实际行动上却为学习、工作和情感奋斗不止,偶尔娱乐性的自嘲是对当前紧张生活的有效调试。

(2)增强青年人际交往的活跃性。丧文化在网络社交媒体广泛传播的现象增强了青年群体人际交往的活跃性。动态化、图片化以及图文结合的调侃沟通已经成为网络青年常态化的社交习惯,比如一张"悲伤蛙"、一句"失败并不可怕,可怕的是你还信这句话""在哪儿跌倒,就在哪儿趴着别动"、一杯"一事无成奶绿"或"碌碌无为红茶",不需要过多复杂的表述,就能让对方迅速感知其意,引起彼此心里的同频共振。由此可见,丧文化本质上包含促进青年群体社交的属性。

**2. 消极影响**

任何事物的发展都遵循矛盾对立统一的原则,无论是真实性的丧文化,还是虚假性的丧文化,如果在文化引领导向上出现偏差,就会对当代青年的思想行为产生不良影响,导致青年文化的病态化发展。

(1)自信心和自我获得感降低。长期过度的消极、颓废、麻木不仁、自甘堕落心态自然会与主流价值倡导的积极向上、拼搏进取相背离并可能抗衡。例如,笔者对浙江某高校在校大学生的调查结果显示,大学生认为丧文化的负面作用主要表现为"生活态度消极""习惯逃避问题"和"丧失青年担当"。

(2)消极情绪的扩散与蔓延。丧文化传播的负面影响还表现在"情绪辐射"性。青年群体在情绪释放的过程中丧失了道德规范的约束,在自我表达的同时激发了"回音室"对象的负面因子,在潜移默化中接受了丧文化的负向引导,不断扩大的丧文化再生圈,让针对青年群体的网络思想政治工作面临严峻挑战。

综上所述,分析丧文化对青年成长的影响应采用辩证思维,不能因为丧文化外在表现形式的"负面性"而冠以"危害"的标签、视之如洪水猛兽,并将当代青年看成"垮掉的一代",也不能因为其具有心理调适功能而放大其积极作用。只有充分把握文化发展的态势、聚焦青年成长成才的特性,才可能引导丧文化在青年群体中正向发展,而不是走向歧路。

### 三、引导理路

中华民族伟大复兴的中国梦终将在一代代青年的接力奋斗中变为现实,青年可谓任重道远。如果为数不少的青年整日沉迷丧文化不可自拔,既是其个体和家庭的灾难,更是对国家和社会的发展造成极其负面的影响。由中共中央、国务院于 2017 年 4 月 13 日印发并实施的《中长期青年发展规划(2016—2025)》指出,"要充分照顾青年的特点和利益,优化青年成长环境,服务青年紧迫需求,维护青年发展权益,促进青年全面发展……在青年中培育和践行社会主义核心价值观"①。无论是社会、高等学校、家庭、思政工作者或是青年自身,都应该认真思考其在青年丧文化潮流中的角色扮演和责任担当,通过深入贯彻落实党对青年教育的指导方针,共同助力青年思想和文化朝着和谐健康的方向持续迈进,形成青年人人都能成才、人人皆可出彩的生动局面。

#### 1. 打造社会环境良性载体

青年优良品质的形成、健康人格的塑造和综合素养的提升,仅靠自身努力自然是不够的。青年的成长必然受社会环境的影响。社会环境的一个重要组成部分是文化。青年对社会文化敏锐而独特的感知和视角决定了文化在青年发展过程中具有举足轻重的作用。文化可以把青年塑造成知识渊博、乐观进取、勇于担当的时代弄潮儿,也可能催生青年群体学业不勤、空虚颓废、轻言退却的身心隐疾。丧文化通过不同媒介因子传播于社会文化的各个角落,导致其对青年群体的影响呈现出全覆盖、及时性和链条性的特点。社会应聚焦青年成长和发展目标,努力打造良性文化宣扬氛围,书写青年群体的行为范本,具体措施建议如下:首先,培育和践行社会主义核心价值观。青年人独特的性格和心理特征使得其价值观丰富多彩,在多元文化价值观中,既有积极向上的正能量,也有亚文化思潮背景下形成的消极价值取向,这就需要用社会主义核心价值观来明确青年文化发展的方向,强化青年主流价值教育理念。如果社会公众通过言传身教将主流价值观厚植中华大地,无论丧文化展示形式、传播载体、渲染力度如何变化,青年在日常生活和学习过程中都将潜移默化地建立一套科学合理、积极向上的文化辨识体

---

① 中共中央、国务院印发《中长期青年发展规划(2016—2025 年)》[Z].新华社,2017-04-13.

系。其次,加强社会心理服务体系建设,培育自尊自信、理性平和、积极向上的社会心态。社会心理是反映社会文化优劣的一个关键指标,它是指运用社会心理学原理,综合运用心理服务、心理疏导、心理干预等手段来疏导社会情绪、规范社会行为、化解社会矛盾、防控社会危险、构筑社会心理防线。丧文化产生的一个重要原因是青年心理情绪的外露,社会心理服务是应对丧文化的重要方式。

### 2. 优化高校文化育人职能

立德树人是中国特色社会主义高校的立身之本,这是对高校"培养什么样的人、如何培养人以及为谁培养人"这一根本问题的科学回答。习近平总书记在全国高校思想政治工作会议上深刻指出,要更加注重以文化人以文育人,广泛开展文明校园创建,开展形式多样、健康向上、格调高雅的校园文化活动。高校既是文化传承的载体,也是思想文化创新的源头。作为高等教育人才培养的重要内容,文化育人在增强文化传承责任意识、实施育人长效机制等方面发挥重要作用。丧文化是一种新兴的青年亚文化,深受在校大学生的广泛青睐,它的产生、传播和影响自然成为高校文化育人工作中不可忽略的环节之一。古谚有云:"染于苍则苍,染于黄则黄。"学校的精神、文化和价值取向必然影响学生的价值取向,如浙江大学的共同价值观核心词为"勤学、修德、明辨、笃实",进一步阐释为"勤学立基,修德正心,明辨启慧,笃实躬行";浙大精神为"海纳江河,启真厚德,开物前民,树我邦国",彰显"以天下为己任,以真理为依归"的浙大人特质,这些内容对一代代浙大学子有着深入内心的影响力和感召力。面对丧文化等青年亚文化对高校主流文化的冲击,高校应坚持正确的价值取向和文化发展理念,采用理论和实践相结合的方式,引导学生认识丧文化的本质,在弘扬优秀传统文化的基础上大力发展科学精神和创新文化,对标学校发展和改革战略、聚焦人才培养目标,营造积极向上的文化氛围,打造校园文化新风貌,形成校园文化新气象。

### 3. 强化家庭环境正面影响

家庭是培育青年文化素养的重要基地,但同时也是青年自我认同感缺乏、假性自我、目标缺失等心理亚健康产生的首要基地。基于对丧文化产生机制的分析,青年群体经常采用自我贬低和自我否定的方式来释放内心的焦虑、不满甚至迷茫,这些负面情绪与家庭环境有着紧密关联。家庭环境对青年群体的正面影响可通过以下途径实现:首先,家长应树立自觉的文化育人意识。很多家长对子女的培养仅仅局限在经济的支撑和"个人期望"的实现,而忽略家庭环境作为子女健康成长的载体作用。只有认清家庭在孩子德智体美劳和人格塑造中的作用,不断改善家庭环境,才能充分发挥家庭的文化育人功能。其次,建立平等的家庭对话关系。一些父母以命令、要求的方式和子女沟通,这种上下级的交流模式会引起子女心理上的压迫感,使其表达自我的意愿逐渐下降。为了缓解心理负担,青年群体逐渐淡化家庭的倾诉和治愈功能,将注意力转移至各种丧文化的符号。平等的家庭对话氛围有助于青年吐露心扉,乐意与父母沟通。再次,树立正面典型。父母在日常生活中耳濡目染的熏陶,对青年的健康成长有积极意义。不论是何种职业类型、何种社会身份、何种经济实力,他们的人生轨迹和个人价值的实现都是离子女最近的教科书,这本书境界的高度、思想的深度、思维的广度和格局的温度直接关系子女的成长成才。这也正是家庭环境能够对丧文化取向纠偏的原因所在。

### 4. 倡导青年群体自我净化

无论是积极倡导的主流文化还是深受关注的亚文化,青年始终是传播的主力军。青年群体的自我净化是丧文化治理的落脚点和归宿。首先,增强自律意识,加强自我教育。偶尔的丧、短暂的丧可以舒缓压力,但"丧"不应成为生活和人生的常态。青年的自我教育比知识传授本身重要,青年个体自我心态的剖析能够引发对丧文化传播形式、传播对象、传播频度的思考。自律意识的养成是自觉进行道德修养的过程,一个道德水平高尚、道德品质良好、道德人格健全的青年能自觉抵制丧文化的不良扩散,通过精细的自我管理模式保障自己在丧文化浪潮中明确定位、行稳致远。其次,强化主体责任,提升媒介素养。网络是丧文化传播的主要载体。青年作为互联网的原住民,既是正能量的创造者、践行者,也是正能量的传播者和接受者,其自身素养的高低自然影响文化正能量传播信号的强弱。面对丧文化,青年一代应该明确自己的政治立场和时代责任,而不是以颓丧的基调将网络平台作为宣泄的阵地,那种炮制或传播不健康、不积极、不向上内容的做法都是缺乏社会责任感和媒体素养的典型表现。网络空间是青年群体的精神家园,青年群体练就较高的政治鉴别力和政治敏感力,方可成就这片空间的天朗气清和良好生态。

# 第四章　青年文化的时代特征(下)

在第三章青年文化的若干时代特征探讨基础上,本章继续探讨青年文化的另外三个显著特征。

## 第一节　佛　系

2017 年以来,"佛系"成为中国网络的流行词,用以表达 90 后、00 后青年"不争不抢、不求输赢、有无均可"的生活状态与生存态度。[①]　"佛系青年"也被冠以"处处不坚持,事事随大流"的标签,被网友总结和概况为"随便、都行、无所谓"的生活态度。

### 一、起源与实质

佛系和佛教并没有必然的联系,而是当今青年低欲望的反映,他们认为拼搏不再是人生的唯一要义,借助调侃方式戏谑人生。佛系反映超脱世俗的人生态度,折射不以物喜、不以己悲的人生情怀。和当前流行的不少亚文化现象类似,佛系一词缘起于日本流行文化,最早出现在 2014 年日本的某杂志,这一杂志介绍了男性新类型——"佛系男子"。这些人外表和普通人并无区别,但却有激荡的内心世界,他们永远把自己的兴趣爱好和理想追求放在第一位,按自己的方式随心所欲地生活和工作。他们也不太关注恋爱问题,感觉谈恋爱耽误时间,和女生在一起会感觉很累。

在中国,佛系一词直到 2017 年才逐渐走红。这年 4 月,网络上出现"佛系追星"一词,核心就是"不撕"。2017 年 9 月,微博博主"奶骑本骑",发出一条内容为"佛系追星,受教了,阿弥陀佛善哉善哉"的博文,并且提到"佛系追星"一词的释义,转发量超过 2 万,使得该词就此爆红网络,被更多人所熟知。2017 年 11 月 21 日,微信公号"留通社"发布与 90 后相关文章《胃垮了,

① 宋德孝.青年"佛系人生"的存在主义之殇[J].中国青年研究,2018(3):41-45.

头秃了，离婚了，90后又开始追求佛系生活了？》，佛系一词方才开始进入大众视野。2017年12月11日，一向善于售卖概念的微信公众号"新世相"发文《第一批90后已经出家了》，文章开篇便是"手里的保温杯水温未凉，办公室的90后已经找到人生新方向：他们宣布成佛了"。该文"成功"地将"佛系青年"推向了高潮。

佛系继油腻男子、空巢青年之后，成为网络热词，刷遍朋友圈，迅速登上热搜榜。作为文化现象，佛系有看破红尘，意欲脱离世俗生活、随意所欲地按照自己的方式生活的人生样态。佛系的引申含义是怎么都行、不太走心，看淡一切的生活态度和行为方式。反观网络社会下人们的生活状况，该词衍生出佛系青年、佛系男子、佛系女子、佛系子女、佛系职员、佛系追星、佛系生活、佛系饮食、佛系恋爱、佛系乘客、佛系购物等一系列的词语（也有人为了对抗佛系，提出儒系、道系等概念，但影响力不大）。佛系的核心是"有也行，没有也行，不争不抢，不求输赢"。因为无所谓、怎么都行的人生态度，生活中没有大喜大悲的事情，饿了可以随便吃点，工作老板说好也行说不好也可以，反映了处处随大流、事事无所谓的生活态度。佛系概念的疯狂来袭，折射了当今青年的生活样态。

佛系购物指的是一部分网络购物者，对于自己在网上购买的东西，即使不喜欢也懒得去退换。当购买到假冒伪劣商品时，会写大量的差评词语来发泄，心情随之迅速奇迹般地恢复平静。佛系职员指在工作方面亦无悲喜、亦无忧愁的状况，老板夸赞时，一句平淡的"谢谢"作为回应；老板批评时，一句"知道了"作为回答。加班加点工作时也无悲喜情怀，洒脱地活成了一个大写的"我"字。佛系恋人，表现为不强求、不矫情和不做作。在一起的时候彼此珍惜，分手的时候没有大喜大悲，大步走开，不会通过独自饮酒甚至伤人或自伤等极端方式消遣这份伤感；修修眉，买身衣服，看场电影，就能立刻恢复原来的精神状态。佛系好友则具备以下几个特征：如果心情好，可以随意点赞；对微信朋友圈的美文，从不发出阴阳怪气的吐槽，而是发自内心的真诚赞美，从一开始写评论看法到现在只空头转载；不再热心在朋友圈发美文，不为朋友圈没有真朋友伤神。佛系乘车则包括如下广泛的内容：坐的士很少给司机评价，当不得不评价的时候，习惯性打五星；坐车时从不关注司机走哪条路线，遇到堵车的情况也不恐慌焦虑；乘坐地铁时也不主动抢先，有人往前冲，就让他们先上；乘坐飞机安检时，在视线所及的范围内排队，无论前面排多长的队，内心绝无焦虑感。佛系健身，对健身地点和方式无特殊要求，可以这样健身，也可以那样健身，对健身教练没有特别要求，对健身结果也无所谓。

佛系青年是指抱着怎么样都可以、看淡一切的生活与生存态度的青年，主要以 90 后、00 后青年为主，其具体表征为：喜欢和平，不好冲突；安于现状，对物质没有过度追求；容易随大流，盲从于外在；对待平常的事情不过分苛求，对待在乎的事情全心投入。从深层次来看，佛系成为部分青年尤其90 后、00 后青年的生活与生存态度，从而被冠以"佛系青年"的标签，本质上是青年消解社会焦虑心态的一种方式，是一种逃避性的亚文化。

首先，佛系是青年消解社会焦虑心态的一种消极方式。

其实，人类社会的任何时代，都有很多看似不求上进、满足现状的青年人，但现阶段的佛系青年人数更多、影响面更广。佛系青年的产生，既是社会问题的缩影，又是以 90 后、00 后为主体的青年群体心理状况、生活景观的体现，进一步说是青年对剧增的社会压力导致的社会焦虑的应对方式。改革开放 40 年的社会发展，人们的物质生活逐渐丰富。90 后、00 后基本都没有体验过物质匮乏的感觉，因此对物质生活的重要性缺乏前辈那样深切的感受。同物质生活相对富足的社会直接相关，很多普通人的心态是：如果不努力就可以生活得不错，那就安安稳稳过普通生活算了；如果买不起学区房，那就让孩子上普通学校好了；反正将来孩子也是个普通人，干吗让他那么累；在拼学历、经验、技能、青春等的时代，对于许多年轻人来说，想单凭个人努力，实现"草根逆袭"，太难了。户籍、房价、教育、医疗、社会保障等让这一代的年轻人生活负担加重，心理压力增大。前几年，不少 80 后做房奴至少还能买房，现在一线城市只靠努力工作所挣得的工资恐怕很难买得起房。为了在大城市里立足，许多年轻人不但要掏空父母和自己的所有积蓄，而且几乎要背负一辈子的债务。年轻人之所以自称佛系，试图看开一切，是因为他们知道在严峻的社会压力下很多愿望难以实现。不是他们不想努力，而是感觉终其一生亦难以如愿。于是，这一代年轻人不再像父辈一样，视奋斗、拼搏为人生第一要义。在这样的背景下，"佛系"成为年轻人应对社会压力的缓冲器和排解焦虑的安慰剂。他们不想毫无作为，但也不想放弃生活。现实生活给予他们什么，就坦然接受，没有过多抱怨。他们不想为难以企及的生活做无谓的挣扎，对生活中发生的很多事情保存无所谓的态度。如买不起房子，租房亦未尝不可。与前几年流行的"屌丝"一样，佛系是强势生活下弱者的一种自我保护。在"佛系"口号的遮蔽下，他们的焦虑心态得以适当的缓解，抗压能力也与日俱增。

其次，佛系是一种逃避性的青年亚文化形态。

亚文化是一种非主流文化,是特定生活方式和价值观念的具体体现,表征人类特殊的社会实践方式。青年亚文化是反映青年利益诉求的文化形态,是为了解决社会深层结构中蕴藏的矛盾而采取的特定利益表达和情感宣泄方式,体现为独特的语言表达方法、多样的行为模式以及奇异的思维方式,往往能为大多数青年所接受。自媒体时代的来临,青年的精神世界日益多样化,青年亚文化呈现出以下特征:一是娱乐性和消费性特征。在面对社会矛盾时,青年易于采取逆反、偏执的态度,他们希望掌握社会的主导权,以便更好地区分于社会主流观念,从而恣意地享受自己独特的精神世界,因而常常以娱乐化、消费性面貌示人。二是时代性特征。作为文化样态的一种,青年亚文化受制于社会制度,在不同时代背景下呈现出不同的特征。青年亚文化是从主流文化样态中剥离出的文化形式,它会随主流文化的嬗变而变化。作为创造亚文化的主体,青年的人生观通过亚文化也得以彰显。三是颠覆性特征。在社会大变革时代,青年群体具有较强的叛逆性,他们对社会传统秩序和规则不完全赞同,试图通过颠覆性的言行加以对抗,对共同面临的社会问题做出强烈回应。佛系作为一种文化形态典型地体现了青年亚文化的特征:首先,由佛系一词衍生出的"佛系追星""佛系购物""佛系饮食"等一系列流行词语体现了佛系文化的娱乐性和消费性特征;其次,佛系文化产生于当前消费社会和移动互联网时代,深深地打上了时代的烙印;再次,佛系文化体现了亚文化的颠覆性特征,与主流文化所倡导的追求"高大上"的理想等价值观念构成鲜明的对比,表现为逃避现实社会压力和矛盾的文化样态。

## 二、出现的原因

佛系是现阶段时代焦虑感的重要体现,是一代青年群体思考时代痛点后的所思所感的体现。关注佛系青年形成的原因,需要立足于社会变革的大背景,分析文化要素,探究个体的社会化方式。

### 1. 社会转型和全面深化改革境遇下个体期望与社会现实的冲突

探究佛系青年产生的原因应首先从社会宏观变革的角度进行分析。佛系青年产生于社会经济转型和社会结构巨大变化的背景下。佛系文化是青年对诸多社会问题的一种观念应对,之所以容易在青年中传播,主要是因为他们即将或刚刚步入社会,而社会上存在的各种信息(如就业、工作、婚恋、住房情况等)能够被广泛获取,标准的城市化生活所要求的高学历、体面的工作、舒适的住房、心仪的对象与严峻的社会现实之间构成了巨大的反差,个人、家庭的巨大期望与现实的巨大反差为他们带来难以承受的生活和生存压力。而当那些通过激烈竞争跨入大学校门的青年大学生在缺乏家庭经济支持的情况下想在城市过上较为体面的生活变成了难以企及的梦想时，这种压力也将被转化，希望可能旋即演变为无助和绝望。那么个体又将如何平衡这种无助和绝望心情呢？显然不同的个体可能采取多种不同的生活和生存态度，可以把这种状况归结为外部因素，指向社会，表现出一种愤世嫉俗甚至极端的反社会心态和行为；可以归结为自身主观因素，要么通过自己、家人等超常规的努力以便达到那个遥不可及的目标，要么通过改变内心的期望从而消解绝望的情绪，后者就可能产生佛系心态。其实上述几种情况在社会上都广泛存在，而后一种情况之所以产生，是因为得到了其他因素的支援，这就是相应的文化和价值观念的支撑。这一点我们将在下文中做进一步阐述。然而，即使佛系文化被个别青年所接受，但如果是在传统传媒时代，佛系青年可能只是个别青年价值观和生活态度的选择，并不会在这么短的时间内成为一种群体文化现象。现代社会提供的移动互联网技术和各种网络社交软件的普及为佛系心态迅速演变为一种流行文化现象创造了物质技术条件。佛系心态凭借网络媒介瞬间引爆的强大信息传播能力使分散在社会各个角落的佛系青年通过类似"放烟花"的自我表露模式照亮整个网络空间，借助于网络上的点赞、转发等功能使个体化的行为很快转化为大规模的、蔚为壮观的网络文化现象，这就为正处于个体与社会冲突中的青年提供了文化和价值观的选择。

**2. 经济全球化境遇中多元文化和价值观的扩散**

社会现实与社会问题并不必然产生佛系文化，还必须有相应的文化和价值观来平衡内心的冲突，也就是说佛系青年的形成还具有深层的文化动因。现代社会在经济全球化驱动下实现了物质财富快速增长，但也给单一、主流的精神文化生活带来了严峻挑战，突出表现在不同文明和文化交流交汇交锋下社会价值观的博弈。这种博弈一方面表现为传统价值观念与现代社会价值观的此消彼长，另一方面也体现为东西方文化蕴含的价值观念的碰撞。青年一代正处于信仰形成和价值观确立的过渡时期，各种社会思潮的涌入为青年应对社会问题提供了文化资源，从佛系一词缘起于日本流行文化就可以看出经济全球背景下文化交流和碰撞的便捷化和多样化，但这一文化资源并不能自发地转化为青年的价值观念和生活态度，它必须在一定社会历史条件下才能实现。另外，青年受后现代思潮的影响也促成了青年佛系观念的形成。后现代文化反传统，主张标新立异，具有一定的散漫性,与处于青春叛逆期的青年具有天然的亲和力。而佛系观念与后现代文化特征具有很大的相似性,甚至可以说佛系观念本身就是一种后现代文化,正因为这种文化的亲缘性很容易得到青年的认同。再者,这种文化之所以能够在如此短的时间内获得认同,与现今的微文化样态是密不可分的。"微文化是互联网文化的一个新变体,它反映了网络对话或交流日趋简单化和快速化的趋势"①,微文化的主要载体是微信和微博,通过这类社交软件,每个用户可以把自己的私人生活及对生活的感想进行公开的展示。佛系观念正是通过这种方式在公众面前得以展示和传播,很快推动个体性的思想行为偏好转化为群体性现象。

### 3. 个体社会化的多重表现

网络衍生的流行文化多样化选择与现代社会个体社会化模式的共同作用,进一步加速了佛系青年群体的形成。佛系是青年在个体社会化过程中产生的特殊生活态度和生存状态,是青年生活方式异化的反映。这种生活方式的异化导致青年自我认同方式的变化。在移动互联网普及的背景下,一些青年人习惯于通过互联网来构建人际关系,这一行为又反过来塑造了这类群体另类的自我认同。自我认同来自于他者与自我间的对话,实质是社会性自我的拓展,或者说,社会化媒体的发展驱使青年群体与他人的对话逐渐从"言谈"的形式过渡到"连接"的形式。② 言谈是面对面的话语交流和思想沟通,而连接则是以互联网为中介的互动。连接提供了在时空分离的情况下如何同不在场的主体进行交流的全新模式。无疑,连接式的交往更能为处在流动和开放社会中的青年提供多样、迅捷和广泛互动的可能,"点赞"这种日趋无声化和无语言的联系方式显然是与之相互契合的,它直接助推了佛系青年的这种互动方式的发展,使他们更加倾向于从互联网给予的符号系统中获取自我认同和肯定。

### 三、发展的趋向

佛系反映了特定历史时期青年人的心态、境遇和态度,它会存在多久,对青年人的影响有多大,目前还是一个难以确定的问题,需要我们持续关注和分析其发展动态。

---

① 王斌."点赞":青年网络互动新方式的社会学解读[J].中国青年研究,2014(7):20-24.
② Turkle,S. The Flight from Conversation[N]. The New York Times,2012-04-22.

### 1. 佛系青年的产生反映了社会情绪的变化与转向

改革开放 40 年来,人们的物质生活渐趋丰富,但精神生活却没能同步。丰裕的物质生活并没有带来人们内心的愉悦,相反却是部分人精神生活的荒芜化、沙漠化。一些人为了最大限度地获取经济利益,不惜采用一切手段,甚至铤而走险。对一些社会事件和家庭、个体压力,人们内心无所寄托,却又无可奈何,当人生的苦闷、冤屈难以排解时,一些极端事件将会呈现在世人面前。2017 年上海携程亲子园事件、北京红黄蓝幼儿园事件等系列案件的频繁发生,一次次拷问公众的良知,也加大了公众的焦虑感。当这些不公正的事件不断走向公众视野,部分青年一时间又找不到合理的解释理由时,不声张、不作为、不对抗的佛系便产生了。佛系是社会集体情绪的一种表达方式,它虽然不是人们集体的大声呐喊,却是内心张皇不安的体现,表现了部分青年对社会发展趋势和个人发展前景的理解、认知、预判。无所谓的人生态度,不是不关注社会诸多不公平问题,而是内心受到强烈震撼中的无奈。调侃的人生基调,不是对诸多社会问题的不理解,相反却是对社会现象的新认知,是人生诸多困境的另一种解脱方式和内心压力的释放途径。

### 2. 佛系青年的产生折射了青年对现代社会问题的无助感

人类社会发展到今天,生产力已经发展到相当高的程度,生产方式也日益多元化,这是社会日臻文明的重要体现。在物质文明高度发达的今天,却出现了诸多让人难以理解、无法释怀的社会问题,这同文明社会的发展格格不入。物质丰富就代表社会文明进步吗? 财富暴涨就是人生成功的标志吗? 诸多关于文明社会的问题一次次拷问人的灵魂,对青年的人生观产生了重要影响。有的佛系青年因为拥有相对丰富的物质生活,对物质待遇不再有所求;有的尽管出身贫寒,工作环境也不理想,但对他人的丰盈生活并不艳羡,以达观心态看待自己的工作和生活。佛系青年的心态是社会发展程度的折射,体现了青年在特定历史时期的人生观、价值观。转型期的中国,人们的社会心态多样化,不同年龄段的人们显示了多样的人生追求和心态境遇,老年人的心态不同于青年人,青年人的心态不同于中年人,佛系是一种典型的青年心态。貌似无欲无求并不能完全反映青年的人生境遇、物质生活和精神境界,通过佛系青年的行为特征窥见其真实的内心世界才是了解他们的正确方式。他们真的对物质生活无所向往吗? 他们真的对相对恶劣的工作环境满意吗? 他们真的对居高不下的房价和物价没有一点愤懑心绪吗? 了解佛系青年,深入他们的内心世界,才能更加深入地了解现代青年的心态。

**3. 佛系青年反映了社会生活中的消极情绪在局部群体中的良性发展**

从社会学的角度看,佛系是消极悲观心绪的集中体现。西方犬儒主义的产生伴随着希腊文明的衰落,他们对当时的政治、经济和文化是一种消极的不对抗。佛系青年在 2017 年火爆网络圈,成为许多青年自以为豪的标语,也是一种消极善念的体现。无所谓,怎么样都行,有也罢没有也行,这样的佛系青年,代表着转型期部分青年人的心态,引领一些青年在不如意的人生跑道上扬鞭远行。佛系青年不羡慕别人豪华别墅、宝马越野,在自己的人生路上一步一步地走下去,这又何尝不是一种善念? 只不过这种善念因为一些消极人生态度的渗入,而成为一种消极的善念。善有多种表现形式,佛系青年的善是一种消极的善念,这种善念在特定的历史时期对于特定的人群极其重要。它可以抚慰人的心灵,指引人们在不如意的人生环境中继续前行。但是,我们也清醒地知道,如果一代青年长时间地持续佛系下去,会对其个体发展、家庭发展和民族长远发展带来极其负面的效应。优化和改变佛系青年的心态,需要国家和社会层面在体制机制、社会保障等方面做出调整,也需要青年自身树立理性平和的社会心态。

# 第二节　表情包

表情包,作为青年常用的"沟通神器",如炸弹一般辐射,又如病毒一般蔓延。他们热心追捧,悉心收藏,开心转发,精心制作。"没有表情包,就不会聊天""没有表情包的聊天,'尴尬癌'就要犯了",它可以打破尬聊的沉寂,解救被尬聊的无奈。"表情已借用,点赞请保留",这些仿佛是青年网络社交的真实写照。青年依赖着表情包并被它裹挟着难以自拔,表情包重新定义了青年的社交习惯,重构了青年的表达行为,丰富着青年的大众文化,却弱化了青年的表达能力,固化了青年的情绪,碎片化了青年的思维。

曾有教育学家把 90 后青年比喻成"网一代",他们是互联网时代的"原住民"过着"掌上生活",在网络的环境里,他们生长于斯,"没上学就会上网";他们成长于斯,"渴望创造自己的人设";他们成熟于斯,"以网络为'长缨',缚理想的'苍龙'"[1]。青年与网络存在着天然的契合与亲近,相较于父

---

[1] 何璐,叶琦,蒋云龙,贺林平."90 后",来了[N].人民日报,2015-04-17.

辈,他们不再讲究正襟危坐、谦恭礼让,而更青睐于方便快捷、直观有趣的表达。加之技术的进步降低了专业操作的门槛,使青年可以随心所欲地网罗素材、独具匠心地挥洒个性制作表情包。因此,青年既是表情包文化的传播主体又是其创造主体,他们在表情包文化中建构属于自己的表达习惯、话语体系、群体认同。作为与主流文化相区别的亚文化,表情包文化成为影响青年社会化不可小觑的文化因素。

不同学科背景的学者对表情包均产生浓厚的兴趣,他们分别从符号学、语言学、传播学、社会学、心理学、思想政治教育学等不同视角分析表情包对时代的意义和青年的作用。目前,学者们的关注主要集中在表情包在网络社交中的作用及其对青年成长方面的担忧。人们更倾向于认为表情包是对主流文化的抵抗,是病态化的话语表达和碎片化的"游戏心态",是社会现实的投射也是集体情绪的载体。① 有新闻传播学者认为,表情文化契合当下人们的需求心理,应该以宽容的态度,辩证地分析,研究其产生和传播的规律,规范合理地使用它,使之成为一代人共同的图像记忆。② 有思想政治工作者对表情包热现象进行冷分析,认为应该警惕青年个体情绪的群体性集聚发酵,警惕青年思想中过度娱乐化和解构主义的倾向。③ 还有学者思考表情包的正确打开方式,认为应该加强青年思想引导,重视主流价值观的建构;加强青年文化建设,探寻丰富充盈的精神生活;加强网络空间治理,营造文明有序的网络环境等。④

学者们对表情包的关注体现了网络交往中表情包泛滥现象与青年群体相互影响相互作用的关系。同时,我们也需要清醒地意识到,作为表情包这种流行文化、亚文化的创造主体,青年用户的心理状态和表情包对青年社会化的影响值得更加深入地探讨。表情包的正面是青年的自我意识崛起与积压情绪的释放,对朋辈群体行为的认同和对代际群体的屏蔽;表情包的背面体现着网络社交中不可忽视的种种弊端。因此,先分析表情包这一文化因素的核心表征,刻画青年作为表情包用户的个体与群体思维画像,分析表情包对青年正负向影响,再探讨表情包文化未来发展,有助于青年学子会用、善用、妙用表情包,助力青年在成长成才的人生道路上充盈思维、愉悦身心,以青年应有的姿态建构网络社交中更好的自己。

①　王书琴.表情包的传播意义解读[J].东南传播,2017(3):45-48.
②　王珍珠.用对了优雅,用错了尴尬:表情包文化解读[J].西部广播电视,2017(4):22.
③　董盈盈."95后"大学生表情包"热"现象浅析[J].思想理论教育,2017(5):75-78.
④　张艳斌.青年网络表情包的文化逻辑及其规制[J].思想理论教育,2018(1):82-86.

## 一、意涵与特征

### 1. 表情包的意蕴和发展

"表情包"的英文为 emoticon,是 emotion(表情)和 icon(小图案)的合成词①,它是一种在网络上利用各种图片来表达情感的社交沟通方式,是在智能设备和社交软件活跃之后出现的一种新型文化。很显然,表情包是典型的流行文化,其内容迎合社会热点,契合大众审美取向,借助互联网得以广泛而快速的传播,社会成员有极高的参与率和卷入度。表情包不仅具有文化价值,而且已成为一种时下热门产业,有着显著的经济价值,也拥有较为灵活的从业人员。表情包文化是青年亚文化的一个缩影。表情包主要由青年群体创造,带有青年群体的思想观念和生活方式的标签意义,既与主流文化相融通,又有自身的去中心化、泛娱乐化、边缘性等特征。

表情包是伴随着互联网的普遍使用与电子计算机软硬件的发展而不断进化的,其发展史可以划分为三个阶段。表情包的 1.0 时代是以微笑符号为初创的字符阶段。1982 年,美国卡耐基·梅隆大学的 Scott E. Fahlman 教授在计算机科学社团首次使用了符号":-)"。人类历史上第一张电脑笑脸就此诞生。当时,他只是用它表达一下自己高兴的心情。这个无心之举,开启了表情包发展的第一阶段。表情包 2.0 时代是 emoji 表情在社交软件上应用的图标阶段。emoji,是日文"绘文字"的发音,它原是日本在无线通信中所使用的视觉情感符号,用图形表达文字,如笑脸表示笑、蛋糕表示食物等。自苹果公司发布的 iOS 5 输入法中加入了 emoji 后,这种表情符号开始席卷全球,目前 emoji 已被大多数现代计算机系统所兼容的 Unicode 编码采纳,普遍应用于各种手机短信和社交网络中。emoji 表情具有统一化、有限性、程式化的特点。2015 年,《牛津词典》史无前例地选择笑中带泪的 emoji 表情作为年度汉字。据《牛津词典》网站消息,科技公司 SwiftKey 通过数据分析在全世界最受欢迎的 emoji 表情,由此得出 2015 年在全球范围内,"喜极而泣的笑脸"是使用最多的 emoji 表情。总之,emoji 已经在一定程度上代表了一种最广泛又通俗易懂的世界语言。② 表情包的 3.0 时代是多元制作主体,"无物不可表情,无人不可入包"的表情包大爆炸阶段。2003 年 QQ 表情诞生,表情开始被用户广泛使用。2005—2010 年动态的网络表

---

① 张静.网络表情的分类及视觉设计分析[J].艺术探索,2015(6):112-114.
② 曾于里.当表情包成为年轻人的"新语言"[N].南风窗,2017-11-06.

情符号以及自制表情包大量出现。各大网络运营商与网民积极开发各式卡通式网络表情符号。2011年至今表情包大爆发。尤其是微信 5.0 上线后,加入微信表情商店,越来越多的表情在微信中竞相争宠,刷屏的节奏"根本停不下来"。网友自行创造,以时下流行的明星、语录、动漫、影视截图为素材,配上一系列相匹配的文字,创造出令人眼花缭乱的新式表情包。表情包越来越丰富、多元、个性化。

从不同维度可以把表情包分为不同的类型。根据表现形式,可以分为符号表情、图标表情、图片表情、动画表情,而图片表情中又可以细分为附文字表情和单一图像表情;根据表达情绪,可以分为普通表情(喜怒哀惧四种基本表情)和复合表情,如卖萌、耍酷、猥琐、吃瓜、捂脸等复合且难以言状却让人心领神会的表情;根据用户人群,可以分为青年群体表情和中老年表情;根据传播场域,可以分为熟人封闭群体内部的表情和公共场域流传的表情;根据涵盖内容,可以分为纯萌系、动物星人系、宝宝系、暴走系、网红颜艺系、弹幕语录类、校园系列等。

### 2. 表情包何以流行

腾讯 QQ 发布的《2016 年 QQ 年度表情大数据》中指出,全年共有 3187 亿次表情发送。《中国青年网民网络行为报告(2016—2017)》显示,网络聊天时使用表情符号已成为中国青年网民的输入习惯。女性青年每人平均每天使用表情 2.84 次,而男性青年每人平均每天使用表情次数为 0.74 次,"哭笑不得"的表情使用次数总计高达 75 亿次。从这些数据观之,我们不禁要问,表情包为何会获得众多年轻人的青睐,成为青年网民网聊的"刚需",是什么让表情包如此流行? 我们认为主要是由沟通需要和时代特质两方面决定的。

沟通需要包括交流变奏的需要和语言活化的需要。交流变奏的需要由网络社交特性所决定:一是网络社交求快。互联互通时代的交流需要随时随刻、简单通俗、方便快捷。相较于组织语言、斟酌再三、键入文字,"一图抵千言"的表情包可以满足瞬间秒回的"短平快"互动之需求。二是网络社交求趣。表情包形象生动,其通俗易懂、调侃幽默的风格被大众广为接受和使用,既能满足用户的视觉快感,还能满足情感的愉悦。几乎所有的大学生选择使用表情包都源于表情包的趣味性,他们觉得"有意思,好玩,给生活加点料"是表情包使用率高于文字和语音的最大原因。三是网络社交求新。表情包迭代速度之快,可以随时追赶潮流、时尚、热点。随着创作和开发的技术门槛低到人人可以掌握并应用的程度,大部分青年大学生都成为表情包的创作者,人们乐于创新,乐于"尝鲜"。语言活化的需要主要体现为表情包有利于软化和缓解表达语气,契合国人内敛含蓄的民族个性,婉转寒暄与言外之意的参悟成为日常交流的习惯,开门见山与直奔主题容易被视为唐突和无礼。品类繁多的表情包中总有一款适合你想要表达的情感,运用表情包可以使原本的难以言状转而被心领神会,原本尴尬冷场的气氛瞬间轻松愉快,原本一触即发的情绪被调节得张弛有度。受笔者访谈的大学生 I 说:"用微笑表情代替'在吗?',用比心的表情传递爱意,用'谢主隆恩'代替语言上的感谢,表情包用到心坎上,表达出面对面或文字交流时讲不出的话。"受笔者访谈的大学生 J 觉得:"线上交流在任何情况下都可以发表情,特别是尴尬、无聊、拒绝、无语、不想继续聊天时……可以用表情包应对一切。在亦庄亦谐之间将最苦于述说,最羞于启齿,最难以化解的表达难题用委婉、诙谐、轻松的方式展现。"

时代特质主要体现在如下三个方面:第一,这是一个视觉文化的时代。古人把对外界的迷惑、恐惧、祈愿,及劳作、狩猎、生活、繁衍绘成图形。当他们在洞穴和岩壁上作画时,各种图形就成为理解自然、沟通信息甚至表达情感和审美意识的重要媒介①,人们对于图画保有特殊的情感。如今,视觉化的互联网语境下,直观生动的图片内容更容易"抓人眼球"。表情包的生产是加入青年个性与创造力的、对视觉元素进行的二次加工,通过图像传递、宣泄、反馈,引发认同和共鸣,营造轻松诙谐的社交环境。视觉时代的到来带给我们福利,表情包也成为我们回馈这个时代的新型文化形态。第二,这是一个娱乐至死的时代。波兹曼在《娱乐至死》中指出:"这是一个娱乐至死的年代,一切公众话语日渐以娱乐的方式出现……我们的政治、宗教、新闻、体育、教育和商业都心甘情愿地成为娱乐的附庸。"②表情包的狂欢正是网络社交泛娱乐化的表现。一方面,表情包形象的趣味性既是精神的放纵也是娱乐大众的表象,反映出日常生活的娱乐性,但这种娱乐性如果缺乏引导,就会转向人神共愤的低级娱乐;另一方面,公共表意下的表情包大战的爆发,并不以信息交流为目的,而是拼存货、单纯享受感官的满足。第三,这是一个消弭边界的时代。互联网的发展打破了时空、地域、语言等可能阻隔社交的界限,主流文化与边缘文化的边界也日渐模糊,甚至形成了一种共生的默契。正如"帝吧出征"事件中网民先于官方主流进行意识形态的主动表

---

① 纪丽宏.从语言符号论角度谈"网络语言"中的非语言符号[J].现代语文,2006(7):27-28.
② 尼尔·波兹曼.娱乐至死[M].章艳,译.北京:中信出版社,2015:26.

述，主动以表情包为武器参与到事件现场，又如国家级媒体出现领袖表情包作为官方宏大叙事平民化的符号，有利于主流价值观的生动传播等。同时，简单易学的制图软件、唾手可得的表情素材为表情包的制作提供了技术支持，既是制作者又是使用者的身份模糊了表情包生产和消费的边界。

## 二、用户及心理特征

### 1. 用户人口信息画像

年龄。腾讯发布的 2014 年《中国网民表情报告》借助 QQ 表情商城后台大数据呈现出的表情用户年龄分布显示，90 后、00 后等年轻群体居多，并且越年轻发送表情包的频率越高。《2016 年 QQ 年度表情大数据》报告指出，腾讯 QQ 拥有的 8.77 亿用户中，90 后用户已经超过六成，95 后、00 后用户群体在急速壮大。通过年龄纬度可以看出，90 后、95 后、00 后年轻群体，情绪更加多变，在悲喜之外还有意味丰富的迷之"微笑"、吃瓜看戏的"抠鼻"等。在网龄纬度上观测，网龄越长情绪更为淡定，网龄越短表情更加多变，情绪表达更加激烈。总体来看，表情包用户主要集中在 15—35 岁的男女青年，其中以在校大学生为主。他们热衷在网络平台上发照片、看直播、打游戏、互粉互赞、吐槽生活、参与公共事件讨论等。

性别与情绪。表情包使用频率男女性别比例趋同，但不同性别使用表情包的偏好却大相径庭。男性偏好角色为男性、耍贱的表情包，更喜爱恶搞、看起来比较 MAN 的表情。女性偏好角色为女性、可爱萌的表情包，更喜爱撒娇、卖萌、流泪、萌萌哒的单个表情。针对表情性别莫辨的角色以及时下热门的表情包则呈现男性女性"通吃"的状况。

频率与地域。一天里，表情发送高峰出现在夜间 21 点左右。一周中，周五、周六表情最高发，周一情绪最稳定。一年里，春节最喜悦，九月开学季最哀伤。百度贴吧联合"微表情"研究专家发布的《95 后网民表情包试用报告》指出，表情包使用也有地域特色，主要呈现出南方喜欢卖萌、北方更爱搞怪。根据 2014 年《中国网民表情报告》，各省大表情用户渗透率(大表情用户/网民人数)统计数据显示，中原及沿海地区盛产表情用户，如江苏、湖北、广东等地。

### 2. 用户心理画像

表情包的盛行离不开大众对表情包的推崇和运用，表情包也在使用过程中呈现出大众化、分众化、互动化等特征，特征背后是用户个性心理和社会心理的投射。根据主体不同,我们可将用户心理画像分为个体心理画像和群体心理画像两个方面。

(1)个体心理画像主要体现为自我释放和角色扮演两个方面。

自我释放。人们在网络中渴望将身份多重化,在一定意义上反映了人们对某种理想身份的追求,同时也反映出人们在一定程度上对现实身份的逃避。实际上,在虚拟世界中遨游的人们,不同程度地都怀有一种暂时逃避现实的遁世态度,渴望在网络中追寻一种忘我的、理想的和无拘无束的自由状态。①人们可以借助虚拟的表情吐露真言、表达真情、释放灵魂深处虚实莫辨的自己。受笔者访谈的大学生 K 表示,表情包转发犹如一滴柠檬汁滴在舌尖上,唤起大脑觉醒。内向的人分泌的唾液比外向性格的人多,就像内向的人在交流中会更愿意借助表情包符号释放现实中隐匿积压的情感。受笔者访谈的大学生 L 说:"我特别喜欢华妃翻白眼的表情,虽然戏剧性的表达略显夸张,但是它确实能够贴切地表达我在某种语境下真实的想法。如果有特别贴切的表情,我也愿意去购买。"表情包背后包含了用户对某个拟人对象的情感认同,相较于中规中矩的线下,表情包承载着宣泄情绪释放自我的功能。对于青年来讲,与表情包情绪上的契合与共鸣,在体验上的释放和归属更为重要。

角色扮演。角色是对群体或社会中具有某一特定身份的人的行为期待,在每一次高度结构化的社会互动中,社会都为其提供"剧本",用以指导分配给不同社会成员的不同角色的扮演。②正如在戏剧中一样,人们被期望表现出与特定社会位置相适的行为,我们扮演的角色会塑造我们的态度。③访谈中我们发现,青年认知自我社会角色的意识较强,分别扮演着家庭中的子女、学生组织里的领袖或普通参与者、师长眼中的晚辈、实习单位的雇员等。这导致青年在自我圈群内扮演着"自在我"的角色,多运用新潮、洒脱、肆意的表情包,希望通过表达实现自我表露。在与长辈或家人交流的语境中,扮演着"管理我"的角色,多运用礼貌、谦逊、乖巧的表情包,通过印象管理可以实现自我形象的塑造。

(2)群体心理画像主要体现为从众心理和代际差异两个方面。

从众心理。从众是根据他人而做出的行为或信念的改变。作为社会互动的一方或社交群体的一分子,有时我们会顺从某种期望或要求,但并不真

---

① 皮海兵.内爆与重塑:网络文化主体性研究[M].桂林:广西师范大学出版社,2012:17.

② 戴维·波普诺.社会学[M].李强,等译.北京:中国人民大学出版社,2010:34.

③ 戴维·迈尔斯.社会心理学[M].侯玉波,乐国安,张智勇,等译.北京:人民邮电出版社,2016:20.

正喜欢这样做,顺从主要是为了得到奖励或逃避惩罚。<sup>①</sup> 受笔者访谈的大学生 M 表示:"当别人发给我表情时,我也不得不回敬表情。"有时我们相信在群体压力下我们被期待的行为理所当然,并发自内心的从众。受笔者访谈的大学生 N 说:"我比较内向,平时交流话也不多,网聊的时候当我周围的同学长辈都用表情包的时候,我也禁不住收藏他们发给我的表情,在恰当的时候发出去,用久了觉得这样挺好。"受笔者访谈的大学生 O 表示:"身边的同学都使用表情包,如果我不用就会显得我不合群、无趣,渐渐地就会与他人脱节,尤其在新环境,人际关系没有建立起来的时候。"

代际差异。《中国网络社会心态报告(2014)》指出,五大代际群体的社会心态在 70 后与 80 后之间出现明显"断层",80 后、90 后的社会关注、网络表达、社会情绪等明显异于 60 后、70 后以及 50 后。代与代之间的网络心态差异直接导致了表情包使用的分众化。此处我们暂且将表情包代际用户笼统划分为青少年和中老年两个维度。中老年使用表情包表达情绪更为平和与淡然,多以表达美好祝愿和表示感恩感谢为主,反映出他们对于晚辈和朋辈的关照,同时受到严肃且正向叙事的风格影响,表现在表情包内容元素上他们更加偏爱高饱和度、闪闪发光的"动态祝福文字、佛光普照、花朵富贵;烟花漫天;美酒佳肴等动图"。虽然在网络环境下,代与代之间还是保留着各自的审美特征和现实的表意风格,但不妨碍代与代之间"你追我赶"地共享大众文化以及为"填平"代沟所付出的努力。60 后被访者 P 觉得"表情包能拉近我与孩子的距离,更得跟上时代的步伐,免得自己 out";80 后被访者 Q 认为,"虽然面对父母的表情包我会无奈苦笑,但能理解他们用表情包传递给我的感情,有时觉得他们带有年代感的表情包很可爱";90 后被访者 R 说,"我会有意在和父母聊天时转发一些时下流行的表情包,鼓励他们收藏,让他们变潮"。

### 三、双向的影响

表情包囊括图像、文字、声音和这些元素原有附意的先验性感受,成为一种游走于网络社交语境的"精灵"。表情包与社交双方产生交互,它既是符号、语言,又是文化。表情包实现了正处于社会化过程中的青年个性化表达,并在身体在场的拟现实互动中完成自我对标,也满足青年个体对群体渴望和寻找归属的需要。表情包作为流行文化的代表也正在侵袭着原有的表

---

① 戴维·迈尔斯.社会心理学[M].侯玉波,乐国安,张智勇,等译.北京:人民邮电出版社,2016:32.

意和叙事方式,建构着带有青年特质的话语体系。

**1. 正向影响**

个体赋能。表情包既在"网中"实现个体表达的赋能,又在"网外"为个体创富赋能。此处的赋能是指提供某种机会、拓宽某个平台、给予某些能量。网络环境下每个人都成了自媒体,每个人都有发声和表达的机会、信息发布的渠道、情绪宣泄的平台。表情包作为网络表达的新语言实现着"互联网+内容+思想+情绪"的融合。运用表情包的表达既快速又准确,既安全又妥帖。日常交往中通过表情包赋能,个体成为信息发布的中心;公共讨论中通过表情包赋能,个体实现参与和介入。人民网曾转载《广州日报》的一篇关于表情包产业的文章。文章提及表情包的创作团队之庞大,既有靠表情包收获颇丰的爱好者,也有只为博君一笑的业余票友,更有人通过制作表情包开创事业。① 无论表情包生产者的初衷几何,都因为表情包及其周边的市场需求获得认可和财富。

身体在场。在以往的互联网交流中,人的身体是不在场的,参与对话的双方无法直观地观察对方的表情和动作,无法即时获得视觉上的情感反馈,要更为精确地描述一份心情、一种态度或一个判断,便需要更多的文字符号。在用表情包进行交流的时候,人们最大限度地模仿现实生活中的表情,虚拟出更具有浸入感、参与感和共鸣感的聊天语境。表情包的使用本质上属于一种身体述情,即大脑机制意识到情绪的存在,能够辨认并感知不同的情感,通过一定的方式表述出来。② 个体之间"见表情如晤面",进而跨越空间地域造成的心理阻隔,实现虚拟中现实表达的通感。身体述情最大的功能是表达和传播的亲和与有效。在访谈中近八成被访者认为,"在社交软件上聊天不如面对面聊天,彼此都无法直接观察对方的反应,所以极有可能误解对方的意思。运用表情包有助于更好地表达自己的意思","表达情感更加方便,仅仅通过单纯的语言沟通无法准确地传达自身的情感,有时会引起不必要的误会"。因此,能直接表现情绪、身体在场成为表情包被喜爱的原因。

群体认同。工业化与城市化消解了原本以家族、社群、宗教为参照系的群体指认,个体的原子化特征日益突显,90后、00后青年多为独生子女,他

---

① 申卉. 表情包大事业:从制作表情到打造 IP,创作者们怎么说[EB/OL]. http://sc. people. com. cn/n2/2017/0420/c345167-30061265. html. 2017-4-20.

② 刘汉波. 表情包文化:权力转换下的身体述情和身份建构[J]. 云南社会科学,2017(1):180-185.

们既没有兄弟姐妹作为参照系,也少有邻里朋辈与他们互通有无、同频共振。置身于网络虚拟空间,青年们通过寻求某种文化的一致性或认同某种象征性符号的表意重新建立起新的联系。表情包的生产和消费让青年形成一种共同体,仿佛找到了群体的归属感与认同感。青年的社交圈建构多源于共同喜好或厌恶,比如网络游戏的社交圈、自拍爱好者的社交圈、网络直播的社交圈,甚至源于对某人的讨厌也能结成一个小型共同体的社交圈。在社交圈内分享经验、吐槽不满,这种隐形而松散的集合就是青年情感的归宿。表情包的使用使得青年可以在网络上找到属于自己的群落,让原子化的自己找到"组织",表情包也是一种潜在的"通关证",给群体进行了身份识别和认同。受笔者访谈的大学生 S 说:"我会将我和闺蜜的照片配上文字制作成表情包动图,与闺蜜一起转发、分享,在话题讨论的时候也可以刷刷存在感。"通过表情包的使用,不同审美和价值观取向打造成不同人群。利用表情包的区分作用,人们能够产生基于认同的共享空间。

**2. 负向影响**

"浅交流"本质并未改变,狂欢只是表象。无论网络社交如何发展,无论表情包如何努力实现身体在场的愿景,网络社交的本质并没有改变,其即时性的交流节奏、蜻蜓点水般的交往程度、点到为止的表意风格并没有改变,实质仍是浮在面上的浅表交流。表情包的流行也是现代人们在网络中消遣娱乐、排解孤独感的一种狂欢,但是无论如何一时的热络畅聊并不能让人与人之间的心灵距离缩小。① 当表情包成为网络社交的主要沟通工具并为网络社交提供便捷、营造活跃氛围的同时,也在一定程度上引起了网络社交的"异化",交往过程中不可或缺的信息、思想、情感等要素均让位于表情包。②"大家似乎更加喜欢这种只有图片营造出来的平面环境,因为它更轻松,因为它不需要去考虑每个人的反应,慢慢地交流不再是思想的碰撞,而是单纯图片表情的你来我往,犹如面对面的两个人都在挤眉弄眼,这又有什么意义呢?"受笔者访谈的大学生 T 这样说道。大学生 U 则表示:"我对斗图的反感一方面来自于虚假地显摆自身的存货,另一方面来自斗图的最后却忘记为什么而斗,而是打扫战场时拼命收集给力的表情。"

"误交流"现象仍然存在,解码还有偏差。在符号学意义上,赋予符号以

---

① 王立君,白曹智子,程熙慧.读图时代下的传播活动图片化热潮:以表情包的流行为例[J].新媒体研究,2016(9):26-27.

② 董盈盈."95 后"大学生表情包"热"现象浅析[J].思想理论教育,2017(5):75-78.

意义即编码，翻译接收意义即解码。表情包意义的产生就依靠这种诠释的实践。然而，表情包本身作为一种象征符号，其本身就蕴含着拟人、比喻、隐喻、讽刺、戏谑、调侃、双关、夸张等不胜枚举的修辞方式，再因每个编码者和解码者受教育程度、生活经历、地域文化、情感维度、预设期许存在差异，编码者期待被诠释的意义会在解码的过程中出现多版本的理解，进而造成误解初衷的理解偏差。这在代与代之间的表现尤为明显，中老年难以理解青少年表情包想要表达的"梗"，年轻人又惊叹父辈表情包的审美。"捂脸哭笑不得的表情，我妈觉得是伤心难过的意思。平静微笑的表情我会在无语时使用，我妈会用在开心和满意的情绪下。"1997年出生的大学生V这样说。在朋辈群体中，当被问及"如果遇到不知所云的表情，该如何应对时"，大部分的被访者表示，请求用文字表达，或回敬一个不知所云的表情，或默默离开对话。理解的隔阂和沟通的障碍会进一步加深业已存在的代沟，也会促进群体的分化。

"泛交流"带来表达退化，造成时代失语。传统的交流中，人们经过思考反应，用语言表达想法，再配以肢体动作和面部表情辅助中心思想的表达。而在时下的网络社交当中，存在以表情包替代文字表达、一个表情包"包打天下"的现象和趋势。这种泛用表情包的行为正在吞噬人们的思考，消解人类的语言，人们说的话不能表达自己的意愿，最终可能使得整个社会走向"失语"。表情包将表达制式化。单一表情包所承载的信息具体且有限，但却可以激发表情包受众脑洞大开，根据自己的表意习惯个性化"翻译"。所以会出现一个微笑的表情可以表达无语、无奈、逃避、敷衍、同意和愉快，也就是当你出现以上情绪的时候，可能最先想到的是发个表情，而不是用语言来形容。我们依赖千篇一律的表情，随之我们的表达也变得模式统一而乏味无趣。表情包让思维怠惰。重度依赖表情包让人们懒得思考、懒得遣词造句、懒得打字，通篇交流没有实质内容，只有情绪的堆积。受笔者访谈的大学生W认为："表情包的诞生一方面是迎合网络快捷交流的需要，另一方面是由于人们懒惰，懒得思考、懒得想象、懒得表达，一个表情抛出去，让对方去理解岂不省事。"受笔者访谈的大学生X表示："表情包的飞速发展也在印证着国人对于语言的运用能力在渐渐退化，大家已然都不会写字了，最后可能连句子都不会造了。"正如一位文学评论人做的如下直观对比：再丰富的表情包，都无法直观表达出"春江潮水连海平，海上明月共潮生"的意境，遑论"人生代代无穷已，江月年年只相似"的思考。有时候一个表情包胜过千言万语,但千万个表情包也无法代替笔者表达出此文所要传递的内容。①

四、思考与展望

**1. 内容元素需要更新迭代**

"短期是轻松的,但长此以往会觉得乏味,因为表情包永远都是大同小异,不如现实鲜活,现实的交往虽然举步维艰,但还会迸发出火花,表情包带来的交往虽然轻松但不代表舒服,现实的交往虽然艰难但不代表痛苦",受笔者访谈的大学生 Y 这样描述表情包营造的网络环境。这是否会启发交往方式的回归? 我们还需探讨。未来表情包想要走得更远,其本身需要不断更新迭代。表情包作为流行文化的产物,具有特定的使用环境、使用寿命和发酵周期。即便表情包具有炫目的动画、精美的构图、恰到好处的文字、足够吸引大众的主题,在传播分享之后,也会使用户产生审美疲劳和视觉厌倦。在主文化与亚文化"拆墙"共生的文化环境里,表情包若想保有今日"繁华",必须思考如何建构更为健康和理性的亚文化:在表情包选材元素方面,紧跟社会热点、贴近个人生活场景,走原创性、个性化、定制化的表情包才有机会成为"爆款";在表情包内容方面,健康优质、传播正向能量、凝聚精神内核、与主流文化契合度高的表情包才会成为真正的"网红"。

**2. 法律意识需要树立强化**

2016 年底,演员葛优以侵犯肖像权为由将某旅游公司诉至法院,要求赔偿因使用"葛优躺"照片造成的侵权损失,法院最终支持其诉求,该公司赔偿葛优经济损失及维权合理支出 7.5 万元并赔礼道歉。蹭热点、无底线、博眼球的真人表情包滥用的乱象折射出青年法律意识的缺失和对法律规则的淡漠。《中华人民共和国民法通则》第一百条规定,公民享有肖像权,未经本人同意,不得以营利为目的使用公民的肖像。《中华人民共和国著作权法》对制作者和表演者依法享有著作权,未经著作权人同意,不允许复制、发行、表演、放映等。因此,擅自使用影视作品、综艺节目的片段和截图制作表情包,将同时构成对制作方和演员著作权的侵犯。根据相关规定,以侮辱或者恶意丑化的形式使用他人肖像的,可以认定为侵犯名誉权的行为。但是,每天上演表情包转发行为中却很少有人意识到表情包所用的素材是否经过授权,是否对个人或集体的情感和经济利益造成伤害,表情包元素中是否有污

---

① 曾于里. 当表情包成为年轻人的"新语言"[N]. 南风窗,2017-11-06.

名化个人或集体的倾向等,这都是表情包生产和使用者应该思考的问题。谨守获得肖像权人许可、不以营利为目的、不丑化他人人格等底线,表情包呼唤有一张"法治脸"①。

**3. 监管规制需要多方合力**

传递低俗信息,污化审美旨趣,粗话脏话嵌入其中,错别字表意不通的现象存在于低俗的表情包中。部分网民为迎合市场需求,制造和传播低俗暴力的表情包,这与国家倡导的清朗网络空间格格不入。恶俗的表情包成为成年网友发泄情绪、释放压力的出口,小众传播看似无关痛痒,但却使得处在成长时期的青少年将网络虚拟关联到现实生活当中,习得低俗,导致青少年过早社会化、过度社会化。目前我国的网络信息监管主要针对淫秽色情和恐怖暴力,现有的关键词筛查和 PCM 聚类分割算法等技术对常规文字、图片信息监管较为有效,但表情包图像多是抽象的卡通图或网络新词,拦截较为困难。未来对于低俗表情包的监管和规制需要人防和机防密切配合并形成合力。表情包用户应自觉抵制暴力淫秽等低俗表情包,做到不产、不赞、不传。对于表情包发布平台,应该设立用户举报界面,提高技术手段,做到多报、密筛、严防。

# 第三节　锦鲤热

青年文化作为文化图景的重要部分,与社会发展紧密相连。作为一种新的文化现象,"锦鲤热"无疑成为 2018 年以来的热点事件。"锦鲤热"的不断发酵,在一定程度上折射出经济社会全面转型时期人们尤其是青年群体复杂的社会心态,表达出青年多元化的利益诉求。从学理上阐释"锦鲤热"现象的内涵、特征及其现实背景,对于理性把握"锦鲤热"的演化态势和引导其正向发展具有重要的现实意义和理论价值。

## 一、内涵与特征

"锦鲤热"是流行文化的一种表现形式,既包含流行文化的共性特质,又有区别于其他类型文化的个性。本是一种高档观赏鱼的锦鲤,在 2018 年被贴上了好运的标签并大受追捧,成为在小概率事件中运气极佳的人的代表,

---

① 谢军. 表情包也要有"法治脸"[EB/OL]. http://culture. people. com. cn/GB/n1/2018/0302/c1013-29844243. html,2018-3-2.

入选 2018 年十大流行语。① 对"锦鲤热"的内涵与特征进行阐释,既需要我们回溯历史,也需要我们立足当下。

**1. 内涵**

锦鲤的历史渊源可以追溯至中国古代,孔子为其子取名孔鲤,寓含祥瑞之意。"鲤鱼跃龙门""年年有余"……鲤鱼作为普遍性的吉祥物存在至今。"锦鲤"一词最早见于中国古代诗歌。唐朝陆龟蒙所作的《奉酬袭美苦雨四声重寄三十二句·平上声》中有云:"层云愁天低,久雨倚槛冷。丝禽藏荷香,锦鲤绕岛影。"现代意义上的锦鲤则是诞生于 19 世纪的日本,祖先即为中国的鲤鱼。日本其实并没有鲤鱼分布,直到三国时期鲤鱼才从中国传入,一同传入的还有"鲤鱼跃龙门"等一整套的中国鲤鱼文化。日本人认为鲤鱼象征着坚毅和勇气,可以作为武士的图腾。因为深厚的鲤鱼崇拜,日本本州岛新潟县的锦鲤刚一现身,就被赋予了各种美好含义。以当地为中心,锦鲤养殖规模越来越大,产生了许多色彩鲜艳的品种。当时人们将这种鲤鱼称为"神鱼",后来又衍生出"变种鲤""色鲤""花鲤鱼""模样鲤"等称呼。第二次世界大战后,人们认为中国古代"锦鲤"一词高雅有内涵,这才为其正式定名。

2018 年 12 月 3 日,《咬文嚼字》公布了 2018 年十大流行语,"锦鲤"入选。2018 年国庆期间,支付宝官方微博开展的"中国锦鲤"抽奖活动,吸引了 300 多万次转发。网友"@信小呆"收获了这个大奖,"锦鲤"随之走红。网络上掀起了转发配有"锦鲤转运""锦鲤祈愿""锦鲤保佑"等内容的锦鲤图像热潮。"锦鲤"被贴上了"好运"的标签。随着热度增长,"锦鲤"开始泛指在小概率事件中运气极佳的人。"锦鲤"的走红及其意义的泛化,隐含了人们对美好生活的向往。② 本文探讨的"锦鲤热"涵盖在社交平台上转发锦鲤求好运、求抽奖和对锦鲤人设③的追捧等一系列文化现象。"转发这条微博,两天内必有好事发生""转发参与抽奖,你就有机会赢得大奖""信春哥不挂科"……众多的"祈福"话语都是"锦鲤热"的表现。

**2. 特征**

"锦鲤热"主要"热"在三个方面:一是涉及领域无界限。当下风靡的是

---

① 人民网.《咬文嚼字》2018 十大流行语发布　锦鲤官宣等上榜[EB/OL]. http://culture. peo-ple. com. cn/n1/2018/1204/c1013-30441454. html,2018-12-04.
② 人民网.《咬文嚼字》2018 十大流行语发布　锦鲤官宣等上榜[EB/OL]. http://culture. peo-ple. com. cn/n1/2018/1204/c1013-30441454. html,2018-12-04.
③ 若某人做什么事都能够有非常好的运气,就极易被大家冠以锦鲤人设.

对含锦鲤内容的微博、朋友圈点赞、转发并祈愿。人们常常通过转发锦鲤来为重大事件祈福或祈求生活中好运常伴,一个名为"锦鲤大王"的微博大 V 由此出名。浏览其微博评论,从"考试求通过"到"分手求复合",从"祈盼家人身体健康"到"渴望一夜中大奖",许愿内容五花八门。二是网友参与度高。除去点赞、转发等形式,"锦鲤热"的突出表现便是对锦鲤人设的过分崇拜。从网友普遍认为杨超越①是凭借好运赢得比赛开始,她的照片就被制作成各类头像、表情包风靡网络;随后笔名为"一地金"的自媒体博主发布文章《在这个从小躺赢到大的女人面前,杨超越真的不算锦鲤》,文中将自己从小到大的幸运经历一一列出,并表示就连只是跟她吃过饭的人也会变得幸运起来,通篇透露着作者的成功不靠奋斗靠运气的观点。一经发布,便火爆朋友圈。支付宝锦鲤一诞生,网友又迅速将头像换为"@信小呆"的照片。锦鲤人设广受人们追捧。三是平台占有率高。"互联网+"背景下,各类自媒体用户和商家看到了互联网时代新的宣传契机和营销策略。前有支付宝利用"中国锦鲤"赚足了眼球,后有各类商家寻找"美食锦鲤""双十一锦鲤"等。只要转发,就有机会被抽中免单。各大高校的新媒体也紧随其后,从官方校庆纪念品,到雅思托福四六级,各类抽奖活动让人应接不暇。这些"锦鲤"不仅迎合了受众和市场的需要,还借助互联网达到了翻倍的宣传效果,短时间内迅速占领网络平台。

## 二、出现的原因

"锦鲤热"是新时代背景下出现的一种新的、大范围的文化现象,其兴起绝非偶然。剖析"锦鲤热",需要对与其有关的社会环境、经济与文化等因素进行现实考量。

### 1. 互联网技术的发展

移动互联网时代的到来,为"锦鲤热"的传播提供了便利。尤其是互联网技术的普及和新媒体平台的支持,如微信、微博的广泛使用助推了"锦鲤热"。根据第 42 次《中国互联网络发展状况统计报告》显示,截至 2018 年 6 月,我国网民规模为 8.02 亿,互联网普及率达 57.7%,微信朋友圈的使用率高达 86.9%。《新媒体蓝皮书:中国新媒体发展报告(2018)》指出,"双微"发展势头强劲,截至 2017 年 12 月,新浪微博月活跃用户增至 3.92 亿,相比 2016 年底增长 7900 万。这样高的使用率,势必会引起"一人转发、朋

---

① 因参加国内某综艺节目而成功出道的新晋明星.

友圈(微博)泛滥"的情况。以微博用户"@锦鲤大王"的一条含锦鲤内容的微博为例,其点赞量 24 小时内达到 2 万,转发量达到 2800 次。这些就是"锦鲤"存活和壮大的"养料"。如果在传统媒介时代,转发锦鲤可能只是个别现象,并不会在短时间内迅速发展成为群体现象。信息技术的进步则为"锦鲤热"搭建了平台。

**2. 自媒体时代的到来**

根据《2018 年自媒体行业白皮书》显示,自媒体行业呈现新平台类型崛起、自媒体人迭代速度快等发展特点。"锦鲤"在凭借网络媒介迅速传播,借助点赞、转发等功能在短时间内从个体化心态转变为大众普遍认知的同时,自媒体也敏锐地捕捉到这一心态,利用网络平台成功地带动了"锦鲤热"。以 2018 年 10 月 23 日引爆微信朋友圈的《在这个从小躺赢到大的女人面前,杨超越真的不算锦鲤》一文为例,到目前为止,此文的打赏人数为50000＋,阅读人数为 100000＋,点赞人数也为 100000＋(值得说明的是,阅读和点赞的显示上限就为 100000)。自媒体时代的文化传播方式已经在悄然发生变化,人人都是内容的生产者、评论者、编辑者和转发者,每个内容创造者都可以凭借自身的影响力不断扩大受众。借助自媒体,"锦鲤热"可以在短时间内受到广泛关注,最终形成网络"热"文化现象。

**3. 网络化营销推波助澜**

无论是各品牌争相登上榜单,还是网友参与掀起的一轮又一轮的话题热度,"锦鲤热"的迅速蹿红是网络化营销作用的结果。这一营销典型当属支付宝"寻找中国锦鲤"的活动。在转发锦鲤得好运的话题已经十分成熟的基础上,支付宝联合天猫、淘宝等各大品牌商家,推出"一不小心成为全球独宠"的平台抽奖,在推广"双十一"活动的同时成功地为品牌宣传营销。支付宝选择通过微博平台进行"免单"锦鲤抽奖,将每一位微博粉丝都看作潜在的品牌营销对象,利用网络实现精准营销。许多商家也看到了"锦鲤热"背后的商机,借此机会将锦鲤与抽奖相结合,只要参与转发,就有机会享受免单或被清空购物车等优惠。受笔者访谈的大学生 K 说:"想要参与各大商家的抽奖活动,转发'免单'锦鲤是必要条件。"锦鲤成为商家宣传的热门口号,也催化"锦鲤热"愈演愈烈。

三、理性审视

"锦鲤热"是多种文化因素综合作用的结果,它不仅包含着人们对这个世界美好的希冀,也容易走向消解主流文化的轨道。基于此,我们需要对其进行理性审视。

**1. 个人层面**

"锦鲤热"很大程度上是个人对社会现实的回应,主要表现为找寻精神寄托、引发集体共鸣和舒缓社会压力三方面。

(1)寻找精神寄托。"锦鲤热"是人们追逐幸运仪式感和找寻精神寄托的双重表现。一方面,心理学的"自我应验预言"理论认为,人们的预期影响着行为的效果。祈求好运、转发锦鲤都有利于营造一种生活的仪式感,是对自身积极的心理暗示。很多人在面对学习、工作等一系列挑战时已经付出了很多努力,但可能由于其自身心理素质欠佳,对未知的结果容易恐惧,进而会选择转发锦鲤,给自己以更多的自信和继续下去的勇气。另一方面,"锦鲤热"出现于全面深化改革时期,人们一边享受着改革开放40年带来的巨大成果,同时又背负着比上一代人更为沉重的学业和生活负担。面对激烈的社会竞争,他们更容易对未来产生迷茫和困惑,萌生寄希望于锦鲤的想法,渴望得到好运。这种社会环境便催生了"谈佛系"与"拜锦鲤"并存的心态,典型的表现就是"嘴上说着佛系,转头还是拜了锦鲤"。受笔者访谈的大学生Z表示:"佛系暗含着对现实的无奈接受,锦鲤就是对理想的一种精神寄托。"

(2)引发集体共鸣。把对成功的希望寄托于锦鲤其实是证明了对所做之事没有十足的把握,这种没把握,主要来自对自身的不自信,即群体性焦虑。虽然大部分人是为了好玩而随手转发,但"锦鲤热"看似娱乐的洒脱背后,或多或少都透露出从众的心态。尤其是青年群体,正处于世界观、人生观和价值观形成的关键时期,受朋辈影响较大。有些人可能对转发锦鲤并没有兴趣,但是面对"锦鲤热"的浪潮,他们就动摇了自身的想法。受笔者访谈的大学生A说:"本来之前不是很相信转发锦鲤,但看到朋友圈的好友都在转发,感觉自己不转发就会错失好运。"正如古斯塔夫·勒庞在《乌合之众》里说的那样,"孤立的个人具有主宰自己反应行为的能力,群体则缺乏这种能力"[①]。群体性的祈愿更容易引发个体的共鸣。一旦朋友圈里有朋友率先转发,并有人跟随,人们就极易减轻对转发内容的顾虑,盲目跟风。

(3)舒缓社会压力。浏览与锦鲤相关的微博评论区可以看出,大家的愿望无非是"身体健康、工作顺利、恋爱幸福"等,归结起来就是追逐快乐,逃避

---

① 古斯塔夫·勒庞.乌合之众[M].戴光年,译.北京:新世界出版社,2010:21.

压力。这也体现了人民对美好生活的向往,渴望享受生活的"小确幸"。锦鲤之于我们,其实是社会压力下自我开出的舒缓良方。一方面,这剂良方跨越代际冲突。青年人嘴上嘲笑父母去寺庙烧香拜佛,自己又在转发锦鲤祈求好运,社会压力在不同代际间都有所体现。另一方面,追逐锦鲤的浪潮席卷了广阔的群体,从平时游手好闲的不劳而获者,到高学历高智商的精英人群,作为一种几乎零成本转移压力的方式,不少人都会参与转发,并不因知识的差异而丧失共性。受笔者访谈的大学生 B 说:"随手转发一下锦鲤,感觉自己的压力也随之烟消云散了一样。"

**2. 社会层面**

现阶段"锦鲤热"持续高涨,不仅与个人层面的价值取向有关,更是一种社会现象。因此,我们需要从社会层面予以关注。

(1)作为流行文化的"锦鲤热"。"锦鲤热"作为互联网时代新的文化现象,受到越来越多的关注。作为中国传统意向的锦鲤,成为人们尤其是青年热议的对象。从大型选秀节目一炮而红的"国民新锦鲤"杨超越,到独享支付宝 30 万全球免单大礼包的网友"@信小呆";还有各类高校锦鲤、美食锦鲤……祈愿不断、抽奖刷屏。"锦鲤热"大有愈演愈烈之势,掀起了一场全民锦鲤的狂欢。

根据对转发锦鲤的痴迷程度,当下的"锦鲤热"主要可以分为三种类型:第一种是抱着好玩的心理随手转发。无论是考试求过、升职加薪,还是身体健康、恋爱顺利,都表达了人们对美好生活的祈愿。第二种是用转发锦鲤来舒缓压力,鼓励自己。对于这两类群体,可以充分发挥"锦鲤"的积极暗示作用。第三种则是完全沉迷于各类"转发求好运"中无法自拔,幻想天上掉馅饼。正如《新京报书评周刊》中所言:"人形锦鲤"的风靡,制作出一种"天选之子"常在、人人触手可及的幻象。不论是希望通过转发锦鲤走上人生巅峰的空想者,或是迷失于祈求好运、逃避现实的丧青年,"锦鲤热"都体现了他们对未来的不确定之感。如若发展过度,极易消解主流文化。

(2)作为安全阀的"锦鲤热"。作为社会冲突学派的代表人物,刘易斯·科塞认为社会是由相互联系的部分组成的系统,每个部分存在着不平衡、紧张和冲突。这些冲突有正负两方面的功能,科塞更强调冲突的正功能并创造性地提出了社会安全阀理论。他认为安全阀有利于社会中的群体宣泄敌对情绪,通过阻止冲突或减轻其破坏性来维护社会系统更好地运行。党的十九大提出新时代我国社会的主要矛盾是人民日益增长的美好生活需要和不平衡不充分的发展之间的矛盾。在享受着改革开放 40 年发展红利的同时,当前的人们也面临着沉重的社会和心理压力,物质的富裕无法带来心理的同等满足,使得个体容易产生紧张、压力等不良情绪。转发锦鲤就是这种情况下释放情绪、转移矛盾的独特表现。它虽然不能彻底解决问题,但可以为焦虑的情绪找寻一个释放的出口,一定程度上给予人们希望和寄托。

## 四、有效引导

"锦鲤热"只是一时的文化现象,我们理应相信大部分人仍然充满着奋斗的动力,但这一文化现象如若不加以正确引导,则极易诱发不良社会风气,使得价值观尚未完全成熟的青年群体受到影响。因此,我们需要在"锦鲤热"中冷静下来,理性地思考这一现象的未来走向,进而予以正确的引导。

### 1."锦鲤热"的发展前景

当下,不论是网络世界还是现实生活,"锦鲤热"可以说是无处不在。"消遣娱乐"和"无伤大雅"代表了大部分青年人对"锦鲤热"的态度。大家普遍认同"锦鲤热"是一种轻松的自我疏导,是网络时代创造的新的娱乐方式。未来一个阶段,"锦鲤热"还会持续"热"下去。若"锦鲤热"以铺天盖地之势向我们袭来、"众人转发锦鲤"成为常态无法控制时,"锦鲤热"便极易成为阻碍社会发展的因素。

(1)助长社会颓废心态。每一次"锦鲤热"都是一场较大规模的网民狂欢,群体中个体的情绪极易被感染和放大。若不正确引导,极易走向对"努力无用论""运气主导论"等不劳而获的追捧,这与社会主流倡导的努力拼搏的价值观相悖,会削弱主流价值观的影响力和引导力。"锦鲤热"只是人们寻求短暂精神寄托的表现。"热"过之后,留给大家的仍是充满想象的祈愿,并未转化为现实。此外,因"转发锦鲤"的行为经常被看作一种消遣娱乐,其过度发展的潜在危害容易被大多数人忽视。人们普遍会选择参与到"转发锦鲤"的游戏中,甚至出现"全民锦鲤"的狂欢,使得社会颓废心态开始蔓延。从娱乐"锦鲤"到认真"锦鲤",当"转发锦鲤求好运"成为人们习惯性的思维和行为模式时,社会心态趋于浮躁,社会风气遭到破坏。

(2)影响社会价值导向。各类商家将"锦鲤热"变成产品营销的手段,利用其流行文化的包装和热度,变相地刺激青年消费。其目的,并非只是简单地将"锦鲤热"线上的社交狂欢和热闹复制到线下,而是通过线上线下的连接、网络现实的互动,强化宣传效果,这是媒介技术与消费社会催生的传媒消费主义。在传媒消费主义时代,无所不在的大众传媒通过有条不紊地推出大量的消费信息,强加给青少年一种消费模式,在意识形态的层面完成了对他们"无意识"领域的操控。① 当"锦鲤热"带动的产品宣传变得随处可见时,公众就容易产生群体意识,出现"流行即被接纳"的错觉或陷入"流行即为正确"的认知误区②。民众被商家预设的丰厚大奖所迷惑,引发不理智的跟风行为。长此以往,人们极易产生拜金主义、享乐主义等不良心态,影响社会价值导向。

(3)严重时造成社会乱象。"锦鲤热"的现象如果持续扩散,很容易造成社会乱象。一些"锦鲤抽奖"活动就被爆出存在虚假宣传的现象。以杭州的"最强锦鲤"作假为例,这个抽奖活动除了要求参与者填写个人信息以外,还强制要求关注其他公众号。截至这个活动的公众号推文被封时,已经有36万人参加了此次活动,即该平台至少拿到了36万条个人信息。这就带来了潜在的安全隐患,一旦处理不当,这些信息很容易被泄露,损害人们的信息安全。"锦鲤热"过度化造成的"天上掉馅饼"的假象,一方面会让个人产生投机心态,容易因为利益的驱动陷入一些不法商家的营销陷阱,上当受骗;另一方面,当社会上充斥着各类真假难辨的商业信息时,会让人们对"诚信"的价值观产生怀疑,对社会主义核心价值观带来冲击,进而可能造成社会乱象。

### 2."锦鲤热"的引导理念

为了避免"锦鲤热"过度发展引发上述不良后果,我们需要及时关注这一文化现象,并从社会关怀、舆论引领和价值观涵养等方面予以正确引导。

(1)营造关怀青年的社会氛围。社会存在决定社会意识。马克思曾说:"人们为之奋斗的一切,都同他们的利益有关。"③"锦鲤热"是社会释放出来的一种信号,反映了新时代社会转型过程中人们的双重心理,既体现了人民对美好生活的向往,也在一定程度上透露出焦虑、迷茫和对未来不确定性的心理状态。当人们尤其是价值观尚未完全成熟的青年无法正确疏导这些情绪时,就会造成情感阻塞,负面情绪得不到有效释放,影响获得感和幸福感,也不利于和谐社会的建设。"锦鲤热"是青年群体缓解压力、寻求生活"小确幸"的一种方式,虽然不值得提倡,却也不必严重化。社会真正应该将目光聚焦于解决青年的现实问题与迫切需求,从教育、健康、创业等各方面予以支持,切实保障青年权益,使青年群体共享改革发展红利,进而更好地促进

① 宋德孝.中国"新世纪一代"的"嬉皮消费主义"亚文化之理论检视[J].青年探索,2014(1):51-56.

② 蒋建国,李颖欣.网络情绪表达与价值观引领:对"丧文化"的反思[J].长白学刊,2018(6):143-151.

③ 中共中央马克思恩格斯列宁斯大林著作编译局.马克思恩格斯全集:第一卷[M].北京:人民出版社,1995:187.

青年的全面发展,让青年人将个人梦的"小确幸"与中国梦的"大情怀"融合起来。

(2)弘扬理性思考的社会风气。互联网时代,去中心化成为信息传播的一大显著特征。传统信息"把关人"的功能正在逐渐被淡化与消解,一些社会热点事件往往源于网络自媒体。部分青年人极易受其影响盲目跟风,此时就需要社会媒体及时发声。这一点其实主流媒体已经走在了前列。在《这个从小躺赢到大的女人面前,杨超越真的不算锦鲤》走红微信朋友圈的第二天,《人民日报》就发文回应,作为"超级锦鲤"的直系师兄,揭露其获取流量的套路,并发出"努力就是自己的锦鲤"的号召,及时引导舆论导向。新华社也及时发声,号召"别让锦鲤心态带偏了方向"。媒体应自觉承担起习近平总书记强调的"举旗帜、聚民心、育新人、兴文化、展形象"①的使命任务,发挥好新时代意见领袖的旗帜作用,营造风清气正的网络环境和舆论氛围。

(3)涵养踏实奋斗的社会心态。我国正处于全面深化改革的攻坚期,社会成员面临着经济结构调整、社会结构转型和社会竞争加剧等现实因素,学习、工作、生活等各方面压力较大,极易滋生遇事渴望走捷径的社会心态。社会主义核心价值观承载着国家的精神追求,寄托着人民对美好生活的向往,具有强大的感召力、凝聚力和引导力,是涵养积极向上、踏实奋斗的社会心态的重要准则。广大人民特别是青年群体应该用社会主义核心价值观武装头脑,莫让"锦鲤热"消磨斗志。成功的路上从来都没有捷径,有的只是不懈的坚持与努力。祈愿美好,无可厚非;但若幻想好运常伴,企图不劳而获,则只会越走越偏。据报道,河南省向寨村养殖了全国 60% 以上的锦鲤,村民不转发"锦鲤",却靠锦鲤走上了致富的道路。② 习近平总书记强调,"新时代是奋斗者的时代"③。"幸福都是奋斗出来的,奋斗本身就是一种幸福。"④我们应该认真领会习近平总书记的讲话精神,珍惜这个伟大时代,奋发向上,用脚踏实地的努力去创造美好生活。

① 习近平.举旗帜聚民心育新人兴文化展形象  更好完成新形势下宣传思想工作使命任务[Z].新华网,2018-08-22.
② 中国锦鲤之乡,全国 60% 以上的锦鲤来自这里,村民年入千万[EB/OL]. http://www.sohu.com/a/271391034_100239870,2018-10-26.
③ 中共中央国务院举行春节团拜会  习近平发表讲话[Z].新华网,2019-02-03.
④ 习近平.在北京大学师生座谈会上的讲话[Z].新华社,2018-05-02.

# 第五章　青年文化的发展态势与引导理路

中国特色社会主义进入了新时代，为青年发展提出了更高要求，同时也提供了更多机遇和更严峻挑战。新时代需要青年具备与时代发展潮流相匹配的素质。只有以昂扬向上的姿态踏上新的长征路，新青年才能在中国特色社会主义伟大事业中放飞青春梦，展现新气象。作为新时代的青年，他们的整体素质状况如何，不仅关涉能否实现现代化强国的宏伟蓝图，而且关涉个体能否在新的历史起点上绽放人生的精彩乐章。当代"90后""00后"青年正处于人生成长的关键时期，知识体系搭建尚未完成、价值观塑造尚未成型、情感心理尚未成熟，需要对其进行正确的教育引导，使其具备与时代发展相适宜的核心素质，才能不负时代赋予的崇高使命。

## 第一节　青年文化发展的风貌

新时代青年文化的孕育和发展不是无本之木、无源之水。通过前文全景展示中华人民共和国成立以来我国青年文化的发展轨迹可以发现，从绝对服从到自我探索、从依附社会到个人奋斗，是贯穿青年文化发展的基本逻辑。青年文化从新时期的解放与迷茫并行到新时代的理性和矛盾并存，充分体现了自我探索和个人奋斗的不断升级，显示出青年文化发展的总体向好态势。理性与矛盾是新时代青年文化的基本底色，这种广泛弥散的矛盾色彩具体表现为雅俗共赏、进退有度、家国兼顾的特点。

### 一、雅俗共赏

青年文化是社会发展的缩影，从性质上说青年文化具有预示社会发展趋势的功能和作用，预见性与超越性是青年文化的共性特点。中华人民共和国成立初期，青年追求远大的革命理想，迫切希望参与祖国建设的主观愿望反映了国家各行业百废待兴的客观实际。新时期，青年追求世俗化的物质利益反映了青年一代在市场经济和全球化浪潮冲击下的某种迷失倾向。

新时代是我们取得改革开放和社会主义现代化建设历史性成就基础上的承前往后、继往开来的时代。本阶段的青年既少了中华人民共和国成立初期的理想主义情怀，变得更加务实；也少了新时期的物质世俗心态，变得更有追求。

新时代的青年文化总体上呈现出一种雅俗共赏之态。青年不再以追求满足物质生活的"俗文化"为绝对和唯一目标，而更加看重以精神满足、生活质量提高和尊严充分实现为主要内容的"雅文化"。从改革开放初期的"潘晓之问"到新时期追问人生意义的"空心病"，探寻人生意义的"雅"文化一直困扰着青年。与历史上前几次青年对人生意义的探讨不同，新时代青年探索人生意义更加务实和理性，从宽泛地追问"人生的路为何越走越窄"，到当下具体探讨生活的孤独感和无意义感，人生终极意义上的信仰问题落入了现实的生活世界。与新时期青年们认为"信仰意味着把一生交给可望而不可即的空洞理想，而我只需要一系列实在的目标"①不同，新时代的青年普遍认同理想和信念的必要性和重要性。与中华人民共和国成立初期青年以国家和社会理想为信仰略有不同，新时代青年在追求人生意义的"雅"文化时，越来越认同达到某种职业追求和人生境界也属于人生理想的范畴，对理想和信仰的理解和要求变得更为宽泛化。青年时期是人的思想认识发生变化的重要转变期，青年在建构自我与寻求认同的矛盾和张力中持续纠结，也不断收获成长。与改革开放初期的"读书无用论"热潮不同，新时代的青年对知识的苛求、能力的进步和发展的迭代更新都有着更为强烈的渴望，但青年在获取知识、寻求进步时往往诉诸新媒体等快餐文化方式，对"雅"的渴望通过"俗"来展现，借助知识付费产品缓解自身对知识的焦虑。在新时代，青年借助实时化的媒介平台充分表达观点、张扬个性，甚至逐渐以互联网大V和网红赋予的人设取代自我探索，寻找自身理想化的发展方向。在今天所谓"娱乐至死"的年代里，毋庸置疑，青年群体同样热衷于追捧流行文化，但新时代的青年看待用于消费娱乐的"俗文化"时的要求也在不断提高，"奇葩说""朗读者""国家宝藏"、情感类真人秀节目的热播，反映出娱乐节目只有摆脱单纯的恶搞、超越肤浅、蕴含文化底蕴或历史底蕴，传递正能量，才能真正赢得青年的追捧和喜爱。

社会的发展进步激发了个人对美好生活需要的向往，雅俗共赏的青年文化是新时代人们对美好生活的需要在青年群体中的集中反映。改革开放

---

① 杨雄.中国青年发展演变研究[M].上海：上海文化出版社，2008：13.

以来我国发展一直处于加速度状态,造成了人们对美好生活的主观需要与社会发展水平仍需较大提升的客观现实同时并存。因此,追求精神生活的持久性满足与依旧迷恋于物质生活的暂时性享乐共同造就了新时代"雅俗共赏"的青年文化景观。

## 二、进退有度

无论是在中华人民共和国成立初期,还是改革开放的新时期,青年都敢为人先,勇做时代发展的弄潮儿,是社会中最具挑战性的群体。由此观之,不同时期的青年文化具有进取性和建构性的共性特点。

在新时代,青年文化的这种进取性和建构性有所变化。新时代的青年文化既充满积极进取的精气神,也掺杂着知足常乐的人生态度,具有明显的调侃、自嘲、戏谑色彩,展现出"进退有度"的特点。新时代的青年有高要求,对成功的定义不满足于金钱和社会地位,越来越倾向于自我、家庭、职业的同步向前,将自律和永不言弃视为激励进取的口号,表现为"有追求";与此同时,面对生活的压力和无奈的现实给自己留有出路,在求而不得时又会用屌丝、佛系、丧文化、"葛优躺""锦鲤""诗和远方"自我安慰,表现为"有退路"。青年在面对社会问题时,敢于发声、勇于建言献策,但新时代的青年文化不再激进,转而寻求务实理性的表达方式。近些年,青年中掀起了一股"治愈热",音乐、动画、玩偶等能带给人内心的平静与舒畅的治愈系产品广受青年追捧,其背后反映的是青年对社会急剧变动的反思、对理想失落的茫然、对未来不确定的逃避。"进退有度"还表现为青年的包容态度,2016年的里约奥运会被视为国人改变"唯金牌论"的鲜明时间节点,青年对游泳运动员傅园慧的喜爱表现出一种包容的姿态,唯结果取向的价值观正在悄然改变。

"进退有度"是新时代青年世界眼光、大气风度的体现,也是青年面对急剧的社会变革和阶层固化的残酷现实,努力寻求与自我和解的反映。期待与现实的差距是青年和青年文化发展的持久动力,文化的多元化也带来了社会的宽容心态和包容文化,当青年面对"才华不能支撑梦想"的现实后,他们普遍表现出的"进退有度"的态度是当代青年文化的显著特征。

## 三、家国兼顾

中华人民共和国成立初期,奉行集体主义的价值观要求青年做到大公无私,青年具有强烈的社会责任感;新时期,市场经济的飞速发展不可避免地带来个体相对重视个人利益的满足。新时代的青年,成长于富足的环境中,享受着国家和社会提供的种种便利,经历过汶川地震、北京奥运会等全民族同呼吸、共命运的紧要关头。因而,他们普遍既关注自我又关心社会。正如有学者指出,理想性和生活性是青年文化的普遍特点。① 这种特点反映在新时代的青年文化上,就表现为家国兼顾。

新时代的青年经历过系统完整的爱国主义教育,他们的生活实践也证明着社会发展之于个人成长的重要性。有学者指出,在新时代,"大多数青年的最主要奋斗动力源自追求个人理想和价值的实现,但这种实现绝非单纯的利己主义,而是个人在竞争中不忘分享和关怀,在前行中相互慰藉和守望,在奋斗时牢记社会的责任,在自我追求成功时关爱他人"②。但是,青年的这种理想信念追求层次水平尚需提升,"中国社会科学院社会学所做的调查表明,有 40% 的青年对代表绝对集体主义取向的'个人的事再大也是小事,国家的事再小也是大事'等观点予以否定"③。可见当个人利益与社会集体利益发生冲突时,青年往往采取妥协的态度,仍有较大可能站在个体立场上。在新时代,青年往往投入极大的热情探讨社会问题,如面对网络暴力、道德问题的大反思时具有强烈的社会责任感,但更关心自我价值的实现。他们"对政治理论和教育'不感冒',却高度关注现实政治"④,如对国际争端、反腐等问题抱有极大热情。青年们关心现实社会,但更关心个人家庭生活的幸福美满,对房价走势、网约车合法化等问题投入了极高的关注度。新时代的青年具有世界性的眼光,能全面辩证地评论焦点问题,但分析问题、处理问题仍坚持以我为主。家国兼顾的特点表现在行为方式上,体现为青年既追捧美国大片的感官刺激,也成为《厉害了我的国》《战狼》等主流电影的忠实粉丝;既热衷于参与学生社团彰显青年的责任意识和奉献精神,但也存在学生干部"打官腔"、学生会官僚化等现实问题。

这种家国兼顾的特点体现出青年进行价值判断和行为选择时能坚持个人尺度和社会尺度相结合,既满足自我的追求,也能基本符合社会主流价值取向;反映出青年努力寻求自我发展与服务社会结合、自我价值与社会价值

① 万美容.青年学概论[M].北京:中国人民大学出版社,2016:175.
② 廉思,等.中国青年发展报告(2014):流动时代下的安居[M].北京:社会科学文献出版社,2014:2.
③ 杨静,寇清杰.改革开放 40 年来青年价值观的转型与嬗变[J].中国青年社会科学,2018,37(4):15-22.
④ 想做好青年工作,这些新时代下的青年特点要掌握[EB/OL].[2017-11-07].http://news.youth.cn/wztt/201711/t20171107_10972129.htm.

统一的迫切愿望。但是,新时代的青年文化也呼唤更自觉的社会责任感和使命感,杜绝"精致的利己主义者"。

雅俗共赏、进退有度、家国兼顾的新时代青年文化景观与这一时期社会主要矛盾转变交相呼应。中国特色社会主义进入新时代,我国社会主要矛盾已经转化为人民日益增长的美好生活需要和不平衡不充分的发展之间的矛盾。美好生活的需要是物质需要和精神需要的统一,青年对美好生活的追求反映在青年文化中,具体表现为他们追求自我价值和社会价值的双重实现,寻求存在感、归属感和认同感的统一。新时代青年文化景观的特点也是改革开放 40 年来中国取得历史性成就的真实写照。这 40 年,不仅是中国经济腾飞的 40 年,也是党带领人民解决自己的问题、证明中国制度合法性和理论信服力的 40 年,历史性成就极大地增强了青年在国际比较中的民族自信心和自豪感。新时代的青年文化更标记着 90 后和 00 后的鲜明特点。今天的青年文化大多是由 90 后和 00 后创造的,与前几代青年文化的创造者不同,他们身上褪去了历史沉重的负担,面对着越来越好的时代潮流,拥有自由创造的时代机遇,铸就新时代青年文化独有的精神面貌。然而,我们也必须清醒地认识到,新时代青年文化呈现出的这些特点的背后反映出某种消极色彩,如由于缺少精神生活的主心骨而产生的对理想信仰理解的矮化、精神独立性的不足①,青年文化容易受到西方社会思潮渗透的影响等,如果不引起重视,将难以引导青年文化走向健康的轨道。

## 第二节　青年文化发展的态势

中国特色社会主义进入新时代,我们确立了新思想,概括了新矛盾,担负着新使命,明确了新目标,制定了新战略。党的面貌、国家的面貌、人民的面貌、军队的面貌、中华民族的面貌发生了前所未有的变化,中华民族正以崭新姿态屹立于世界的东方。处于新时代的青年,是时代的晴雨表,是创新的实践者,是变革的开拓者,是发展的贡献者。虽然党和国家一直以来高度关心关注关爱青年成长,也为青年的发展积极创造良好的条件,但是现代社会是复杂的,特别是随着全球化、现代化、网络化、市场化、城镇化相互叠加的影响,青年面临的成长成才环境也不容乐观。与此相伴,青年身上体现的青年文化发展走向也随之发生了变化,这就是:从高大上转向小而美,从文

---

① 朱培霞,代玉启.新时代大国新人精神独立性探析[J].云梦学刊,2018,39(5):71-75.

字化转向图像化,从单一性转向多元性。这些变化构成了新时代青年文化发展的方向与态势。

## 一、从高大上转向小而美

青年文化从"高大上"转向"小而美",并不是说明"高大上"的青年文化不存在,或者不需要了,而是表明新时代青年文化聚焦的重要维度在"小而美",表明青年认同接纳"小而美",与此同时"高大上"的青年文化也同样存在,而且是一种重要的存在。"崇高""伟大""向上""使命""责任""理想""英雄"等一系列党和国家对青年提出的所谓"高大上"的词汇具有强大的价值引领力,这些"高大上"的要求也是中国共产党一直以来对广大青年的要求,在新时代青年更需要在这些"高大上"的词汇上下功夫,深刻领会,着力践行。因为只有自身发展和国家发展、民族发展同向而行,同频共振,才能走得更远,走得更高。党的十八大以来,习近平总书记在不同的场合,针对不同的青年群体,发表了一系列关于青年成长的讲话,这些系列讲话思想丰富,内涵深刻,影响深远,是习近平新时代中国特色社会主义思想的重要组成部分,也为新时代青年文化发展提供了纲领性指导。党和国家相关部门通过了诸如《关于加强和改进党的群团工作的意见》《中长期青年发展规划(2016—2025年)》等一系列重要的文件,也体现了新时代党和国家对青年一代的亲切关心、对青年工作的高度重视,是我国青年发展事业的重要顶层设计,更是青年文化"高大上"的具体体现。

青年千差万别,青年文化各有不同。有"高大上"的青年文化,也会有"小而美"的青年文化,二者相得益彰,相互补充,但现实中存在着青年文化从"高大上"转向"小而美"的趋势。"小而美"反映的是青年一种特定的生活状态,凸显的是青年文化的个性特色,建立在高度的世俗性和个体性基础之上。很多青年去做一些事情,不再是空喊一些"高大上"的空号,而是立足自身实际,从小事做起,从身边事做起,尽己之所能,实实在在地想办法把事情做成,不求大名大利,只是满足内心的需求。就像现在很多青年喜欢做公益慈善,献爱心,力所能及地去展示自己的善心,不唱高调。这种"小"的事情,体现了"美"的情怀,是"小而美"的真实写照。从心理学的角度看,"小而美"符合青年人的心理特点,它能够为青年带来心理安全感,因为通过专心致志地做一件件小事情,并把其做成,能够为其带来真切细致的获得感和幸福感。也正是通过一件件"小而美"的事情,体现了奋斗的精神,积累了大能量,有利于实现自身发展的提升飞跃。由此可见,"小而美"不是不思进取,不是脱离现实,不是不关注整体,而是一种生活方式的转变,是一种不断积累量变的渐次过程,是一种成就小我实现大我的人生态度。这种"小而美"的青年文化取向折射出新时代青年的鲜明特征。这就要求我们不仅要做好看得见的"高大上"的意识形态工作,也要做好看不见的隐性的"小而美"的意识形态工作。正如青年研究者廉思认为的那样:我们"不妨以兴趣爱好为切入点,通过各种小圈子切入年轻人的生活。我们需要认真观察和审视青年生活的不同场景,并找到青年在不同场景中的痛点。在不同的场景里,青年痛点的维度是不同的。当我们能够准确打造场景的时候,就能够精准地提供青年满意的服务"①。

## 二、从文字化转向图像化

文字是人类文明的标志。文字化表达是人类独特的方式,青年亦是如此。不同时代,人们认识了解青年的一个重要渠道就是通过青年的文字来进行。青年的文字化表达是青年文化的认知窗口。如青年作家蒋方舟、韩寒,网络作家周小平、花千芳等都是通过文字传递青年声音,彰显青年文化的特点。而对一般的青年而言,他们也会通过报纸期刊、信件、博客、微博、微信等载体,以文字的形式记录内心的声音,诉说时代的变化。当我们的目光聚焦到1980年的时候,一个重要的青年话题不得不提,那就是《中国青年》杂志发表了一封题目是"人生的路啊,怎么越走越窄……"的来信,署名作者为潘晓。这封信吐露的彷徨、苦闷、迷惘和怀疑,引起了亿万青年的关注。短短数月,该杂志社就收到6万多封来信,并掀起了一场人生观讨论的大潮。当时青年的文字化表达折射了那个时期的时代风尚,也体现了该阶段青年文化的特点。

当历史发展到今天,中国进入了新时代。新时代的青年也在用文字记录着这个时代的变化。与此同时,伴随着网络技术的进步,青年文化新的表达方式应运而生,主要是图像化表达,其典型表现就是表情包、图片的使用。影响较大的事件主要是2016年初的"帝吧出征"事件。事情的起因是台湾艺人黄安微博实名举报韩国JYP公司旗下艺人周子瑜支持"台独",此事一经披露,大陆诸多网友对周子瑜进行抵制,JYP公司出面澄清,周子瑜在要求下进行道歉。但事件愈演愈烈,部分台湾媒体、网友称大陆人"玻璃心",

① 廉思对年轻人最新忠告:奋斗为防风险,不要只想着成功[EB/OL]. http://news.cyol.com/content/2017-05/12/content_16058593.htm.

并且对大陆人进行辱骂攻击。随后大陆男艺人林更新发表微博调侃周子瑜道歉视频"太突然还没来得及背稿",进而引发"台独"网民攻击林更新微博与 Facebook 主页,这引发了国内网友不满,两岸网友进行了第一轮表情包大战。而后,台湾艺人"小猪"罗志祥在北京参加《极限挑战》电影宣传活动上回答主持人的问题时说"大家都是中国人",这句话引发了台湾网友的愤怒,并号召广大网友取消对罗志祥的关注。为此,大陆网友纷纷表示强烈不满,于是帝吧、天涯、豆瓣等自发组织网络大军,以"帝吧"名号,"出征"Facebook,大陆青年网友用大量的中华美食和各地美景的图片、表情包为主,以诗歌和文字刷屏,和"台独分子"进行友好的交流,抒发爱国热情。同年,"南海仲裁案",广大青年纷纷用大量的表情包、图片表达爱国情怀。实际上,新时代的青年在平时的生活中也大量用表情包、图片表达情感,进行交流沟通。

以表情包、图片为代表的青年文化图像化叙事,其流行绝非偶然,而是"当代青年在个体化社会中伴随个体崛起、技术发展、心态嬗变等多重因素共同作用的产物。青年群体广泛使用的网络表情包背后有其自身的内在机理和丰富的文化隐喻。具体来说,网络表情包是青年交流互动的重要方式,是视觉文化和青年亚文化的重要表征,也是青年情绪宣泄和群体认同的重要体现"①。

### 三、从单一性转向多元性

曾几何时,我国青年文化受时代的影响,表现出单一性的特征,不仅关注内容单一、表达方式单一,而且评价方式也是单一的。而今,时代发生很大的变化,技术取得飞速发展,在此背景下青年文化从先前的单一性向多元性转变。当然,在实际生活中,不可否认的是在青年文化的评价上一些人跟不上社会的发展,仍然坚持非此即彼的单一性评判标准,以好坏、优劣、高低这种对立性的尺度进行价值评价,这不符合现实生活的逻辑,也不是我们应该坚持的实事求是的态度。

青年是一个主要根据年龄来进行划分的整体性概念,但仔细分析,不同领域、不同行业、不同思想的青年所体现的青年文化有很大的差异。农村青年和城市青年有着显著的不同,其表现的青年文化也是不同的;同样是农村青年或城市青年,由于家庭环境、教育背景、道德品格、个性修养等方面的不

① 张艳斌.青年网络表情包的文化逻辑及其规制[J].思想理论教育,2018(1):82-86.

同,其显示的青年文化也不尽相同。就是同一个青年,在不同的时间阶段、地域范围所彰显的文化也不尽相同。这是青年文化多元性的体现。互联网融入青年的日常学习生活以后,为他们创造了一个新的空间场景,不同青年在此虚拟空间围绕话题进行交流,在网络社区进行探讨,并发表一系列言论。由此产生了与传统文化、主流文化大不相同的网络文化新形态,表现在青年身上,有网言网语、表情包、二次元文化、丧文化、佛系文化、恶搞文化、它文化、弹幕文化、腐文化……这些青年文化的典型特征是"小众化""个性化""去主流"。这也是青年文化多元性的体现。网络空间中青年文化多元性的存在,既表明我国现实文化生态的现状,体现主导文化对异质文化的宽容和接纳,是文化自信的体现,也表明青年文化随着实践发展而不断表现出新的个性化文化形态。青年文化的多元性启示我们应认真审视这种客观的文化生态,深度融入青年群体,了解这些多元性文化的生成发展逻辑,把握这些文化透露出的青年群体的情绪、心态、思想和价值观,以全面了解实际情况,更好地加以引导,使其与党和国家倡导的主流文化相对接,进而促进青年文化的良性发展。

## 第三节　青年文化引导的理路

作为中国特色社会主义伟大事业的建设者和接班人,广大青年肩负着实现中华民族伟大复兴的伟大使命。正如习近平总书记鼓励广大青年时所讲:"青年时代,选择吃苦也就选择了收获,选择奉献也就选择了高尚。青年时期多经历一点摔打、挫折、考验,有利于走好一生的路"①,"当代青年建功立业的舞台空前广阔、梦想成真的前景空前光明,希望大家努力在实现中国梦的伟大实践中创造自己的精彩人生。"②引导青年成长成才、引领青年文化发展,以下几个方面尤为重要。

### 一、目标指向

在引领新时代青年发展的目标指向上,要树立青年与社会和谐发展有机统一的目标。个人的独立、自由、权利和发展,与其对社会的依存、责任、义务及贡献须臾不可分离。人的全面发展与社会的和谐进步互为目的、互

---

① 习近平.在同各界优秀青年代表座谈时的讲话[Z].新华网,2013-05-04.
② 习近平.在北京大学师生座谈会上的讲话[N].人民日报,2014-05-05.

为手段、互相促进,青年个体价值与社会价值的实现也是辩证统一的。因此,必须防止只重社会不重个人的极端"社会本位"与只重个人不重社会的极端"个人主义"两种倾向。

## 二、态度定位

"我们对青年人,第一要爱,满腔热情地爱护他们;第二要严,对他们热情帮助,要有批评。"①培养新时代青年的责任主体,应充分关心、关注、关爱青年,在全面了解当代青年文化真实状况的基础上,坚持紧迫感与常态心理相结合。一方面,充分肯定青年们的优点,不断证明他们是可堪大用、大有作为的一代,对他们应充分信任;另一方面,充分认识到青年身上存在的诸多问题,以发展的眼光看待存在这些问题的必然性和问题解决的可能性,用心倾听其呼声,热情鼓励其成长。

## 三、基本方略

合力培养。牢固树立全员培养和全方位培养的观念,采取综合的对策,增强培养的协调性。特别是在高校内部,要树立校园内"人人是教师,处处是课堂"的意识,突破各门课程、各项教育方式简单划界、沟通不足、协作不够的弊端,落实好教书育人、管理育人、服务育人的具体措施。在此基础上,注重协调好家庭导向与学校培养的关系,争取得到学生家长的配合,在培养目标、培养内容上实现目标一致、内容互补;注重运用好社会教育资源尤其是社区教育资源,营造浓郁的培养氛围。

贯穿始终。将青年培养贯穿青年成长尤其是青年教育阶段的始终,坚持连续性与阶段性相统一,使青年"随时随地""全天候"处于有计划、有组织的培养氛围中。

彰显层次性。把握培养对象的层次性。其一,培养对象的层次性。"一个社会群体对其成员所提出的价值目标和期望,只有与个体的特殊的能力、需要相一致时,才能转化为他的自我价值意识,才能转化为他的行动。"②青年的专业、年级、阅历、性格、家庭背景的不同,培养时应在认真分析研究青年的复杂性、多样性、差异性基础上,针对青年的个性特质进行精细化的培养,织就全面覆盖各类青年的培养"网络","量身定制"个性化的指导方案,

---

① 共青团中央,中共中央文献研究室.毛泽东 邓小平 江泽民论青少年和青少年工作[M].北京:中国青年出版社,中央文献出版社,2003:226.
② 司马云杰.文化价值论[M].北京:人民出版社,1988:117.

精心设计培养细节,切忌统一标准、统一内容甚至统一形式的模式化倾向。其二,把握培养方式的层次性。社会的综合化发展、青年精神需求的综合性与层次性以及社会责任感培养目标、内容本身的层次性,决定了单一的、孤立的培养方式是远远不够的,应采用显性教育与隐性教育相呼应、学校内外教育相配合、德育与智育体育相融合、网上网下教育相结合的培养方式协同育人。

四、具体思路

以往的青年培养更多的是传统的、单一的知性德育模式,这种思路寄希望于知识灌输和道德原则、行为规范认知,是有失偏颇的。在新时代历史方位下,应做到以下三点:

由具体到抽象。借用我国传统文化的话语来说,必须经历体"道"、知"道"、悟"道"、成"道"、行"道"的过程。在培养上应遵循青年的思维模式规律,引导新青年由行为规范养成到责任意识树立再到行为习惯培养,最后到行为模式确立。其中,养成规范是前提,增强意识是基础,不断践行是关键,形成习惯和行为模式是归宿。

由个人到社会。新时代青年正确价值观的确立一般经由当前到长远的进路,遵循着由生活责任感、家庭责任感、职业责任感进而确立社会责任感的规律。在培养上应按照循序渐进的逻辑引导青年坚持立足自身与关注社会、完善自身与贡献社会相统一,由个人责任感培养到身边责任感培养再到社会责任感培养,减少青年对社会责任、家国情怀的距离感、排斥感和"局外感"。

价值引导与自主建构相结合。教育者的作用是"一个顾问,一位交换意见的参与者,一位帮助发现矛盾而不是拿出真理的人"[①]。在培养上应充分研究和了解青年的精神世界与内在需求,以丰富的内容、多样的形式启发其社会责任感、激发其精神需求、培养其自教自律能力,实现社会责任感在青年精神世界的自主生成和建构,提升他们的价值理想和人生境界。

五、找准关键点

一个时代的精神,是青年代表的精神;一个时代的性格,是青年代表的

<hr>

① 联合国教科文组织国际教育发展委员会.学会生存:教育世界的今天和明天[M].北京:教育科学出版社,1996:35,108.

性格。新时代的青年需要更多的精神动力,需要具有与新时代同行的更多的"标识符号""精神名片"。习近平总书记指出,要"不断提高学生思想水平、政治觉悟、道德品质、文化素养,让学生成为德才兼备、全面发展的人才"①。这为新时代青年发展找准了基本方向和关键点,也为思想政治工作培育什么样的人提供了价值遵循与行动纲领。新青年的素质,是内涵丰富、系统复杂的结构,其中,思想水平是前提,政治觉悟是关键,道德品质是基础,文化素养是基石,身心素质是条件。

第一,思想水平。作为新时代的青年,必须科学认知中国与世界发展的基本态势,真正将时代特征、中国情怀与世界视野有机结合起来,并从中国特色社会主义建设实践中把握社会主义探索的基本规律,把握中国社会发展的基本进程,不断增强对中国特色社会主义的道路自信、理论自信、制度自信、文化自信。这是"强国一代"思想上必须具有的成长历程。

第二,政治觉悟。新时代的青年要正确认识历史使命与责任担当,在实现"两个一百年"的奋斗进程中将个人成长成才融入民族复兴之中、用中国梦激荡青春梦,这是"强国一代"必须具有的政治抱负与政治理想。同时,青年群体必须增强政治鉴别能力与政治警觉性,牢固树立政治底线,坚决抵制反对和妖魔化党的领导、诋毁党的路线方针政策的错误言论,避免政治灵魂的虚无化与庸俗化。

第三,道德品质。新时代是网络强国的时代。作为大数据时代的原住民,新青年既要涵养德性、陶冶心性,注重自我革新,又要铸就坚定的家国情怀,担负起社会责任;既要有在纷繁复杂的信息中进行信息的筛选、使用、优化的高科技素质;又要有高道德、高情感,使科技发明、科技创造包含着道德因素、情感因子,实现科技素养与道德情感的有机融合,不断促进自我道德品格的完善。

第四,文化素养。新时代是文化强国、科技强国的时代,青年群体必须具有时代发展要求的求真、向善、趋美的文化素养。新青年必须学贯中西、通古今之变,既要精通专业知识,广泛涉猎人文社会科学领域知识,使自我成为具有广博学识与优雅气质的个体;又要"培养和训练科学思维方法和思维能力""要把学习同思考、观察同思考、实践同思考紧密结合起来"②;更应

① 习近平.把思想政治工作贯穿教育教学全过程　开创我国高等教育事业发展新局面[N].人民日报,2016-12-09.
② 习近平.立德树人德法兼修抓好法治人才培养　励志勤学刻苦磨炼促进青年成长进步[N].人民日报,2017-05-04.

养成艺术素养,增强艺术鉴别力、艺术想象力、艺术行动力,懂得欣赏美鉴赏美,通过艺术开阔心胸、提升审美情趣。

第五,身心素质。习近平总书记在看望参加南京青奥会的中国体育代表团时指出,"少年强、青年强是多方面的,既包括思想品德、学习成绩、创新能力、动手能力,也包括身体健康、体魄强壮、体育精神"。青年仅仅有知识、技能、财富,不能称为"新青年"。"强国一代"的新青年必须具有健康的体魄与良好的心理素质。面对新时代的变与不变,新青年必须具有世界认同的心理素养与高昂的精神状态,不断修炼自己;不能因为位居世界第二大经济体、从跟跑到领跑就目中无人,限于自负状态。既不妄自菲薄也不妄自尊大,是新青年必须具有的心理素养。

## 第四节 青年成长成才的要务

新时代的青年,应展现新气象,具有新气质,这是青年标识自我身份的一张名片。新青年,要守本心,处理好大与小、远与近、慢与快、多与少的关系;立长志而非常立志,立志做大事不是做大官;储备势能,造就时代势能、理论势能、实践势能与心理势能;又要做贡献、敢担当,将个人责任与社会责任、家庭责任与国家责任有机融合,做担当起民族复兴大任的时代新人。

### 一、守本心

生命的本真,不在表层,而是内心深处。找到和坚守本心,才能清楚人生的航向,并最终抵达终点。当代青年的人生黄金期,与"两个一百年"的奋斗目标相吻合,能否实现这一目标,关键在于青年群体的主体自觉性,关键在于青年能否正确认识自我。面对时代更替,面对复杂环境,青年必须守住本心,追求自我心灵的建设,增强以人生观、价值观塑造自我的自觉性。第一,青年守住本心,必须增强主体意识,认清自我,敢于战胜自我,学会进行比较与鉴别,不人云亦云、随波逐流。青年所处的时代坐标,既有生产力与科技发展的变化,也有意识形态上的变化。面对智能化趋势和移动场景化、面对多元多样思潮对时代主题的冲击,面对自由个性张扬的新时代,青年既要提升自主自觉性,注重线上线下的相互协作、真诚平等沟通交流;又要在人格塑造与生命情景设计中培养自我专注、自我管理、自我决断能力,克服无我意识。这样,思想才不会被外物奴役,心理才不会受外界影响,行为才不会受外力裹挟,才能最终成为真正的自我。第二,青年守住本心,必须把握大与小、远与近、慢与快、多与少之间的关系,塑造"强国一代"的思想根基。"得其大者可以兼其小。"青年要主动融入时代大潮和社会洪流,胸怀大局观念、放眼长远未来、克服小我意识,在大与小、远与近、多与少、得与失这道选择题上做出正确的抉择,形成正确的家国情怀。

值得注意的是,课堂是青年本心培养的主阵地和主渠道,每位任课教师都必须肩负好这一职责。目前80后甚至90后老师逐渐在高校成为主力军,有学者经过大规模的调研指出,有些青年教师"不是老一辈那种理想的、奉献型的群体本位主义者,而是倾向于务实的、功利性的个体理性主义者",他们"将课堂或讲座变成自我价值宣言的场所,将自己的不满在课堂上自觉不自觉地流露出来,或牢骚满腹,或慷慨激昂地表达自己的价值主张"。①这些观点在开拓青年思维的同时也造成了不少负面影响。因而,应增强全体教师立德树人的意识,注重本心意识、社会责任感的培养与专业知识教育的平衡与渗透,深入挖掘各类课程的德育资源,将社会责任感培养植根于教学过程中,在教学中寻找结合点与切入点,引导青年责知并进,全面发展。同时,高校应积极创造条件,开办以本心意识、社会责任感为主要内容的专题讲座和选修课程。

二、立长志

立志,即立下志向,树立目标,这是做好一切工作、取得一切成就的基础。习近平总书记指出:"当今中国最鲜明的时代主题,就是实现'两个一百年'奋斗目标、实现中华民族伟大复兴的中国梦。当代青年要树立与这个时代主题同心同向的理想信念,勇于担当这个时代赋予的历史责任……"②他还勉励青年人要立志做大事,不要立志做大官。这为新时代的青年应该树立怎样的志向提供了价值遵循与行动纲领。第一,新青年要志存高远,树立远大志向。青年的志向、目标、理想,直接体现着一个国家、一个民族的发展活力与核心竞争力。没有志向抑或志向缺失,精神上就会"缺钙"或是得"软骨病"。青年是实现全面建成小康社会的生力军,是实现社会主义现代化强国目标的生力军。作为时代弄潮儿,青年既要有志向,更要立长志而不是常立志。同时,青年树立的远大志向,必须与新时代"分两步走"的新目标相一致、相协调,必须以中国梦的远大目标激荡个人梦,实现国家生命周期与个

①　廉思.高校青年教师思想状况调查[J].学习时报,2011-10-24.
②　习近平.立德树人德法兼修抓好法治人才培养　励志勤学刻苦磨炼促进青年成长进步[N].人民日报,2017-05-04.

人生命周期的同频共振；不应该仅仅囿于舒适安逸的"小我"目标，不应该保持"怎么都行、看淡一切"的心态，更不应该用"佛系青年"的姿态回避自我本该肩负的历史重任。第二，青年要立志做大事。做大事还是做大官，既是立志的分野，又决定了人生的格局。做大事，既能够拓展自我的心胸与视野，又能够为自我发展迎来更为广阔的舞台。作为时代弄潮儿，青年必须勇敢突破自我舒适区，自觉把个人的理想追求融入国家和民族的事业之中，勇做走在时代前列的奋进者、开拓者；必须将做大事的目标与自我职业发展规划有机融合。青年只有树立与实现民族复兴相一致的志向，将个体志向与国家前途、民族兴衰紧密联系起来，与时代发展同频共振，才能在投身于新时代社会主义现代化强国建设的伟大事业中创造辉煌业绩，汇聚到中华民族历史发展的滚滚长河之中。

### 三、储势能

新时代青年树立远大志向的同时，必须蓄力储能，拓宽知识视野，练就过硬本领，担当起新时代的重大使命。这离不开青年的学习。青年必须将学习视为一种责任、一种生活方式和一种精神追求，使学习成为青春远航和增长本领的动力。青年要勤于学习、善于学习，以学养人，治心养性，改善气质，提升境界，从而成为德才兼备、肩负起现代化强国建设的生力军，成为民族复兴新航船上的合格水手。那么，青年需要储备的势能有哪些呢？主要可有以下四个方面：

首先，储备时代势能。时代催促和引领青年不断进步。广大青年要自觉学习新时代新思想新理论，明晰何为新时代、新时代的意义和要求，客观看待和评价我们所处的新时代；把握新使命是什么、新思想新在哪里、如何走好新征程、如何干好新部署以及如何建设新的伟大工程等，找到自己与时代之间的关联性。

其次，储备理论势能。通过学校、家庭、社会等渠道促使青年一代自觉学习习近平新时代中国特色社会主义思想，学习马克思主义中国化的最新理论成果；积极引导青年树立正确的世界观、人生观、价值观、国家观与历史观，筑牢思想防线，时刻保持清醒头脑，在大是大非面前旗帜鲜明，自觉抵制错误思潮的侵蚀与冲击，努力培育"强国一代"的理论素养与政治能力。在此基础上，要积极引导青年通过自觉而广泛的非功利阅读，在生活、学习的"热运行"中进行"冷思考"，把学习经典作为一种精神追求和文化自觉。与经典相约，感受理论的魅力，了解古今中外经典著作尤其是传统文化典籍的基本理论、主要流派和代表性观点,促进自己知识结构的完善,陶冶性情,增强理论功底;与历史对话,聆听历史的足音,通过阅读经典把握中国的历史传统尤其是近代以来的历史,增强历史厚重感,培养历史思维;与先贤神交,通过对历代名人名家、仁人志士的事迹了解、话语熏陶、风采体会,鼓舞当代青年,用人文精神照亮他们前行的路。

再次,储备实践势能。实践是青年成长成才的良师,实践的青春光彩夺目。社会实践"作为一种主观见之于客观、理论联系实际的活动,应充分体现科学理论指导的特点、发挥主观能动性和自觉性特点、实现实践与认识相互转化并不断深化的特点,克服实践活动的盲目性、自发性和被动性,持续提升社会实践活动的品质"①。中华民族伟大复兴的中国梦,不是轻轻松松、敲锣打鼓能够实现的,是实实在在干出来的。青年要增强实践意识与树立实践导向,注重平衡关注现实世界与虚拟世界的时间与关系,避免脱离实际、眼高手低;俯下身、弯下腰,向基层建设挺进,关心关注人民群众的真实生活与真正呼声;向创新创业潮流迈进,通过创意活动提升人民群众的获得感与幸福感,努力培育"强国一代"的实践根基。在培养青年社会实践能力中根据形势发展变化和青年的实际,丰富和创新青年社会实践的内容和形式,除了传统的生产劳动、社会调查、勤工助学、专业实习外,还要充分利用科技发明、志愿服务、虚拟实践等方式,激发广大青年的参与热情,让青年利用所学知识和专业特长为当地经济社会全面发展做贡献;同时,深化认识、升华思想、砥砺意志、磨炼品格,把社会责任感追求转化为自觉行动、内化为自身修养、集合成优秀习惯。

最后,储备心理势能。青年不应该以消极、颓废、焦虑、无所适从等心态面对新时代的新景象,必须积极引导青年一代形成自尊自信、理性平和、积极向上的社会心态,努力塑造"强国一代"的精神人格。要充分发挥榜样的力量。因为榜样尤其是身边的、"可触摸"的榜样因其形象化、具体化、可参照性和激励性,有助于使青年产生高度的思想认同、价值趋同和行为同化,具有鲜明的引领和导向作用。具体而言,应发挥以下三类人员的作用:一是青年中的先进典型。朋辈群体有着类似的生活体验和共同话题,其活动和效果可以直观地展示,使人感到更真实、更亲切,更易引起共鸣。因此,要深入挖掘、积极培育和大力宣传青年身边的先进人物和典型故事,并积极引导青年寻找身边的榜样,向先进典型看齐,形成先进带动后进、少数带动全体

---

① 胡树祥,等.大学生社会实践教育理论与方法[M].北京:人民出版社,2010:51—52.

的共同进步局面。二是学校优秀教师。高校中的院士群体、师德模范人物、拔尖人才、青年才俊等是教师群体中青年关注的重点对象,应切实发挥好这部分教师的作用,通过他们"现身说法",讲述成才故事、分享奋斗经历,积极影响青年。例如,中南大学创建的"我的理想、实践与情操"百名院士百场报告会品牌活动,在青年中获得了极大的认同。三是社会知名人士。适量邀请社会责任感强、在青年中有较高威信的知名人士尤其是知名校友通过演讲、访谈等形式与青年学子面对面交流,让他们结合自己的工作经历、人生轨迹、成长体会谈当前的社会形势与如何更好地处理自我和社会的关系等话题,引导青年树立正确的人生观与成才观。例如,辽宁省开展的"千名模范进校园"活动,遴选 1000 名优秀共产党员、劳动模范等先进人物走进大学校园,与学生班级结"对子",受到青年的广泛欢迎。

### 四、做贡献

幸福不会从天降,人间万事出艰辛。当代青年应坚持由易到难、由近及远,由生活责任、家庭责任到职业责任、社会责任,乐于吃苦,甘于奉献,扎实干事,用实践点燃青春奋斗的梦想。第一,青年要担当起生活责任与家庭责任。"天下难事,必作于易;天下大事,必作于细。"青年必须从小事、细事做起,不能好高骛远。家庭是青年成长的港湾,青年必须承担起自我生活责任,增强自理与独立能力,照顾家庭,关心体贴长辈,营造温馨和睦、充满爱心的家庭氛围。第二,青年要担当起职业责任。青年刚走上工作岗位时,应热爱工作,将工作视为珍视的领域和实现自我价值的场所,投入充足的体力与智力,主动承担所在岗位的基本职责,担当起该担当的职责,而不是避之不及、麻木不仁,产生躲避、懈怠的念头;要发扬"钉钉子精神",具有一股闯劲,争取干出新的事业。第三,青年要担当起社会责任。百年来,无论时代如何更替,无数青年以实际行动践行着使命与责任。在新时代的新征程上,对绝大多数青年来说,没有血雨腥风与生死考验,没有战火纷飞与激情燃烧,但仍要增强社会责任感与历史使命感。新时代是一个讲奉献、讲行动的时代,也是一个呼唤实干、呼唤青年的时代。有担当、有责任的青年已经并还将继续用行动证明,只要投身时代发展洪流,以人民美好生活需要的实现为出发点,必将会创造辉煌壮观的新气象,并赢得有意义的人生。

# 余　论　青年文化研究的特点与展望

　　青年文化研究的目的就在于通过对相关问题的研究来整体提升青年群体的素养,培养出有担当、有责任的时代青年。学术界关于青年文化相关的研究成果十分丰富,关注的内容十分广泛。国内外关于青年文化的研究有着鲜明特点,与此同时,也有进一步改进提升的空间。

## 一、国内青年文化研究的特点

　　纵观国内青年文化研究进展,可以发现当前学界对青年文化的研究主要呈现以下特点:第一,时代特征显著。当前很多研究青年文化的文章都紧跟时代潮流,如研究新媒体视域下青年文化的新特点、分析青年流行文化背后的内在逻辑(如点赞、直播、鬼畜、表情包等)。第二,研究领域在拓宽。从研究青年文化的发展演变、功能作用到研究青年文化与红色文化、青年文化视域下大学生思想政治教育话语建构等多种问题。第三,问题导向日渐凸显。敢于直视当前青年文化出现的新问题,并试图破解这些现实问题。

　　与此同时,国内青年文化研究还存在明显的不足,比如:缺乏比较研究,每一种文化都有各自的特性,同时也有共性,值得我们进行比较研究。目前学界关于青年文化的研究大多聚焦于以青年或青年文化为主体,与其他年龄阶段的人群进行对比的研究成果较少;即使在青年群体内部,关于不同职业、地域的青年之间对比的研究成果也较少;一些文章把青年文化定义为亚文化,与主流文化进行对比阐述,但将青年文化与其他类型文化进行比较研究的较少;缺少新的研究视角。目前学界研究视角主要是如下两类:一是研究新媒体视域下青年文化的发展;二是对个案现象进行讨论,但缺乏对相关青年文化产生机制的透彻分析,显现出实践关注有余而理论支撑不足的困境。该领域虽然学术成果繁荣但对相关理论的增进价值和相关实践的指导意义仍不明显。

二、国外青年文化研究的特点

总体上看,国外学者在研究青年文化方面呈现出如下鲜明特点:

第一,在研究主题上,注重青年文化的概念、兴起、青年文化政治化、青年文化与主导文化的关系等议题,丰富青年文化研究的内容,使其更加学科化、科学化。比如,在对西方青年文化的概念、产生原因等问题上,伯明翰学派认为,青年文化是时代的症候和时代变迁的产物,并没有脱离社会政治、经济环境之外而成为独立的文化现象。只有对青年和青年文化进行宏观审视与深度剖析,才能在发展青年文化的同时丰富文化体系建设。

第二,在研究方法上,注重采用民族志、参与调查的方法,对青年文化开展实证研究,呈现实证化、科学化的发展趋势。例如,芝加哥学派倡导质的经验访谈,以研究社区、移民群体、城市化和社区亚文化群体作为自身特色,运用参与考察的方法对芝加哥大都市的亚文化进行实地调查,撰写大量研究报告,使亚文化研究从"地下"和边缘文化的猎奇对象变为社会学研究的对象。

第三,研究视野上,注重青年文化的比较研究和国别研究,呈现出跨文化、跨国别的研究态势。很多学者重视青年文化的比较研究和国别研究。随着全球化的深入发展,不同文化交流交融日益深化,青年文化更加凸显全球化、国际化的发展态势。西方国家如英、美等国战后经济繁荣时期曾一度出现异彩纷呈的青年亚文化现象,特别是日本青年文化曾出现"学习型"与"娱乐型"此消彼长的状态,推动了青年文化的理论研究与实践发展。从比较的维度分析青年文化,既要从纵向角度探究青年文化不同发展阶段的异同,又要对同时期不同民族、不同国家和不同地区的青年文化进行横向比较。只有这样,才能把握青年群体的思想观念与价值观念的变化规律,预测青年群体行为方式的趋势与轨迹,并科学合理地制定青年发展政策,解决青年问题。

三、青年文化研究的前景展望

立足中国实际,结合上述关于青年文化国内外研究特点的分析,我们可以对新时代中国特色社会主义青年文化的研究做出如下展望:

**1. 实证研究仍需加强**

目前青年文化研究中实证研究和案例分析仍然相对不足,尤其在近几年的青年文化研究中,相关实证研究涉及不多。青年文化的研究不能脱离实践发展和青年的实际情况,这就要求研究者进行充分的实证研究和案例分析,尤其需要经过较长时段的大规模实地调查得出结论,加强研究理论的说服力和感染力。

### 2. 跨学科研究亟须扩展

青年文化研究与哲学、心理学、文化学、政治学、社会学等众多学科都有关联,当前虽然已出现交叉学科的研究态势,但仍属起步阶段,尤其是在青年文化的深化研究中运用不够充分,大部分研究只是简单地复制相关学科中"青年"或"文化"等的概念,对于这些概念的内涵、本质等挖掘不够充分,尤其缺少对于跨学科概念内在关联性的深入分析,没有真正做到交叉研究。今后研究中,研究者需要更加重视交叉学科研究,尤其是不同学科和理论在青年文化研究中的应用,在比较研究中体现青年和青年文化的独特性,不断创新研究范式。

### 3. 时代问题尚需紧跟

全球化和互联网背景下,青年群体是新时代最直接的参与者、信息接受者和传播者。新时代背景下的青年文化研究应随着时代和青年群体的发展而不断丰富。只有紧跟新时代出现的新问题,深入剖析青年文化发展规律,把握青年文化的时代特征,才能更好地提升青年文化研究的实效性。

### 4. 本源问题仍需回溯

随着青年文化研究的不断深入,学界需要更多地关注青年文化的本质、概念等本源问题。梳理青年文化研究的文献,目前学界对青年文化本源问题的研究涉及较少,现有的相关文献大多年代久远,缺乏现时的参考价值。青年文化的本源问题直接关乎青年文化研究的"科学化""专业化"程度,因此需要更多地关注其本质属性、文化逻辑、内在机制等问题,并在此基础上不断拓展到其他理论问题,从而不断深化青年文化的基础理论。

# 参考文献

一、著作

[1]B. A.苏霍姆林斯基.怎样培养真正的人[M].蔡汀,译.北京:教育科学出版社,1992.

[2]戴维·迈尔斯.社会心理学[M].侯玉波,乐国安,张智勇,等译.北京:人民邮电出版社,2016.

[3]戴维·迈尔斯.社会心理学[M].侯玉波,乐国安,张智勇,等译.北京:人民邮电出版社,2016.

[4]埃米尔·迪尔凯姆.自杀论[M].冯韵文,译.北京:商务印书馆,2005.

[5]柏拉图.柏拉图全集:第二卷[M].王晓朝,译.北京:人民出版社,2003.

[6]本书编写组.党的十九大报告辅导读本[M].北京:人民出版社,2017.

[7]戴维·波普诺.社会学[M].李强,等译.北京:中国人民大学出版社,2010.

[8]邓小平文选:第三卷[M].北京:人民出版社,1993.

[9]共青团中央,中共中央文献研究室.毛泽东 邓小平 江泽民论青少年和青少年工作[M].北京:中国青年出版社,中央文献出版社,2003.

[10]古斯塔夫·勒庞.乌合之众[M].戴光年,译.北京:新世界出版社,2010.

[11]胡树祥,等.大学生社会实践教育理论与方法[M].北京:人民出版社,2010.

[12]卡尔·雅斯贝斯.时代的精神状况[M].王德峰,译.上海:上海译文出版社,2003.

[13]李宏利.网事在心:网络的心理影响及行为分析[M].北京:北京交通大学出版社,2015.

[14]联合国教科文组织国际教育发展委员会.学会生存:教育世界的今天和明天[M].北京:教育科学出版社,1996.

[15]廉思,等.中国青年发展报告(2014):流动时代下的安居[M].北京:社会科学文献出版社,2014.

[16]马建青,等.大学生心理危机干预的理论与实务[M].杭州:杭州出版社,2011.

[17]马克·鲍尔莱恩.最愚蠢的一代[M].杨蕾,译.天津:天津社会科学院出版社,2011.

[18]毛泽东选集:第二卷[M].北京:人民出版社,1991.

[19]尼尔·波兹曼.娱乐至死[M].章艳,译.北京:中信出版社,2015.

[20]尼古拉斯·卡尔.浅薄:互联网如何毒害了我们的大脑[M].刘纯毅,译.北京:中信出版社,2015.

[21]彭聃龄.普通心理学[M].北京:北京师范大学出版社,2010.

[22]皮海兵.内爆与重塑:网络文化主体性研究[M].桂林:广西师范大学出版社,2012.

[23]司马云杰.文化价值论[M].北京:人民出版社,1988.

[24]童秉国.鲁迅作品精选[M].武汉:长江文艺出版社,2003.

[25]万美容.青年学概论[M].北京:中国人民大学出版社,2016.

[26]王习胜,等.让青春不再纠结:思想咨商的示例与理路[M].北京:中央编译出版社,2014.

[27]习近平.决胜全面建成小康社会夺取新时代中国特色社会主义伟大胜利:在中国共产党第十九次全国代表大会上的报告[M].北京:人民出版社,2017.

[28]习近平.在纪念红军长征胜利80周年大会上的讲话[M].北京:人民出版社,2016.

[29]习近平谈治国理政:第二卷[M].北京:外文出版社,2017.

[30]熊春锦.道德教育贵修身[M].北京:红旗出版社,2014.

[31]许又新.神经症[M].2版.北京:北京大学医学出版社,2008.

[32]杨雄.中国青年发展演变研究[M].上海:上海文化出版社,2008.

[33]张立生.社会学家茶座:第四辑[M].济南:山东人民出版社,2007.

[34]张孝宜,李萍.人生修养教程[M].广州:广东高等教育出版社,1993.

[35]郑永廷,罗姗.中国精神生活发展与规律研究[M].广州:中山大学

出版社,2012.

[36]中共中央马克思恩格斯列宁斯大林著作编译局.马克思恩格斯全集:第一卷[M].北京:人民出版社,1995.

[37]中共中央马克思恩格斯列宁斯大林著作编译局.马克思恩格斯文集:第二卷[M].北京:人民出版社,2009.

[38]中国人民解放军总政治部.习近平关于国防和军队建设重要论述选编[C].北京:解放军出版社,2014.

二、论文

[1]蒋建国,李颖欣.网络情绪表达与价值观引领:对"丧文化"的反思[J].长白学刊,2018(6).

[2]金向华,方年根.和谐语境下大学生礼仪教育路径刍议[J].中国医学伦理学.2009(2).

[3]刘汉波.表情包文化:权力转换下的身体述情和身份建构[J].云南社会科学,2017(1).

[4]宋德孝.中国"新世纪一代"的"嬉皮消费主义"亚文化之理论检视[J].青年探索,2014(1).

[5]唐智,兰娟.大学生"精致利己主义者"现象审视及其应对[J].高校辅导员学刊,2017,9(3).

[6]袁源.帝吧FB远征:一场表情包大战的两岸青年网络交流[J].当代青年研究,2017(1).

[7]章维慧,殷学东.以一流大学精神引领"双一流"建设[J].高校教育管理,2018,12(1).

[8]秦文,郭强.转型期我国公众精神生活的碎片化特征及整合路径[J].学习与实践,2014(1).

[9]安海娟,刘腾飞,常全.当代大学生的精神生活分析[J].华北理工大学学报(医学版),2009.

[10]陈俊珂,马娇杨.青年亚文化与主流文化关系的再审视:基于对青年亚文化风格转向的认识[J].青少年学刊,2016(6).

[11]陈志勇."圈层化"困境:高校网络思想政治教育的新挑战[J].思想教育研究,2016(5).

[12]崔欣玉.自媒体环境下人类思维方式的变革及其生成机制探析[J].教育文化论坛,2017,9(4).

[13]董盈盈."95后"大学生表情包"热"现象浅析[J].思想理论教育,2017(5).

[14]冯培.把握高校思想政治教育同向同行格局的思考[J].思想理论教育,2017(10).

[15]顾明远.铸造大学的灵魂:一流大学建设的关键所在[J].清华大学教育研究,2003(3).

[16]郭智勇.传媒"碎片化"与思想政治教育范式转换[J].思想理论教育.2012(21).

[17]韩晓峰,张天译.新媒体环境下高校思想政治教育工作的机遇与挑战[J].东北师范大学报(哲学社会科学版),2015(6).

[18]黄健荣.政府决策注意力资源论析[J].江苏行政学院学报,2010(6).

[19]纪丽宏.从语言符号论角度谈"网络语言"中的非语言符号[J].现代语文,2006(7).

[20]兰奎.基于"获得感"的高校思政教育实践育人机制研究:以思想政治理论课"2+1"实践教学改革为例[J].教育导刊,2017(12).

[21]李建伟.当代大学生爱情故事类型及其教育策略[J].河北大学成人教育学院学报,2011,13(1).

[22]刘凤健,夏辉,田靖.从美国中情局《十条诫令》看"西化""分化"中国图谋[J].民族论坛,2015(2).

[23]刘建军.论大国崛起对爱国主义的影响[J].社会主义核心价值观研究,2017,3(2).

[24]刘玲.大学生社会实践实效性评价模式探析[J].高教学刊,2016(23).

[25]刘睿,傅丽萍.论大学生自我同一性发展:基于"合法延缓期"的思考[J].贵州大学学报(社会科学版),2009,27(3).

[26]刘铁芳,刘艳霞.精致的利己主义症候及其超越:当代教育向着公共生活的复归[J].高等教育研究,2012,33(12).

[27]柳延延.大学生活的任务:学会思考,精神成人[J].上海师范大学学报(哲学社会科学版),2004(1).

[28]卢秀峰,李辉.基于新媒体背景下的青年大学生碎片化思维及其整合[J].黑龙江高教研究,2014(5).

[29]鲁开阳.波普艺术在当代的发展潮流[J].南阳理工学院学

报,2012(5).

[30]罗桢,徐建军."受众本位"下把握网络意识形态领域话语权的挑战与策略[J].思想教育研究,2017(6).

[31]骆郁廷.吸引、判断、选择:网络思想政治教育的关键词[J].马克思主义研究,2016(11).

[32]骆郁廷,郭莉."立德树人"的实现路径及有效机制[J].思想教育研究,2013(7).

[33]马中红.青年亚文化:文化关系网中的一条鱼[J].青年探索,2016(1).

[34]倪邦文.中国梦与青年发展:学习习近平总书记系列重要讲话体会之二十六[J].前线,2013(12).

[35]彭舸珺,牛健蕊.国难教育:高校爱国主义教育的有益补充[J].河北师范大学学报(教育科学版),2016,18(6).

[36]饶芳.困境中的重构:新媒体时代青年的理想人格构建[J].中国青年研究,2016(5).

[37]任贤良.统筹两个舆论场 凝聚社会正能量[J].红旗文稿,2013(7).

[38]宋德孝.青年"佛系人生"的存在主义之殇[J].中国青年研究,2018(3).

[39]滕苏苏.微媒体场域中大学生思政教育话语体系的审视与建构[J].教育评论,2017(6).

[40]王斌."点赞":青年网络互动新方式的社会学解读[J].中国青年研究,2014(7).

[41]王立君,白曹智子,程熙慧.读图时代下的传播活动图片化热潮:以表情包的流行为例[J].新媒体研究,2016(9).

[42]王荣.让阅读经典成为青年的"必修课"[J].江苏高教,2015(6).

[43]王仕民,郑永廷.当代大学生理想信念形成特点及原因分析[J].教学与研究,2008(5).

[44]王书琴.表情包的传播意义解读[J].东南传播,2017(3).

[45]王思华.简析大学校长在毕业典礼致辞中的"家国情怀"[J].学校党建与思想教育,2015(18).

[46]王珍珠.用对了优雅,用错了尴尬:表情包文化解读[J].西部广播电视,2017(4).

[47]吴林龙.新形势下民众在爱国问题上的误区及应对原则[J].社会主义核心价值观研究,2017(2).

[48]吴秋兰.改革开放30年青年学生爱国主义表达的变化轨迹[J].中国青年研究,2009(1).

[49]谢湘,堵力.理想的大学离我们有多远 北大清华再争状元就没有希望[J].云南教育(视界综合版),2012(6).

[50]闫涛,李建伟.当代大学生的"七大爱情矛盾"及其对策[J].河北大学成人教育学院学报,2010(4).

[51]杨静,寇清杰.改革开放40年来青年价值观的转型与嬗变[J].中国青年社会科学,2018,37(4).

[52]杨茹,吴燕燕.全球化时代爱国主义教育的挑战与对策思考[J].北京工业大学学报(社会科学版),2017,17(1).

[53]杨雄,何芳."90后":问题与教育对策[J].中国德育,2011(7).

[54]杨云.大学生朋辈教育的理论思考与实践研究[J].中国成人教育,2017(6).

[55]宇文利.网络时代价值观教育的转型与适应[J].高校辅导员,2017(3).

[56]袁曦临.网络数字阅读行为对阅读脑的改造及其对认知的影响[J].图书馆杂志,2016,35(4).

[57]袁祖社."公共精神":培育当代民族精神的核心理论维度[J].北京师范大学学报(社会科学版),2006(1).

[58]张静.网络表情的分类及视觉设计分析[J].艺术探索,2015(6).

[59]张艳斌.青年网络表情包的文化逻辑及其规制[J].思想理论教育,2018(1).

[60]浙江省团校课题组.被忽视的群体:单亲留守儿童成长困境及其社会支持[J].青少年研究与实践,2018(1).

[61]征鹏,浦颖娟,孙艳.网络青年亚文化传播路径研究报告:基于江苏21所高校的调查[J].中国青年研究,2013(9).

[62]钟伟军,宣勇.现代社会中的公共精神成长与大学主体性建设[J].高等工程教育研究,2013(1).

[63]朱培霞,代玉启.新时代大国新人精神独立性探析[J].云梦学刊,2018,39(5).

[64]邹涛,艾鸿.发挥高校校园典礼多重育人价值谫论[J].学校党建与

思想教育,2014(6).

## 三、其他

[1] Turkle, S. The Flight from Conversation[N]. The New York Times,2012-04-22.

[2]本报评论员.树立核心价值观要在修德上下功夫:八论学习贯彻习近平总书记五四重要讲话精神[N].中国教育报,2014-05-14.

[3]长余.“空心病”也许是伪命题[N].人民日报,2016-11-29.

[4]陈默.多关心孩子有没有助人而非超越别人[N].文汇报,2014-10-09.

[5]韩昊洋.“萌萌哒”的语言正向我们袭来[N].人民日报海外版,2017-02-10.

[6]何璐,叶琦,蒋云龙,贺林平.“90后”,来了[N].人民日报,2015-04-17.

[7]胡赳赳.浅阅读现象学:从潜阅读到浅阅读[J].新周刊,2006(4).

[8]几又.碎片化时代的精神解构[N].大众日报,2014-12-05.

[9]廉思.高校青年教师思想状况调查[J].学习时报,2011-10-24.

[10]廉思对年轻人最新忠告:奋斗为防风险,不要只想着成功[EB/OL]. http://news. cyol. com/content/2017-05/12/content _ 16058593. htm. 128.

[11]匿名.我的“空心病”[EB/OL]. https://bbs. pku. edu. cn/v2/post-read. php? bid=690&threadid=15958153. 66.

[12]清华大学校史馆:清华获得“一二·九”重要史料《告全国民众书》传单复制件[DB/OL]. http://www. tsinghua. edu. cn/publish/xsg/8500/2015/201512 24142945591150468/20151224142945591150468_. html. 58.

[13]人民网.《咬文嚼字》2018十大流行语发布　锦鲤官宣等上榜[EB/OL]. http://culture. people. com. cn/n1/2018/1204/c1013-30441454. html,2018-12-04.

[14]人民网:“小粉红”群体是如何崛起的？ [EB/OL]. http://www. guancha. cn/society/ 2017_01_01_385884. shtml. 22.

[15]申卉.表情包大事业:从制作表情到打造IP,创作者们怎么说[EB/OL]. http://sc. people. com. cn/n2/2017/0420/c345167-30061265. html. 2017-4-20.

[16]宋豪新.日本"萌世界"之殇:一种脱离社会的消极[N].人民日报,
2014-07-30.

[17]孙霁.关于"萌文化"的现状分析:从青年亚文化到被主流文化认可
之路[J].今传媒,2013(10).

[18]魏玮:我们不做"垮掉的一代"[N].新华日报,2017-07-21.

[19]吴晶,胡浩,施雨岑,白瀛.立心铸魂兴伟业:以习近平同志为核心
的党中央情系教育事业发展[Z].新华社,2018-09-09.

[20]习近平.把思想政治工作贯穿教育教学全过程 开创我国高等教
育事业发展新局面[N].人民日报,2016-12-09.

[21]习近平.举旗帜聚民心育新人兴文化展形象 更好完成新形势下
宣传思想工作使命任务[Z].新华网,2018-08-22.

[22]习近平.立德树人德法兼修抓好法治人才培养 励志勤学刻苦磨
炼促进青年成长进步[N].人民日报,2017-05-04.

[23]习近平.在北京大学师生座谈会上的讲话[N].人民日报,2014-
05-05.

[24]习近平.在北京大学师生座谈会上的讲话[Z].新华社,2018-
05-02.

[25]习近平.在同各界优秀青年代表座谈时的讲话[Z].新华网,2013-
05-04.

[26]习近平在全国高校思想政治工作会议上强调:把思想政治工作贯
穿教育教学全过程 开创我国高等教育事业发展新局面[N].人民日报.
2016-12-09.

[27]习近平致全国青联十二届全委会和全国学联二十六大的贺信[Z].
新华网,2015-07-24.

[28]夏麦.我所经历的"空心病",一个名校90后的自白[EB/OL].ht-
tp://learning.sohu.com/20161127/n474242535.shtml.65.

[29]想做好青年工作,这些新时代下的青年特点要掌握[EB/OL].
[2017-11-07].http://news.youth.cn/wztt/201711/t20171107_
10972129.htm.

[30]校园贷自杀事件、校园贷自杀案例[EB/OL].www.17jiaoyu.com/
bangzhu/anli/201704/20170415173400_303536.html,2017-4-15.

[31]谢军.表情包也要有"法治脸"[EB/OL].http://culture.people.
com.cn/GB/n1/2018/0302/c1013-29844243.html,2018-3-2.

［32］徐川：在"丧"和"燃"之间走向青年［N］.新华日报,2017-07-21.

［33］徐凯文.30％北大新生竟然厌学,只因得了"空心病"？［EB/OL］. http://learning.sohu.com/20161119/n473611754.shtml.

［34］曾于里.当表情包成为年轻人的"新语言"［N］.南风窗,2017- 11-06.

［35］张铁.警惕"精致的利己主义"：我们时代需要怎样的价值之一 ［N］.人民日报,2012-06-12.

［36］中共中央、国务院印发《中长期青年发展规划（2016—2025 年)》 ［Z］.新华社,2017-04-13.

［37］中共中央国务院举行春节团拜会　习近平发表讲话［Z］.新华网, 2019-02-03.

［38］中国锦鲤之乡,全国 60％以上的锦鲤来自这里,村民年入千万 ［EB/OL］.http://www.sohu.com/a/271391034_100239870,2018-10-26.

［39］中华人民共和国教育部令第 41 号.普通高等学校学生管理规定 ［Z］.2017.

# 附　录　中长期青年发展规划
## （2016—2025 年）<sup>①</sup>

　　青年是国家的未来、民族的希望。青年兴则民族兴，青年强则国家强。促进青年更好成长、更快发展，是国家的基础性、战略性工程。依据党和国家有关政策法规，按照经济社会发展的总体目标和要求，结合我国青年发展的实际情况，制定本规划。

　　本规划所指的青年，年龄范围是 14—35 周岁（规划中涉及婚姻、就业、未成年人保护等领域时，年龄界限依据有关法律法规的规定）。

## 序言

　　党和国家历来高度重视青年、关怀青年、信任青年，始终坚持把青年作为党和人民事业发展的生力军，为青年在革命、建设、改革中施展才华创造条件、提供舞台；尊重青年敢想敢干、富有梦想的特质，注重激发青年的参与热情和创新活力，引领青年勇开风气之先、走在时代前列；关心、解决青年的现实问题和迫切需求，支持青年在人民的伟大奋斗中实现自己的人生理想。党的十八大以来，以习近平同志为核心的党中央高度重视青年发展事业，反复强调青年一代有理想、有担当，国家就有前途，民族就有希望，实现中华民族伟大复兴就有源源不断的强大力量；进一步明确中国特色社会主义青年运动方向，全面加强对青年的思想政治引领和成长成才服务，制定实施一系列促进青年发展的政策措施，激励引导青年与民族同命运、与祖国共奋进、与时代齐发展，为广大青年指明了正确成长道路，创造了良好成长环境。

　　在党和国家的关心、支持和推动下，我国青年发展事业取得巨大进步和历史性成就。青年的思想政治面貌总体健康向上，拥护中国共产党的领导，对中国特色社会主义事业充满信心；青年的基本生活条件不断改善，物质生活水平显著提高，精神文化生活日益丰富，青年群体文明程度不断提升；教

---

① 中共中央、国务院印发《中长期青年发展规划（2016—2025 年）》[Z]，新华社，2017-04-13.

育事业长足发展，青壮年人口文盲基本消除，新增劳动力平均受教育年限达到 13.3 年，处于我国历史上最好水平，与发达国家之间的差距显著缩小；社会保障制度更加健全、水平不断提升，法治国家建设不断推进，青年发展权益得到更好维护；青年的创新能力、创业活力不断增强，青年人才队伍不断壮大，在报效祖国、服务人民、奉献社会的过程中实现着自身的成长发展。

未来 10 年，是实现"两个一百年"奋斗目标、实现中华民族伟大复兴中国梦的关键时期。面对复杂多变的国际环境和国内艰巨繁重的改革发展任务，统筹推进"五位一体"总体布局和协调推进"四个全面"战略布局，适应和引领经济发展新常态，牢固树立和贯彻落实创新、协调、绿色、开放、共享的发展理念，需要青年一代充分发挥作用，在改革发展稳定第一线建功立业、接续奋斗。

青年是国家经济社会发展的生力军和中坚力量。党和国家事业要发展，青年首先要发展。必须清醒认识到，青年发展事业与社会主义现代化建设的新要求、经济社会发展的新形势、广大青年的新期待相比，还存在不少亟待解决的突出问题。主要是：青年思想教育的时代性、实效性有待增强，用共产主义和中国特色社会主义引领青年，用中国梦和社会主义核心价值观凝聚共识、汇聚力量的任务尤为紧迫；青年体质健康水平亟待提高，部分青年心理健康问题日益凸显；青年社会教育和实践教育需要加强，提高教育质量的任务仍十分艰巨；青年就业的结构性矛盾比较突出，影响就业公平的障碍有待进一步破除；青年创业创新的热情有待进一步激发，鼓励青年创业创新的政策和社会环境需要不断优化；人口结构的新特点新变化使得青年一代的工作和生活压力不断增大，在婚恋、社会保障等方面需要获得更多关心和帮助；统筹协调青年发展工作的体制机制还不完善，各方面共同推进青年发展的合力有待进一步形成。

赢得青年才能赢得未来，塑造青年才能塑造未来。要站在党和国家事业后继有人、兴旺发达的高度，把青年发展摆在党和国家工作全局中更加重要的战略位置，整体思考、科学规划、全面推进，努力形成青年人人都能成才、人人皆可出彩的生动局面，为实现"两个一百年"奋斗目标、实现中华民族伟大复兴的中国梦注入强劲、持久的青春动力。

一、指导思想、根本遵循、总体目标

1.指导思想。高举中国特色社会主义伟大旗帜，全面贯彻党的十八大和十八届三中、四中、五中、六中全会精神，坚持以马克思列宁主义、毛泽东思想、邓小平理论、"三个代表"重要思想、科学发展观为指导,深入学习贯彻习近平总书记系列重要讲话精神和治国理政新理念新思想新战略,坚持党管青年原则,牢牢把握为实现中华民族伟大复兴中国梦而奋斗的时代主题,充分照顾青年的特点和利益,优化青年成长环境,服务青年紧迫需求,维护青年发展权益,促进青年全面发展,引导青年树立共产主义远大理想和中国特色社会主义共同理想,坚定中国特色社会主义道路自信、理论自信、制度自信、文化自信,自觉团结凝聚在党的周围,更好成长为中国特色社会主义事业的合格建设者和可靠接班人。

2.根本遵循。坚持马克思主义青年观和中国特色社会主义青年运动方向,全面贯彻落实以习近平同志为核心的党中央关于青年工作的决策部署,引导广大青年坚定不移听党话、跟党走;坚持以青年为本,尊重青年主体地位,把服务与成才紧密结合,让青年有更多获得感,促进青年在投身实现中华民族伟大复兴中国梦的实践中放飞青春梦想、实现全面发展;坚持全局视野,从战略高度看待青年发展事业,党委加强领导,政府、群团组织、社会等各方面协同施策,共同营造有利于青年发展的良好环境。

3.总体目标。到 2020 年,具有中国特色的青年发展政策体系和工作机制初步形成,广大青年思想政治素养和全面发展水平进一步提升,在决胜全面建成小康社会伟大实践中的生力军和突击队作用得到充分发挥。到 2025 年,具有中国特色的青年发展政策体系和工作机制更加完善,广大青年思想政治素养和全面发展水平明显提升,不断成长为志存高远、德才并重、情理兼修、勇于开拓,堪当实现中华民族伟大复兴中国梦历史重任的有生力量。

## 二、发展领域、发展目标、发展措施

### 1. 青年思想道德

发展目标:广大青年积极践行社会主义核心价值观,中国特色社会主义道路自信、理论自信、制度自信、文化自信进一步增强,思想道德水平和文明素质进一步提高,为实现中国梦而奋斗的共同思想道德基础更加巩固。

发展措施:

1.加强青年理想信念教育。深入开展共产主义、中国特色社会主义和中国梦学习宣传教育,开展习近平总书记系列重要讲话精神和治国理政新理念新思想新战略学习教育,使中国梦成为青年共同追求的奋斗目标,使中国特色社会主义成为青年衷心拥护的发展道路,使共产主义成为青年矢志追求的远大理想,增进青年对党的信赖、信念、信心。注重引导青年学习马克思主义基本原理,树立辩证唯物主义和历史唯物主义的世界观、方法论。注重加强宣传教育、示范引领和实践养成,引导广大青年增强使命意识和责任意识,自觉把人生追求融入党和国家事业。深入实施青年马克思主义者培养工程。充分发挥思想政治理论课在青年学生思想政治教育中的主渠道作用。实施高校思想政治理论课建设体系创新计划,建设学生真心喜爱、终身受益的高校思想政治理论课。

2.在青年中培育和践行社会主义核心价值观。引导青年勤学、修德、明辨、笃实,使社会主义核心价值观内化为青年的坚定信念,外化为青年的自觉行动。大力弘扬以爱国主义为核心的民族精神和以改革创新为核心的时代精神,把爱国主义教育贯穿国民教育和精神文明建设全过程,引导青年学习了解党史国史、近现代史和改革开放史,继承五四运动以来的革命文化传统,坚持爱国、爱党、爱社会主义相统一,自觉培养爱国之情、砥砺强国之志、实践报国之行。引导青年传承弘扬中华优秀传统文化,增强文化自信和价值观自信。深入开展形式多样的青年群众性精神文明创建活动,引导青年大力弘扬社会公德、职业道德、家庭美德,培养良好个人品德,积极倡导和培育诚信品格,争当"向上向善好青年",在引领社会文明风尚中发挥积极作用。加强民族团结宣传教育,推动各族青年交往交流交融,树立正确的国家观、民族观、历史观、文化观、宗教观,自觉抵制宗教极端思想,共同维护祖国统一和各民族繁荣发展。开展青年国防教育,推动军地青年共建共育,教育适龄青年自觉履行兵役义务。

3.分类开展青年思想教育和引导。面向中学中职学生,广泛开展"与人生对话"主题活动,引导他们从小确立人生奋斗的远大志向,培养爱国、爱党、爱社会主义的感情。面向大学生,广泛开展"与信仰对话"主题活动,引导他们认识马克思主义的真理性,坚定走中国特色社会主义道路的信念。面向企业青年,广泛开展岗位建功活动,引导他们正确看待个人、企业、社会、国家的关系,以积极、务实、理性的态度面对职业生涯中遇到的具体问题。面向进城务工青年,注重把解决思想问题与解决实际问题相结合,在排忧解难、传递关怀中引导他们心向党和政府、矢志拼搏奋斗。面向农村青年,广泛宣传党和政府的支农惠农政策,引导他们树立"农村天地广阔、青年大有可为"的思想认识。

4.强化网上思想引领。把互联网作为开展青年思想教育的重要阵地,团结、带动和壮大网上积极力量,大力开展正面宣传,实施"青年好声音"系列网络文化行动,增强网络正能量,消解网络负能量。提升网络舆情分析和引导能力,疏导青年情绪,澄清误解和谣言,引导青年形成正确认知。在青年群体中广泛开展网络素养教育,引导青年科学、依法、文明、理性用网。广泛开展青年网络文明志愿者行动,组织动员广大青年注册成为网络文明志愿者,参与监督和遏止网上各种违法和不良信息传播,为构建清朗网络空间作贡献。

**2. 青年教育**

发展目标:青年受教育权利得到更好保障,基本公共教育服务均等化逐步实现,教育公平程度明显提升。新增劳动力平均受教育年限达到 13.5 年以上,高等教育毛入学率达到 50％以上。

发展措施:

1.提高学校育人质量。坚持立德树人,深化教育改革,把增强学生社会责任感、法治意识、创新精神、实践能力作为重点任务贯彻到学校教育全过程。改善课堂教学,调动青年学生自主学习的积极性,完善知识结构,培养创新兴趣和科学素养。科学设计开展实践育人活动,通过探索实施高校共青团"第二课堂成绩单"制度等途径,帮助学生开阔视野、了解社会、提升综合素质。丰富学生创新实践平台,深入开展"挑战杯"竞赛和中国青少年科技创新奖评选,支持培育学生科技创新社团,营造校园科技创新氛围,为学生开展科技创新探索提供必要条件。将中小学共青团、少先队工作纳入教育督导。完善现代职业教育体系,推进产教融合、校企合作,办好全国职业院校技能大赛。深化考试招生制度改革,把促进学生健康成长成才作为改革的出发点和落脚点,扭转片面应试教育倾向。加强教师队伍建设,严格教师准入制度,突出教师职业道德教育和业务能力培训,深化教师评价管理体系改革。深入开展文明校园、绿色校园创建,创造和谐优美校园环境。在社会科学研究机构、高等学校加强青年学研究。

2.科学配置教育资源。加大公共教育投入向中西部和民族边远贫困地区的倾斜力度,逐步缩小地区间教育资源差距。普及高中阶段教育,逐步分类实现中等职业教育全部免除学杂费,率先从建档立卡的家庭经济困难学生实施普通高中免除学杂费。实施国家贫困地区定向招生专项计划。完善贫困家庭学生、进城务工青年、少数民族青年和残疾青年等特殊青年群体帮扶救助机制,健全资助体系、完善资助方式,实现家庭经济困难学生资助全覆盖。进一步完善和落实进城务工人员随迁子女接受义务教育后在当地参加升学考试政策。

3.强化社会实践教育。完善扶持政策，加大经费投入，加强青年社会实践基地建设，鼓励机关、军队、企事业单位、社会组织为有组织的青年社会实践提供帮助和便利。在青年中广泛开展科普教育和群众性科技创新活动，引导广大青年讲科学、爱科学、学科学、用科学。广泛开展大中专学生"三下乡"、志愿服务等社会实践活动，鼓励青年参与社会公共服务和社会公益事业。推进青年信用体系建设，逐步应用到青年入学、就业、创业等领域，引导青年践行诚信理念。

4.促进青年终身学习。强化家庭教育基础作用，全面宣传普及家庭教育科学理念、知识和方法，实现家庭教育对优秀传统文化、爱国主义、社会责任、生活技能、勤俭美德、自律能力的基础性培养。大力发展继续教育，建立个人学习账号和学分累计制度，开展师生互动式、同伴共享式技能学习培训。加大青年社会教育投入，建立多渠道筹措资金投入机制。创造社会教育良好环境，规划青年成长成才各个环节的教育需求，统筹协调文化、出版、影视、网络等资源，实现对青年教育空间的全覆盖。构建并推行终身职业技能培训制度。推动各类学习资源开放共享，鼓励社会力量和民间资本提供多样化教育服务，推进教育信息化，发展在线教育和远程教育，扩大优质教育资源覆盖面，构建灵活开放的终身教育培训体系。

5.培育青年人才队伍。实施青年英才开发计划，在重点学科领域培养扶持一批青年拔尖人才；在高水平研究型大学和科研院所优势基础学科建设一批国家青年英才培养基地。统筹推进党政人才、企业经营管理人才、专业技术人才、高技能人才、农村实用人才、社会工作人才等领域青年人才队伍建设。建立健全对青年人才普惠性支持措施。加大教育、科技和其他各类人才工程项目对青年人才培养支持力度，在国家重大人才工程项目中设立青年专项。改革完善青年人才管理体制，创新青年人才培养开发、评价发现、选拔任用、流动配置、激励保障机制，善于发现、重点支持、放手使用青年优秀人才。加强知识产权保护，鼓励青年人才创新创造。鼓励和支持青年人才参与战略前沿领域研究，着力培养一批青年科技创新领军人才。坚持自主培养开发与海外引进并举，用好国内优秀人才，吸引海外高层次青年人才和急需紧缺青年专门人才。

### 3.青年健康

发展目标：持续提升青年营养健康水平和体质健康水平，青年体质达标率不低于90%；有效控制青年心理健康问题发生率，青年心理健康辅导和服务水平得到较大提升；引领青年积极投身健康中国建设。

发展措施:

1. 提高青年体质健康水平。实施全民健身计划,严格执行《国家体育锻炼标准》和《国家学生体质健康标准》,在学校教育中强化体质健康指标的硬约束。加强学校体育工作,完善国家体育与健康课程标准,发挥学校体育考核评价体系的导向作用,保证体育课时和课外锻炼时间得到落实。组织青年广泛参与全民健身运动,培养体育运动爱好,提升身体素质,掌握运动技能,养成终身锻炼的习惯。在城乡社区建设更多适应青年特点的体育设施和场所,配备充足的体育器材,方便青年就近就便开展健身运动。鼓励和支持青年体育类社会组织发展,带动更多青年培养体育兴趣和爱好。

2. 加强青年心理健康教育和服务。注重加强对青年的人文关怀和心理疏导,引导青年自尊自信、理性平和、积极向上,培养良好心理素质和意志品质。促进青年身心和谐发展,指导青年正确处理个人与他人、个人与集体、个人与社会的关系。加强对不同青年群体社会心态和群体情绪的研究、管控和疏导,引导青年形成合理预期,主动防范和化解群体性社会风险。加强青年心理健康知识宣传普及,提高心理卫生知晓率。支持各级各类青年专业心理辅导机构和社会组织建设,大力培养青年心理辅导专业人才。重点抓好学校心理健康教育,在高校、中学和职业学校普遍设置心理健康辅导咨询室,有条件的学校配备专职心理健康教育师资队伍。构建和完善青年心理问题高危人群预警及干预机制。加强源头预防,注重对青年心理健康问题成因的研究分析,及时识别青年心理问题高危人群,采取有效措施解决或缓解青年在学业、职业、生活和情感等方面的压力。

3. 提高各类青年群体健康水平。重视服务残疾青年的专业康复训练,落实器材、场所等配套保障。解决农村地区、贫困地区、西部地区青年学生的营养健康问题。引导高校学生"走下网络、走出宿舍、走向操场",养成健康文明的生活习惯。做好青年职业病的预防和治疗工作,大幅度降低在职青年职业病发生率。关注进城务工青年健康状况,开展健康监测。动员社会力量,通过志愿服务、慈善捐助等形式为青年群体提供有针对性的健康服务。

4. 加强青年健康促进工作。编撰和出版有关生命教育的读物,引导青年尊重生命、热爱生活。定期组织青年参与公共场所安全演练,开展灾害逃生、伤害自护、防恐自救、互助互救等体验教育,增强青年在应对突发性事件中的自我保护意识和防灾避险能力。在青年中倡导健康生活方式,加强健康教育,提升青年健康素养水平。广泛开展禁烟宣传,让青年成为支持禁烟、自觉禁烟的主体人群。完善艾滋病和性病的防治工作机制,针对重点青年群体加强宣传教育,推广有效的干预措施,切实降低艾滋病和性病发生率。做好禁毒宣传教育工作,提高青年群体尤其是青年学生群体对毒品及其危害性的认识。强化对娱乐场所的监管,严厉打击吸毒贩毒、卖淫嫖娼等违法犯罪行为。

### 4. 青年婚恋

发展目标:青年婚恋观念更加文明、健康、理性;青年婚姻家庭和生殖健康服务水平进一步提升;青年的相关法定权利得到更好保障。

发展措施:

1. 加强青年婚恋观、家庭观教育和引导。将婚恋教育纳入高校教育体系,强化青年对情感生活的尊重意识、诚信意识和责任意识,引导青年树立文明、健康、理性的婚恋观。发挥大众传媒的社会影响力,广泛传播正面的婚恋观念,鲜明抵制负面的婚恋观念,形成积极健康的舆论导向。倡导结婚登记颁证、集体婚礼等文明节俭的婚庆礼仪。引导青年树立正确的家庭观念,倡导尊老爱幼、男女平等、夫妻和睦、勤俭持家、邻里团结,传承优良家教家风,培育家庭文明。加强青年敬老、养老、助老道德建设,大力弘扬孝敬老人的传统美德。

2. 切实服务青年婚恋交友。支持开展健康的青年交友交流活动,重点做好大龄未婚青年等群体的婚姻服务工作。规范已有的社会化青年交友信息平台,打造一批诚信度较高的青年交友信息平台。依法整顿婚介服务市场,严厉打击婚托、婚骗等违法婚介行为。充分发挥工会、共青团、妇联等群团组织和社会组织的作用,为青年婚恋交友提供必要的基础保障和适合青年特点的便利条件。

3. 开展青年性健康教育和优生优育宣传教育。在青年中加强对国家人口发展战略和政策的宣传教育,促进人口均衡发展。加大对性知识的普及力度,在有条件的学校推广性健康课程,加强专兼职性健康教育师资队伍建设。预防和减少不当性行为对青年造成的伤害,大幅度降低意外妊娠的发生率。大力弘扬以"婚育文明、性别平等;计划生育、优生优育;生殖健康、家庭幸福"为核心的婚育文化,坚决抵制非医学需要的胎儿性别鉴定和选择性别人工终止妊娠行为。加大对适龄青年的婚育辅导力度,加大适龄青年婚前检查、孕前检查和产前检查的普及力度。

4. 保障青年在孕期、产假、哺乳期期间享有的法定权益。全面落实女性青年在怀孕、生育和哺乳期间依法享有的各项权利。鼓励条件成熟的地方探索在物质、假期等方面给予青年更多支持。

**5. 青年就业创业**

发展目标:青年就业比较充分,高校毕业生就业保持在较高水平;青年就业权利保障更加完善,青年的薪资待遇、劳动保护、社会保险等合法权益得到充分保护;青年创业服务体系更加完善,创业活力明显提升。

发展措施:

1. 推动完善促进青年就业创业政策体系。根据就业形势和就业工作重点变化,加强就业政策与产业、贸易、财税、金融等政策的协调,进一步完善积极就业政策。发挥公共财政促进青年就业作用,完善落实财政金融扶持政策,扶持发展现代服务业、战略性新兴产业、劳动密集型企业和小微企业,吸纳青年就业。加强对灵活就业、新就业形态的支持,促进青年自主就业,鼓励多渠道多形式就业。进一步完善青年创业就业配套政策及法律法规。加强就业统计工作,健全青年就业统计指标体系。

2. 加强青年就业服务。实施青年就业见习计划。健全城乡均等的公共就业创业服务体系,完善服务功能,把有就业意愿的青年全部纳入服务范围,全面落实免费公共就业服务,对就业困难青年提供就业援助,帮助长期失业青年就业。创新就业信息服务方式方法,注重运用互联网技术打造适合青年特点的就业服务模式。加强青年职业培训,健全面向青年的劳动预备制培训计划,落实职业培训补贴政策。实施离校未就业高校毕业生就业促进计划,为毕业生提供职业指导、就业信息、就业见习、就业帮扶等服务。开展青年农民工职业技能培训,通过订单、定向和定岗式培训,对农村未升学初高中毕业生等新生代农民工开展就业技能培训,为有创业意愿的青年农民工提供创业培训。开展青年重点群体职业培训,加大贫困家庭子女、青年失业人员和转岗职工、退役青年军人和残疾青年等劳动者职业技能和创业培训力度,按规定提供培训补贴,对农村贫困家庭学员和城市居民最低生活保障家庭学员给予生活补贴。

3. 推动青年投身创业实践。建立青年创业人才汇聚平台,建设青年创业导师团队,开展普及性培训和"一对一"辅导相结合的创业培训活动,帮助青年增强创业意识、增进创业本领。推动青年创业第三方综合服务体系建设,搭建各类青年创业孵化平台,完善政策咨询、融资服务、跟踪扶持、公益场地等孵化功能。加大青年创业金融服务落地力度,优化银行贷款等间接融资方式,支持创业担保贷款发展,拓宽股权投资等直接融资渠道。支持青年创业基金发展,发挥好国家新兴产业创业投资引导基金和中小企业发展基金等政府引导基金的作用,带动社会资本投入,解决青年创业融资难题。落实结构性减税和普遍性降费政策。建设青年创业项目展示和资源对接平台,搭建青年创业信息公共服务网络,办好青年创新创业大赛、展交会、博览会等创业品牌活动。着力培育服务青年创业的社会组织,建设专业化的服务队伍和服务实体。深入实施大学生创业引领计划,建立健全教学与实践相融合的高校创新创业教育体系,显著提升青年创新型人才培养质量;整合发展国家和省级高校毕业生就业创业基金。深入开展农村青年创业致富带头人培养,支持青年返乡创业。完善互联网创新创业政策,实施青年电商培育工程。加强对留学回国创业青年的服务,帮助他们了解国内信息、熟悉创业环境、交流创业经验、获得政策扶持。推动形成鼓励创新、宽容失败的体制机制和社会环境,更好激发青年创新潜能和创业活力。

4.加强青年就业权益保障。完善青年就业、劳动保障权益保护机制,加大劳动保障监察执法、劳动人事争议调解仲裁诉讼、安全生产监管监察工作力度。加强人力资源市场监管,规范招人用人制度,营造公平就业环境。完善失业保险、社会救助与就业的联动机制。

### 6.青年文化

发展目标:更好引导青年传承中华优秀传统文化、弘扬社会主义先进文化。青年文化活动更加丰富,文化精品不断增多,传播能力大幅提升,人才队伍发展壮大,服务设施、机构和体制更加健全。青年对提升国家文化软实力贡献率显著提高。

发展措施:

1.加强文化精品创作生产。发挥精神文明建设"五个一工程"、国家舞台艺术精品创作工程、中国艺术节、中国文化艺术政府奖、中国新闻奖、中国出版政府奖等国家级重大工程项目、评奖的引导带动作用,鼓励文化机构、文艺工作者特别是青年文化人才,创作生产展现当代青年奋发向上、崇德向善、传承中华文明的文化精品。引领网络文化,保护网络文化知识产权,扶持高质量网络文化产品生产,加强微电影、动漫、游戏等内容创作创新,提升优秀网络文化产品供给能力和传播能力。国家艺术基金、国家出版基金等文化发展基金要加强对青年题材重点选题项目的扶持,鼓励优秀青年文化人才参与创作,支持青年题材优秀图书、影视、音乐、舞蹈、戏剧、曲艺、美术等生产、发行和推广。

2.丰富青年文化活动。广泛开展优秀文化作品全国性巡展巡演。深入挖掘中华优秀传统文化的时代价值,开展优秀传统文化艺术展示交流,引导青年积极参与文化遗产保护、传统工艺振兴、民间文艺传承。以校园文化、企业文化、军营文化、乡村文化、社区文化、社团文化、网络文化为载体,加强基层特色文化品牌建设,推动青年人均年度图书阅读量和艺术鉴赏、科普水平逐年提高。加强中国青年与各国青年人文交流,学习、吸收、借鉴世界优秀文化成果,讲好中国故事、传播好中国声音,不断提升文化自信。

3. 造就青年文化人才。通过全国文化名家暨"四个一批"人才培养工程、文化产业人才培养工程、非物质文化遗产传承人、新闻出版广播影视领军人才和互联网创新人才培养等项目,实施青年文化人才培养计划,资助具备文化创新能力、掌握现代传媒技术、熟悉国际人文交流、善于经营管理的青年文化人才主持重大课题研究、领衔重点文化项目。加强后备文化人才队伍建设,面向青年文化工作者开展文化创意服务、文化生产实践、文化经营管理、媒体融合发展、国际合作规则等方面培训,凝聚文化研究、创作、表演、传播、经营、管理、志愿服务等青年人才。

4. 优化青年文化环境。鼓励和支持有条件的报刊、电台、电视台、新闻网站设立青年栏目、节目,制作和传播有益于青年健康成长的内容,增加青年题材报道内容和播出时间,大力宣传青年在推动经济社会发展中的积极作用。在报刊和网络重点栏目、电视和院线黄金时段,增加优秀青年文化精品的宣传内容、频次,引导青年树立高尚精神追求、文明生活方式和正确消费观念。推进公共文化设施免费开放,增强针对青年群体的服务功能。

5. 积极支持青年文化建设。加强文化理论研究,及时掌握青年文化需求、文化观念、文化潮流的动态变化,引领和指导青年文化实践。扶持以服务青年为主要功能的报纸、刊物、新闻出版、网站等文化企事业单位发展。完善公益性演出补贴制度,通过票价补贴、剧场运营补贴等方式,支持青年艺术表演团体公益演出。促进企业和民间资本增加对青年文化事业的投入。鼓励国家投资、资助或拥有版权的文化产品无偿用于公益性青年文化活动和服务。鼓励和支持各类文化单位在五四青年节面向青年免费或低收费开展文化活动、提供文化服务。采取政府购买、项目补贴、定向资助等方式,鼓励青年文化阵地、青年文化团体等社会力量承接青年文化服务。

## 7. 青年社会融入与社会参与

发展目标:青年更加主动、自信地适应社会、融入社会。青年社会参与的渠道和方式进一步丰富和畅通,实现积极有序、理性合法参与。共青团、青联、学联组织在促进青年社会融入和社会参与中的主导作用充分发挥,带动各类青年组织在促进青年有序社会参与中发挥积极作用。青年参与社会主义现代化建设的积极性主动性进一步增强,青年志愿服务水平进一步提高。不同青年群体相互理解尊重。青年对外交流合作不断拓展。

发展措施:

1. 健全党领导下的以共青团为主导的青年组织体系。积极推进共青团改革,着力构建凝聚青年、服务大局、当好桥梁、从严治团的工作格局,充分发挥共青团作为党的助手的作用。加强共青团自身建设,适应青年发展的新情况新特点,不断创新组织设置,更多更广地覆盖新兴领域青年和流动青年;尊重青年主体地位,调动广大青年参与的积极性和主动性,活跃基层团组织,完善青年社会参与的基本组织依托。教育广大共青团员切实增强先进性光荣感,自觉做共产主义远大理想和中国特色社会主义共同理想的坚定信仰者和忠实实践者,充分发挥在青年中的模范作用和对青年的凝聚作用。充分发挥青联在爱国主义、社会主义旗帜下广泛团结各族各界青年的功能,强化共青团在青联组织中的引领作用,推动青联组织带领各族各界青年在大团结大联合中实现共同发展。加强共青团对学联组织的指导,推动学联组织引导学生追求进步、维护学生合法权益。发展培育青年社团,加强对各行各业青年的凝聚和服务。更好联系、服务和引导青年社会组织,促进青年有序社会参与。支持共青团、青联、学联依法承接政府职能转移,更好参与青年社会事务管理和服务;支持各类青年社会组织立足自身优势,以合适方式参与政府购买服务。

2. 着力促进青年更好实现社会融入。鼓励和支持青年参与社会实践和公益服务,推动理论学习与劳动实践相结合,突出个人实践与社会公益有机统一,学会自我教育、自我管理、自我提升,在为家庭谋幸福、为他人送温暖、为社会作贡献的过程中增加人生历练,强化社会交往能力和社会责任感。充分发挥家庭在青少年社会融入中的重要作用,鼓励青少年自强自立,为青少年接触社会、开展社会交往创造更多机会、提供有效指导。学校教育要支持青年学生开展各种课外和校外活动,加强对青年学生社会融入的针对性指导,促进青年学生学会生存生活,学会做人做事,主动了解社会、适应社会。积极促进在内地就学、就业少数民族青年和进城务工青年及其子女的社会融入,帮助他们更快适应当地习俗、更好融入所在社区。充分发挥青年社会组织等社会力量的独特作用,吸引和带动青年广泛参与各类社会服务,不断培养和提升社会化技能。引导青年正确认识网络空间与现实社会的关系,多到社会实践中长见识、练本领,防止沉迷网络。要在全社会推动形成鼓励青年多样化参与、支持青年个性发展、宽容青年失误的氛围,为青年更好融入社会营造良好环境。

3.引领青年有序参与政治生活和社会公共事务。支持共青团、青联代表和带领青年积极参与人大、政府、政协、司法机关、社会有关方面各类协商,就涉及青年成长发展的重大问题协商探讨、提出意见、凝聚共识,充分发挥政治参与职能。探索建立有关人大代表、政协委员青少年事务联系机制,为青年参与畅通渠道、搭建平台。鼓励青年参与城乡基层群众自治,推动完善民主恳谈、民主议事制度,在实践中提高青年政治参与能力。推荐优秀青年代表担任人民陪审员、人民监督员、人民调解员等,依法履行相关职责。

4.鼓励青年在经济社会发展中充分发挥生力军和突击队作用。围绕国家整体发展战略需要,深化各类建功活动,树立先进典型,激励青年在各行各业积极创新,拓展工作领域和空间,形成发展新动力。鼓励青年积极参与生态环境保护,带头践行绿色生产生活方式,共建生态文明,共创美丽中国。组织动员广大青年积极投身脱贫攻坚,充分发挥青年企业家、青年科技工作者、青年致富带头人、青年志愿者等群体作用,为贫困地区改善区域发展环境、促进经济社会发展提供资金、人才、技术、管理等支持。摸清底数、精准施策,充分发挥教育和就业创业在青年脱贫中的重要作用,促进贫困青年早日脱贫。坚持围绕大局、服务社会需求、突出青年特色,深化青年志愿服务工作,组织引导广大青年大力弘扬"奉献、友爱、互助、进步"的志愿精神。

5.引导青年社会组织健康有序发展。加强对青年社会组织的政治引领,完善党委和政府与青年社会组织沟通交流机制,把对青年社会组织的管理和引导纳入法治化轨道。改进对青年社会组织的联系服务,充分发挥共青团和青联组织作用,通过资金支持、提供阵地场所、培训骨干人员等方式扶持青年社会组织健康发展。重点支持行为规范、运作有序、公信力强、适应经济社会发展要求的青年社会组织,重点发展科技类、公益慈善类、城乡社区服务类青年社会组织,积极发挥重点青年社会组织的示范带动作用。改善对青年社会组织的监督管理,建立完善民政部门和共青团、青联等群团组织及有关职能部门协同发挥作用的管理机制。

6.增进不同青年群体的交流融合。整合各方资源,帮助解决重点、新兴领域青年群体的实际困难,增进新生代农民工、青年企业家、青年社会组织骨干、青年新媒体从业人员、高校青年教师、归国留学青年等群体的政治认同和社会参与。发挥共青团组织优势,主动联系新的社会阶层青年群体,吸纳他们中的优秀分子进入组织体系。创造条件推动不同阶层、不同领域青年群体进行经常性对话交流,增进理解、认同和包容,舒缓社会压力,融洽社会关系。

7.增强港澳台青年的国家认同、民族认同和文化认同。实施港澳台青少年交流计划,以中华文化为纽带,不断探索创新工作方式,提高交流实效,实现在多元文化背景下包容差异、消除隔阂、增进认同。积极创造条件,搭建港澳台青年来内地创新创业平台,支持港澳台青年在国家发展及海峡两岸暨港澳经贸融合中寻找发展机会,为港澳台青年就业创业提供便利服务。帮助港澳台青年形成对"一国两制"的正确认知、对祖国文化的认同。

8.支持青年参与国际交往。拓宽青年参与国际交往的渠道,为青年开展国际交流与合作搭建更广阔的平台。完善选拔方式、丰富选拔手段,让更多的青年群体代表参与国际交流。培养推荐青年优秀人才到国际组织任职。加大宣传力度,提升青年国际交流活动的影响力和辐射面。

**8. 维护青少年合法权益**

发展目标:青少年权益维护的法律法规和政策体系更加完善,得到全面贯彻实施。青少年权益保护的工作体系和工作机制更加健全,合法权益得到切实维护。侵害青少年合法权益的行为受到有效打击和遏制。

发展措施:

1.全面贯彻实施有关青少年发展的法律法规。加强《中华人民共和国未成年人保护法》《中华人民共和国预防未成年人犯罪法》以及教育、卫生、就业创业、社会保障等领域涉及青少年权益的法律法规贯彻实施,切实保障青年合法权益。共青团等群团组织要及时了解和研判青年发展状况,监督涉及青年发展权益的法律法规和政策执行,代表青年向有关部门反映问题、提出建议,推动及时有效解决青年实现发展权益面临的现实困难和突出问题。

2.完善青少年权益维护法律法规和政策。针对青年权益保障中的突出问题,制定修改相关法律法规和政策,在现有法律法规和政策体系中增加有利于维护青年普遍性权益的内容。以《中华人民共和国未成年人保护法》《中华人民共和国预防未成年人犯罪法》和《中华人民共和国刑事诉讼法》中的"未成年人刑事案件诉讼程序"专章为基础,建立健全涵盖福利、保护、司法等内容的未成年人法律制度。加快制定电子商务、个人信息保护、互联网信息服务管理等法律法规,出台《未成年人网络保护条例》,严格落实互联网服务提供者的主体责任,有效防范暴力、色情、赌博、毒品、迷信、邪教等腐朽没落文化和丑化党和国家形象及革命先烈的信息传播。

3.健全青少年权益保护机制。尊重青年主体地位,拓展青年权益表达渠道,充分发挥共青团、青联组织代表和反映青年普遍性利益诉求的作用。建立青年权益状况舆情监测体系和舆论引导机制。支持共青团建设青少年维权工作网络平台和12355青少年服务台,把法治宣传教育与法律服务结合起来,带动青年社会组织、青少年事务社会工作者积极参与维护青少年权益。深化"青少年维权岗"创建活动,建立健全基层青少年维权工作机制。加强对困难青年群体、进城务工青年及其未成年子女等群体的关爱和权益维护工作。完善法律援助工作网络,鼓励和支持法律服务机构、社会组织、事业单位等依法为未成年人提供公益性法律服务和援助。健全未成年人行政保护与司法保护衔接机制,加强监护缺失、受到监护侵害的未成年人权益保护工作。

4.依法打击侵害青少年合法权益的行为。贯彻落实涉及青少年权益保护的法律法规,严厉打击拐卖、性侵害、遗弃、虐待等侵害未成年人合法权益的违法犯罪行为。大力开展青少年禁毒工作,依法惩处涉及青少年的毒品违法犯罪活动。严厉打击涉校违法犯罪活动。加强网络领域综合执法,严厉打击各类涉青少年网络违法犯罪。

### 9.预防青少年违法犯罪

发展目标:青少年法治宣传教育常态化、全覆盖,青少年法治观念和法治意识不断增强,成长环境进一步净化。形成比较完善的重点青少年群体服务管理和预防犯罪工作格局,建立针对有严重不良行为和涉罪青少年进行教育矫治的有效机制,青少年涉案涉罪数据逐步下降。

发展措施:

1.加强法治宣传教育。在青少年中广泛开展法治宣传教育,使青少年明确基本的法律底线和行为边界,自觉尊法学法守法用法。把法治教育纳入国民教育体系,坚持课堂教学主渠道,积极开拓第二课堂,配齐配强中小学校兼职法治副校长、辅导员。落实国家机关"谁执法谁普法"普法责任制,建立法官、检察官、行政执法人员、律师在法律实施过程中面向青少年开展法治教育的制度规范。把法治教育纳入精神文明创建和平安建设内容,健全媒体公益普法制度,注重运用网络新媒体扩大宣传教育覆盖面,统筹青少年法治教育实践基地建设,发展壮大青少年普法工作队伍和志愿者队伍。

2.优化青少年成长环境。清理和整治社会文化环境,加大"扫黄打非"工作力度,打击各类侵权盗版行为,加强对影视节目的审查,强化以未成年人为题材和主要销售对象的出版物市场监管。加强校园周边环境治理和安全防范工作,严格落实禁止在中小学校园周边开办上网服务营业场所、娱乐场所、彩票专营场所等相关规定。依法采取必要惩戒措施,有效遏制校园欺凌、校园暴力等案(事)件发生。净化网络空间,完善网络文化、网络出版、网络视听节目审查制度和市场监管,定期开展专项整治行动,持续整治网络涉毒、淫秽色情及低俗信息。推动互联网上网服务行业健康发展,进一步规范上网服务营业场所服务管理,依法查处违规接纳未成年人的行为,依法取缔无照场所。

3.做好重点青少年群体服务管理工作。大力推进"为了明天"预防青少年违法犯罪工程,推动预防青少年违法犯罪工作列入各地工作规划和财政预算,不断健全组织机构和工作体系。在全国县级地区全面推开并不断深化重点青少年群体服务管理工作,明确各类群体工作重点,建立覆盖完整、切实有效、主责清晰、协调联动的工作机制。强化家庭监护和学校教育职责,防止青少年脱离与家庭、学校的联系,出现不良行为时能够及时采取有针对性的预防措施。加强专门学校建设和专门教育工作,畅通有严重不良行为未成年人进入专门学校接受教育矫治的渠道,研究建立符合条件的涉案未成年人进入专门学校接受教育矫治的程序。完善专门学校管理体制和运行机制,加强教师队伍建设,不断提高教育矫治水平。充分发挥青少年事务社会工作专业人才和社会工作服务机构作用,对重点青少年群体提供困难帮扶、法治教育、法律援助、心理疏导、行为矫治等专业服务。

4.完善未成年人司法保护制度。深化未成年人司法改革,公安机关、人民检察院、人民法院、司法行政机关要加强专门机制建设,明确专门机构或者指定专人办理未成年人违法犯罪案件。改革完善未成年人收容教养制度。在侦查、起诉、审判、刑事执行涉及未成年人案件中,落实社会调查、心理疏导与测评、分押分管、严格限制适用逮捕措施、强制辩护、合适成年人参与、当事人和解、附条件不起诉、分案起诉、法庭教育、回访帮教、犯罪记录封存、分类矫治等特殊保护制度。有条件的地区建立未成年人帮教基地。妥善安置附条件不起诉、适用非监禁刑、特赦的未成年人以及解除收容教养和其他刑满释放的青少年。

**10.青年社会保障**

发展目标:社会保障体系充分覆盖青年急需的保障需求,并在各类青年群体之间逐步实现均等化。

发展措施:

1.加强对残疾青年的关心关爱和扶持保障。健全完善残疾青年教育、医疗、就业等方面的服务保障政策,进一步提高保障水平和服务能力。推动残疾青年平等参与社会生活、共享经济社会发展成果,依法保障残疾青年政治、经济、社会、文化教育权利。大力开展面向残疾青年的专业社会工作和志愿服务,鼓励和引导社会各界参与、支持残疾青年权益维护,培育理解、尊重、关心、帮助残疾青年的社会风尚。

2.加强青年社会救助工作。完善社会救助制度,健全救助服务管理工作机制。加大对流浪未成年人的救助力度,促使其回归家庭,有针对性地解决流浪未成年人在心理、健康、技能等方面存在的问题。为家庭困难的失学、失业、失管青年提供就业、就学、就医、生活等方面的帮助。加大临时救助政策的落实力度,解决包括进城务工青年在内的困难群众突发性、紧迫性、临时性生活困难。切实解决部分农村留守儿童中存在的学业失教、生活失助、亲情失落、心理失衡、安全失保问题。大力推进城镇基本公共服务向常住人口全覆盖,为进城务工青年与其未成年子女共同生活提供生活居住、日间照料、义务教育、医疗卫生等方面的帮助。

三、重点项目

1.青年马克思主义者培养工程。着重在青年学生骨干、团干部、青年知识分子等青年群体中选拔一批骨干作为培养对象,以理想信念教育为核心,开设党性教育、理论学习、实践锻炼、工作锤炼、对外交流等方面的课程,进行阶段性集中教育培训,着力培养一批对党忠诚、信仰坚定、素质优良、作风过硬的中国特色社会主义事业合格建设者和可靠接班人。注重后续跟踪培养,动态调整培养方式,充分发挥骨干力量对各行业的示范带动作用。青年马克思主义者培养工程分全国、省级、省级以下三级实施,每年培养不少于20万人。

2.青年社会主义核心价值观培养工程。坚持不懈用党的科学理论武装青年,推动邓小平理论、"三个代表"重要思想、科学发展观特别是习近平总书记系列重要讲话精神和治国理政新理念新思想新战略进课堂、进教材、进头脑,引导青年深入理解党的理论和路线方针政策。把社会主义核心价值观融入青年教育全过程,搭建课堂教学、社会实践、文化熏陶等多位一体的育人平台;开展革命传统教育和公民道德宣传,宣传先进青年典型,开展社会道德实践,引导青年形成修身律己、崇德向善、诚信互助、礼让宽容的道德风尚。引导青年传承弘扬中华优秀传统文化,深刻挖掘重要节庆日、纪念日蕴藏的丰富教育资源,引导青年汲取中华优秀传统文化的思想精华和道德精髓,增强做中国人的骨气和底气。

3.青年体质健康提升工程。深化学校体育改革,强化体育课和课外锻炼,以足球为突破口,集中打造青年群众性体育活动载体,大力开展阳光体育系列活动和大学生"走下网络、走出宿舍、走向操场"主题课外体育锻炼活动,使坚持体育锻炼成为青年的生活方式和时尚。培养青年体育运动爱好,经常性参加足球、篮球、排球、田径、游泳、乒乓球、羽毛球、网球等体育运动项目和健身操(舞)、健步走、传统武术、太极拳、骑车、登山、跳绳、踢毽等健身活动,力争使每个青年具备 1 项以上体育运动爱好,养成终身锻炼的习惯。引导青年树立健康促进理念,在健康促进事业中发挥积极作用。完善青年体质健康监测体系,实现定期抽样监测和公开发布监测结果,倡导青年形成良好的饮食、用眼和睡眠习惯,控制肥胖、近视、龋齿等常见病的发生率。改进普通高校高水平运动队招生工作,激励青年学生参与体育锻炼。

4.青年就业见习计划。按照"项目化运作、社会化动员、规范化管理"思路,在企业、社区、科研院所建设一批见习、实习基地,开发一批具有职业发展空间、技能训练机会的见习、实习岗位。把大学生实习纳入高校实践学分管理。把未就业大中专毕业生、各类社会青年纳入就业见习范围。加强青年就业见习培训和管理,提高见习实效。充分汇聚政府、企业、社会的力量,为青年参与就业见习提供补贴与支持。

5.青年文化精品工程。支持青年文化精品创作推广,支持青年文化创意赛事及文化体验,支持青年文化创意人才培养。每年创作生产一批思想性、艺术性、观赏性俱佳的涵盖各文化类别的青年题材文艺精品。打造一批有影响力的青年网络新媒体产品展播平台,开展全国性青年互联网创新创意活动。在国家级文化、出版类评奖推荐活动中,每年向青年推荐优秀影视、网络、动漫文化作品不少于 100 小时,图书、报刊文字量不少于 200 万字,应用类网络游戏不少于 3 部、网络音乐不少于 10 首。

6.青年网络文明发展工程。深入推进"阳光跟帖"行动,引导广大青年依法上网、文明上网、理性上网,争当"中国好网民"。发展壮大青年网络文明志愿者队伍,持续广泛、强有力、有针对性地发出青年好声音。鼓励支持互联网企业、社会组织、文化机构制作推广符合社会主义核心价值观和青年喜欢的网络新媒体文化产品。加大对中国青年网、未来网、中青在线等青年门户网站、青年公益组织专属网站以及"两微一端"平台的建设扶持力度;加大对青少年新媒体领域社会组织的引导和支持力度,举办网络安全、网络技能、网络文化产品等方面竞赛,发掘、吸引、培养各方面的青年网络人才;加大网络文明队伍指挥协调系统建设力度,开发运行平台,形成管理机制,提升组织效能。倡导网络公益活动,使互联网空间成为青年成长的温馨家园。

7.中国青年志愿者行动。全面推行青年志愿者实名注册制度,发挥共青团员示范作用,到2025年实现实名注册的青年志愿者总数突破1亿人。稳步培育青年志愿服务骨干队伍,构建分层分类志愿服务项目库,扩大基层志愿服务组织覆盖,加强激励评价、保险保障等机制建设,形成规模宏大、来源广泛、门类齐全、管理规范的全国青年志愿服务队伍、项目和组织体系,推动青年志愿服务制度化、日常化、便利化开展。坚持以社区为主阵地,广泛开展青年学雷锋志愿服务活动。深入开展大学生志愿服务西部计划,每年选派2万名应届大学毕业生到中西部地区开展志愿服务。坚持立德树人,建立健全学生志愿服务工作体系。深化关爱农民工子女志愿服务专项行动和中国青年志愿者助残"阳光行动"。积极参与并做好重大赛事和会议的志愿服务工作。大力实施中国青年志愿者海外服务计划。

8.青年民族团结进步促进工程。实施青年民族团结交流万人计划,每年组织边疆民族地区青年与内地各族青年开展互访、联谊活动,鼓励不同民族青年之间结对子、互帮互助。开展高校"中华文化进校园"活动,每年在200所高校举办图片、影视展和歌舞活动,宣传中华民族形成发展历史,增进中华文化认同,宣传各民族为祖国作出的贡献,增强各族青年学生的中华民族共同体意识。在广大青年中开展民族常识和民族法律法规政策知识大赛。在少数民族流动人口较多的沿海地区和大中城市开展"中华一家亲,可爱城市共同建"活动,为外来少数民族青年融入城市提供帮助。

9.港澳台青少年交流工程。进一步扩大内地与港澳青少年之间的交流规模,提升交流质量。继续办好港澳青少年实习实践、体验营、训练营和形式多样的交流考察活动,支持内地与港澳青年组织举办青年论坛,组织青少年开展常态化的结对交流和项目合作,促进相互了解。举办海峡青年论坛、两岸青年社团负责人圆桌会议、两岸青年联欢节等活动。

10.青少年事务社会工作专业人才队伍建设工程。到2020年建成20万人、到2025年建成30万人的青少年事务社会工作专业人才队伍,全面参与基层社区社会工作,重点在青少年成长发展、权益维护、犯罪预防等领域发挥作用。在青少年事务社会工作专业教育培训领域,重点扶持发展10家高等教育机构,建立30家具有继续教育资质的培训机构、50家重点实训基地、100家标准化示范单位。制定青少年社会工作服务标准,推动各级团组织以及青少年服务组织和机构设置社会工作岗位,培育青少年事务社会工作服务机构,逐步实现每个"青年之家"综合服务平台至少配备1名青少事务社会工作专业人才。把青少年社会工作服务纳入政府购买服务指导性目录,组织实施涵盖重点群体、重点领域、重点环节的青少年事务社会工作项目。依法成立青少年事务社会工作领域的社会组织,建设人才队伍管理信息系统平台。建立健全青少年事务领域社区、社会组织、专业社会工作联动机制和社会工作专业人才、志愿者协作机制。完善青少年事务社会工作专业人才培养、评价、使用、激励相关政策配套体系。

四、组织实施

1.加强对规划实施工作的组织领导。在党中央统一领导下,设立推动规划落实的部际联席会议机制,共青团中央具体承担协调、督促职责。各地区各部门要高度重视青年工作,关心、支持青年事业的发展,形成工作合力。县级以上党委和政府建立青年工作联席会议机制,负责推动本规划在本地区的落实,协调解决规划落实中的问题,县级以上团委具体承担协调、督促职责。在规划实施中,要积极回应和解决青年关心的问题,多为青年办实事。

2.建立健全青年发展规划体系。各地要以本规划为指导,根据实际编制本地区青年发展规划。注重加强青年发展规划与各地经济社会发展规划及相关专项规划的衔接,更加重视青年发展工作。

3.充分发挥共青团维护青年发展权益重要作用。共青团要按照《中共中央关于加强和改进党的群团工作的意见》和中央党的群团工作会议精神,全面推进自身改革,保持和增强政治性、先进性、群众性,始终紧跟党走在时代前列、走在青年前列,切实代表和维护青年发展权益。同时,要引导青年识大体、顾大局,依法理性表达诉求,自觉维护社会和谐稳定。

4.加强服务青年发展阵地建设。大力推进"青年之声"网络互动社交平台建设,依托城乡社区综合服务设施建设"青年之家"综合服务平台,加强网上网下深度融合对接,使其成为服务青年发展的重要阵地。

5.保障青年发展经费投入。各级政府将本规划实施所需经费纳入财政预算。动员社会力量,多渠道筹集资金,支持青年发展。

6.营造规划实施良好社会环境。大力宣传党和国家关于青年工作的重大战略思想和方针政策,宣传关心青年就是关心未来的理念,宣传青年先进典型和成功经验,形成全社会关心、支持青年发展的良好社会氛围,形成推动本规划实施的强大合力。

7.建立规划实施情况监测评估机制。对本规划实施情况进行年度监测、中期评估和终期评估,制定和调整促进青年发展政策措施,推动本规划实现。规范和完善与青年发展有关的统计指标体系,收集、整理、分析相关数据和信息,建立和完善中央、省(自治区、直辖市)两级青年发展监测数据库。

# 后 记

以大学生为主要观察对象,以发展的眼光分析研判近年来青年文化的表现和态势,助力新时代的中国青年展现新气象,具有重要的理论意义和实践价值。本书的主要论题和研究提纲确立于2017年下半年,初稿写作于2018年上半年。初稿完成后,我们申报了2018年国家社科基金后期资助项目并有幸获批。项目获批后我根据专家的评审意见及时对初稿的章节目录、文字表述等进行修改完善,其中有些章节的修改是颠覆性的。各章节初稿撰写人员分别为:

绪　　论:代玉启、刘　妍

第一章:李济沅、方年根、李建伟

第二章:李济沅、朱培霞、刘　妍

第三章:滕进芝、王　婷、陈翠苹

第四章:柳　丽、李风啸、覃鑫渊

第五章:代玉启、蔡中华、刘　妍

余　　论:孙伶俐、覃鑫渊

本书的参与者既有高校思想政治理论课教师,也有辅导员,还有几位思想政治教育专业的研究生,平均年龄32岁,可谓青年研究青年,大家既是观察者又是被观察者。感谢课题组成员们的积极参与。感谢我的博士生导师祖嘉合教授(北京大学教授)为本书作序,这既是对我学术研究的鼓励,也是对青年文化研究的肯定。感谢全国哲学社会科学工作办公室的领导和相关评审专家,他们提出的肯定意见让我增加了研究的信心,给出的修改建议也已充分融入书中。

因为我们的水平有限,书中错讹之处在所难免,敬请读者诸君批评指正。